中欧陆家嘴国际金融研究院
中东欧经济研究所

欧洲区域经济研究报告
2022—2023（欧盟卷）

REGIONAL ECONOMIC RESEARCH REPORT
FOR EUROPE 2022-2023（EUROPEAN UNION）

主　编　姜建清　汪　泓　　副主编　赵欣舸　陈　飞　刘功润

中国金融出版社

责任编辑：张菊香
责任校对：潘　洁
责任印制：陈晓川

图书在版编目（CIP）数据

欧洲区域经济研究报告 . 2022—2023. 欧盟卷/姜建清，汪泓主编 . —北京：中国金融出版社，2023.10

ISBN 978 – 7 – 5220 – 2178 – 2

Ⅰ . ①欧…　Ⅱ . ①姜…②汪…　Ⅲ . ①欧洲联盟—经济发展—研究报告—2022 – 2023　Ⅳ . ①F15

中国国家版本馆 CIP 数据核字（2023）第 189708 号

欧洲区域经济研究报告 . 2022—2023. 欧盟卷
OUZHOU QUYU JINGJI YANJIU BAOGAO. 2022—2023. OUMENG JUAN

出版
发行
社址　北京市丰台区益泽路 2 号
市场开发部　（010）66024766，63805472，63439533（传真）
网 上 书 店　www.cfph.cn
　　　　　　（010）66024766，63372837（传真）
读者服务部　（010）66070833，62568380
邮编　100071
经销　新华书店
印刷　保利达印务有限公司
尺寸　185 毫米×260 毫米
印张　16.25
字数　296 千
版次　2023 年 10 月第 1 版
印次　2023 年 10 月第 1 次印刷
定价　69.00 元
ISBN 978 – 7 – 5220 – 2178 – 2
如出现印装错误本社负责调换　联系电话（010）63263947
编辑部邮箱：jiaocaiyibu@126.com

前　言

《欧洲区域经济研究报告 2022—2023（欧盟卷）》是中欧陆家嘴国际金融研究院、中东欧经济研究所和中国—中东欧基金的投资管理机构世福资本管理有限公司携手合作完成的第六版研究报告。在连续 5 年专注于中东欧地区经济发展以及中国—中东欧合作跟踪研究之后，本年度欧洲区域经济研究报告的研究重心将转移至欧盟。

作为欧洲区域经济研究的系列丛书之一，《欧洲区域经济研究报告 2022—2023（欧盟卷）》在此前建立特色的基础上一以贯之。一方面，本报告梳理了欧盟及其成员国 2021—2022 年各项宏观经济指标以及中国与欧盟在贸易、投资、金融等领域合作的统计数据和最新动态，可作为欧盟经济研究和中欧经贸合作年度资料数据收录。另一方面，本报告仍然保持了其专业领域的研究属性。首先，本年度报告对欧盟的经济管制政策做了介绍，推出多个与欧盟经济政策相关的研究专题。其次，本年度报告在特别设立的专题研究章节中深度分析了欧盟绿色转型模式、欧盟绿色转型进展情况和面临的挑战以及全球气候变化协议框架下的中欧合作与新阶段挑战。

《欧洲区域经济研究报告 2022—2023（欧盟卷）》大致延续了第五版《欧洲区域经济研究报告 2021—2022（中东欧卷）》的架构，分为三篇，依序为第一篇"欧盟经济概览"、第二篇"欧盟绿色经济专题研究"和第三篇"中国与欧盟合作近况"。第一篇包括两章内容，其中，第一章"欧盟经济宏观回顾与展望"首先对欧盟及其部分成员国 2021—2022 年的重要宏观经济指标、贸易和投资领域进行了回顾，并结合新冠疫情和俄乌冲突对全球经济的持续影响，重点分析了欧盟各项经济指标发生变化的底层逻辑；基于欧盟采购经理人指数、经济景气指数、就业预期指数、经济不确定指数以及国际三大评级机构在过去一年中对欧洲国家进行的评级和展望行动，本章还展望了欧盟及其部分成员国在俄乌冲突持续背景下的短期前景。第二章"欧盟经济管制政策"首先详细梳理了经济管制政策的概念和一般性分析框架，为分析欧盟管制政策提供必要的概念和理论基础；基于此，本章第二节介绍了欧盟经济管制政策的制度基础、政策制定的一般性原则和程序，以及欧盟管制治理指数，第三节重点介绍了欧盟数字经济监管政策。

2022年，受新冠疫情、俄乌冲突、通胀飙升、能源危机及气候紧急状况等多重危机交汇的影响，全球经济遭受重创，下行压力日益显著，进一步凸显出欧盟始终以"绿色复苏"为主要目标来制订行动方案的必要性和前瞻性。在此背景下，在2022年"中东欧地区绿色经济专题研究"的基础上，新版报告将研究范围进一步扩展到欧盟地区。第二篇"欧盟绿色经济专题研究"包括第三章和第四章。其中，第三章"欧盟绿色转型模式的形成"深入分析了在过去40多年间欧盟如何逐渐搭建起一套由三大支柱构成的绿色转型模式——绿色转型政策顶层框架、研究创新与碳排放交易体系以及公共财政和可持续金融体系。在此基础上，第四章和研究专题4分别介绍了欧盟向绿色经济转型现状、俄乌冲突下欧盟能源转型面临的挑战和全球气候变化协议框架下中欧合作的概况、重点合作领域的竞争与合作以及未来展望。

第三篇"中国与欧盟合作近况"包括第五章、第六章和第七章，分别聚焦于中欧贸易合作、中欧投资合作和中欧金融合作三大领域。其中，第五章重点梳理了2022年中欧双边货物贸易和服务贸易近况，前者主要涵盖了中欧双边货物贸易规模、贸易平衡、主要货物贸易伙伴国以及货物贸易结构，后者介绍了中欧双边服务贸易规模、服务贸易结构和中欧服务贸易合作前景展望；第六章重点介绍了2021年中国对欧盟直接投资规模、投资行业分布、中国企业在欧盟投资发展趋势以及欧盟对中国投资近况，包括欧盟对中国直接投资规模、投资规模额前五大行业；第七章梳理了近些年中国与欧盟在金融领域的合作情况，具体包括中国与欧洲中央银行、非欧元区国家中央银行合作概况，中欧双方银行在对方国家设立银行分支机构情况，双边监管合作以及中欧针对金融所搭建的合作平台进展近况。

在全球尚未走出疫情阴霾之际，俄乌冲突的爆发给原本就十分脆弱的全球增长前景带来极大的冲击。尽管如此，中国和欧盟始终以自己的模式积极推动经济复苏，在双方共同努力下，中欧经贸合作克服各种困难，展现出较强的韧性，有力推动了双方经济发展。2022年，中欧双边贸易额再创历史新高，中国和欧盟互为第二大贸易伙伴，贸易结构进一步优化，锂电池、新能源车、光伏组件等绿色产品贸易快速增长。与此同时，中欧双边合作领域持续拓宽，自2020年签署《中欧地理标志协定》以来，双方累计实现244个产品的互认互保，第二批350个互认产品的清单公示工作也已顺利完成；中欧还牵头制定并更新《可持续金融

前言

共同分类目录》，中国建设银行和德意志银行等陆续发行绿色债券。

2023年是中欧建立全面战略伙伴关系20周年。尽管近些年中欧关系受到诸多因素的影响，正面临着越来越复杂的挑战，然而，作为全球第二大和第三大经济体，中国与欧盟有着广泛共同利益，双方合作具有有强大韧性和潜力，其合作共赢将惠及双边、增益世界。在当前国际形势风云变幻、全球挑战层出不穷之际，中国与欧盟更应以中欧建立全面战略伙伴关系20周年为新起点，把握双边合作正确方向，保持市场开放，深化经贸、绿色发展、知识产权保护等领域合作，携手应对气候变化等全球性挑战。

Preface

The "Regional Economic Research Report for Europe 2022 – 2023 (European Union)" marks the sixth installment of a collaborative effort between CEIBS Lujiazui International Institute of Finance (CLIIF), Economic Research Institute of Central and Eastern Europe (ERICEE), and SINO – CEEF Capital Management Company Limited (SINO – CEEF), the investment management institution of the SINO – CEE Fund. While the previous reports have primarily focused on the economic development of the Central and Eastern European (CEE) region and tracking research on China – CEE cooperation, this year's report shifts its research focus to the European Union.

As part of the ongoing Regional Economic Research for Europe series, the "Regional Economic Research Report for Europe 2022 – 2023 (European Union)" continues the tradition of research excellence. The report serves two key purposes. Firstly, it provides a comprehensive overview of the European Union's macroeconomic indicators and the latest statistical data on trade, investment, finance, and other areas of China – EU cooperation during 2021 – 2022. It serves as an annual collection of data and information for research on the EU economy and China – EU economic and trade cooperation. Secondly, the report maintains its research focus on various economic fields. It delves into the EU's economic regulatory policies and explores research topics such as "How enterprises influence the formulation of EU economic governance policies through lobbying", "The essence and implications of the EU's multiple objectives in digital platform antitrust", and "The EU state aid control: a brief introduction and its future". Additionally, the report provides comprehensive analysis in dedicated research sections on the EU's green transition model, progress in the EU's green transition, challenges, China – EU cooperation, and new challenges in the context of the global climate change agreement.

The "Regional Economic Research Report for Europe 2022 – 2023 (European Union)", which roughly follows the structure of the fifth edition, "Regional Economic Research Report for Europe 2021 – 2022 (Central and Eastern Europe)", is divided into three parts, namely "Overview of the EU Economy", "Special Research on the EU Green Economy" and "Recent Developments in China – EU Cooperation".

The first part comprises two chapters. Chapter 1, titled "Review and Outlook of the EU Economy," offers an overview of key macroeconomic indicators, trade, and investment in the EU and select Member States during the 2021 – 2022 period. It examines the underlying factors driving changes in EU economic indicators, considering the lasting impact of the COVID – 19 pandemic and the Russia – Ukraine conflict on the global economy. Furthermore, utilizing the EU Purchasing Managers' Index, Economic Sentiment Indicator, Employment Expectations Indicators, Economic Uncertainty Indicators, and actions taken by major international rating agencies over the past year, this chapter also provides a short – term outlook for the EU and some of its Member States against the backdrop of the ongoing Russia – Ukraine conflict.

Chapter 2, "EU Economic Regulatory Policies" delves into a comprehensive exploration of the concept and overarching analytical framework of economic regulatory policies, laying the groundwork with essential concepts and theoretical foundations for understanding EU regulatory policies. Building on this, the second section of this chapter presents the institutional basis of EU economic regulatory policies, the general principles and procedures for policy formulation, and the EU Regulatory Governance Index. The third section focuses on EU regulatory policies for the digital economy.

In 2022, the global economy faced significant challenges due to a convergence of crises, including the COVID – 19 pandemic, the Russia – Ukraine conflict, inflationary pressures, energy crises, and the urgency of climate change. These challenges heightened downward pressures, underscoring the EU's imperative to prioritize "green recovery" as a fundamental objective in its action plans. Building upon the previous year's focus on Central and Eastern Europe, the latest edition of the report expands its analysis to encompass the entire EU region. The second part, "Special Research on the EU Green Economy", contains Chapters 3 and 4. Chapter 3, "Formation of the EU Green Transition Model", provides a detailed analysis of how the EU has gradually established a green transition model over the past forty years, which consists of three pillars, namely the top - level framework of green transition policies, research innovation and carbon emission trading systems, and public finance and sustainable financial systems. This is followed by Chapter 4 and Research Topic 4, which discuss the EU's progress in transitioning to a green economy, the challenges facing the EU's energy transition in the context of the Russia - Ukraine conflict, competition and cooperation in key areas of cooperation under the global climate change agreement, and the outlook for the future.

The third part, "Recent Developments in China - EU Cooperation", consisting of Chapters 5, 6 and 7, focuses on China - EU cooperation in trade, investment and finance. Chapter 5 describes recent advancements in China - EU bilateral trade in goods and services in 2022, including the size and balance of bilateral trade in goods, major trading partners, the structure of trade in goods, the size and structure of China - EU bilateral trade in services, and the prospects for China - EU cooperation in services trade.

Chapter 6 focuses on China's direct investment in the EU in 2021. It examines the scale and industry distribution of these investments, tracks the development trends of Chinese enterprises investing in Europe, and analyzes the investment landscape of the EU in China. This includes the scale of direct investment from the EU to China and the top five industries in terms of investment size.

Chapter 7 provides an overview of China - EU financial cooperation in recent years, including cooperation between China and the European Central Bank and central banks of non - euro area countries, the establishment of bank branches by Chinese and European banks in each other's countries, bilateral regulatory cooperation, and the progress of the cooperation platforms established for China - EU financial cooperation.

With the shadow of the pandemic still lingering, the outbreak of the Russia - Ukraine conflict dealt a severe blow to the already fragile outlook for global economic growth. Nevertheless, China and the EU have been actively promoting economic recovery in their own ways. Through their joint efforts, China - EU economic and trade cooperation has shown resilience and effectively boosted the economic development of both sides. In 2022, the bilateral trade volume between China and the EU reached a historic high, and they became each other's second largest trading partners. The trade structure has been further optimized, and trade in green products such as lithium batteries, electric vehicles and photovoltaic components has grown rapidly.

Meanwhile, China – EU bilateral cooperation has continued to expand. Since the signing of the "China – EU Geographical Indications Agreement" in 2020, the two sides have achieved the mutual recognition and protection of 244 products, and the work on the publication of the second batch of 350 recognized products has been successfully completed. In addition, China and the EU have taken the lead in formulating and updating the "Common Ground Taxonomy", and China Construction Bank and Deutsche Bank have issued green bonds.

2023 marks the 20th anniversary of the China – EU comprehensive strategic partnership. Despite the complex challenges that have emerged in recent years, China and the EU, as the world's second and third – largest economies, share broad common interests. The cooperation between the two sides exhibits significant resilience and potential, creating a win – win situation that benefits both parties and the global community. In the face of an ever – changing international landscape and numerous challenges, China and the EU should seize the 20th anniversary of their comprehensive strategic partnership as a new starting point. They should maintain the right direction of bilateral cooperation, further open up markets, deepen collaboration in areas such as trade, green development, and intellectual property rights protection, and work together to address global challenges, including climate change.

目 录

第一篇　欧盟经济概览 ·· 1

第一章　欧盟经济宏观回顾与展望 ·· 3
第一节　欧盟经济宏观回顾 ·· 3
第二节　欧盟经济前景展望 ·· 19

第二章　欧盟经济管制政策 ·· 35
第一节　经济管制简介 ·· 35
第二节　欧盟经济管制政策 ·· 39
第三节　欧盟数字经济监管 ·· 59

第二篇　欧盟绿色经济专题研究 ·· 87

第三章　欧盟绿色转型模式的形成 ·· 89
第一节　欧盟绿色转型政策顶层框架 ·· 89
第二节　欧盟绿色转型的推动力 ·· 99
第三节　欧盟绿色转型的资金来源 ·· 111

第四章　欧盟绿色转型进展及面临的挑战 ······································ 122
第一节　欧盟向绿色经济转型现状 ·· 122
第二节　欧盟能源转型面临的挑战 ·· 133

第三篇 中国与欧盟合作近况 169

第五章 贸易合作 171
第一节 中国与欧盟双边货物贸易 171
第二节 中国与欧盟服务贸易 183

第六章 投资合作 194
第一节 中国对欧盟投资情况 194
第二节 欧盟对中国投资情况 203
第三节 中国对欧承包工程情况 209

第七章 金融合作 216
第一节 中央银行合作 216
第二节 双方银行在对方国家设立银行分支机构情况 218
第三节 双边监管合作谅解备忘录和监管合作协议签订情况 222
第四节 中欧金融合作平台 225

参考文献 233

后记 240

图目录

图1-1 2020—2022年欧盟、欧元区和部分欧盟国家消费者物价调和指数年变化率 6

图1-2 2020—2022年欧洲中央银行基准利率 7

图1-3 2020—2022年欧盟国家财政赤字率 10

图1-4 2020—2022年欧盟国家政府债务率 10

图1-5 2013—2022年主要地区和国家货物出口占全球货物出口总额比重 11

图1-6 2012—2022年欧盟货物贸易平衡 12

图1-7 2021—2022年欧盟国家货物贸易总额及增速 13

图1-8 2021—2022年欧盟国家与欧盟以外地区服务贸易总额及增速 15

图1-9 2020—2021年全球主要地区FDI流入及其增速 16

图1-10 2019—2022年全球投资发展趋势 17

图1-11 2019年1月至2023年4月全球和欧元区PMI指数 24

图1-12 2022年1月至2023年4月德国和法国综合PMI指数 25

图1-13 2019年1月至2023年4月欧盟和欧元区经济景气指数 26

图1-14 2020年1月至2023年4月欧盟和欧元区5个市场信心指数 27

图1-15 2019年1月至2023年4月欧盟五大主要经济体经济不确定指数 28

图1-16 2019年1月至2023年4月欧盟和欧元区就业预期指数 28

图1-17 2019年1月至2023年4月欧盟和欧元区经济不确定指数 28

图2-1 冯德莱恩欧盟委员会委员构成（任期2019—2024年）......41

图2-2 欧盟管制政策制定的制度框架 43

图2-3 2021年经合组织管制治理系列指数：主要立法综合RIA指数 44

图2-4 2021年经合组织管制治理系列指数：主要立法利益相关者参与状况综合指数 44

图2-5 2021年经合组织管制治理系列指数：主要立法事后综合指数 45

图2-6 历任欧盟委员会立法倡议数量和通过所用的时间 47

图2-7 欧盟透明注册系统注册机构类型分布（2021年3月）......50

图2-8 2020年游说机构的游说年总支出分布 52

图2-9 参与欧盟游说活动企业的分布情况 54

图2-10 欧盟2030数字指南 60

图2-11	欧盟27国ICT产业增加值占GDP的比重	74
图2-12	2020年各成员国ICT产业增加值占GDP的百分比	74
图2-13	2020—2021年欧盟5G移动网络覆盖率（占居住区域人口的百分比）	75
图2-14	2021年欧盟及各成员国企业大数据和人工智能技术应用水平（以应用企业数量的百分比衡量）	77
图2-15	独角兽企业数量	77
图2-16	2021年综合数字经济和社会（DESI）指数分布	79
图2-17	数字经济和社会（DESI）四个维度指数的增长（2017年=100）	79
图2-18	市值前100大互联网公司	81
图2-19	2020年半导体工业全球市场份额	83
图2-20	2019年欧盟在半导体细分市场所占份额	83
图2-21	用于支持数字化发展的1270亿欧元"复苏和弹性基金"流向	84
图3-1	1984—2021年欧盟框架计划预算	102
图3-2	1984—2020年欧盟科技框架计划各领域研究和创新资金占总预算比重	103
图3-3	2021—2027年"地平线欧洲"框架计划结构	104
图3-4	欧盟2021—2027年多年期财政框架最终方案	115
图4-1	欧盟实现2020年目标的进展	125
图4-2	欧盟温室气体排放量变化趋势	126
图4-3	欧盟初级能源消费与最终能源消费变化趋势	127
图4-4	欧盟可再生能源占最终能源消耗比重	128
图4-5	2005—2021年欧盟不同行业实现2020年目标进展情况	129
图4-6	欧盟成员国2020年温室气体减排目标	131
图4-7	欧盟成员国2020年能效目标实现情况	132
图4-8	2010—2022年第二季度欧盟从俄罗斯进口天然气价值占欧盟天然气进口（欧盟以外地区）总价值比重	137
图4-9	2030年"欧盟能源重振计划"行动方案投资领域及资金需求	140
图4-10	2000—2022年欧盟太阳能发电新增装机容量变化趋势	142
图4-11	2021—2022年欧盟太阳能发电新增装机容量排名前10的国家	142

目 录

图 4-12　2023—2026 年欧盟太阳能发电装机累计总量发展趋势 ………… 144
图 4-13　2023—2026 年欧盟太阳能发电新增装机容量排名前 15 的
　　　　 国家 ……………………………………………………………………… 145
图 4-14　2021—2022 年中国光伏产品出口情况 ………………………………… 147
图 5-1　2008—2022 年中国对外贸易情况 ……………………………………… 172
图 5-2　2011—2022 年中国对欧盟贸易情况 …………………………………… 172
图 5-3　2011—2022 年中国对欧盟 4 国贸易情况 ……………………………… 173
图 5-4　2011—2022 年中国与欧盟的货物贸易平衡情况 ……………………… 176
图 5-5　2022 年中国对欧盟各成员国贸易净出口 ……………………………… 176
图 5-6　2022 年欧盟主要货物贸易伙伴及份额 ………………………………… 177
图 5-7　2020—2022 年欧盟主要贸易伙伴及份额 ……………………………… 178
图 5-8　2020—2022 年中国对部分主要经济体进出口占比 …………………… 179
图 5-9　2022 年中国对欧盟出口前十大商品品类 ……………………………… 180
图 5-10　2022 年中国对欧盟进口前十大商品品类 ……………………………… 181
图 5-11　中国对欧盟出口工业品结构 …………………………………………… 182
图 5-12　2021 年欧盟高科技产品贸易 …………………………………………… 183
图 5-13　2012—2021 年欧盟对中国服务贸易规模 ……………………………… 184
图 5-14　欧盟进口中国服务贸易品类占比 ……………………………………… 185
图 5-15　欧盟出口中国服务贸易品类占比 ……………………………………… 185
图 6-1　2010—2021 年中国对欧盟直接投资流量、存量及增速 ……………… 195
图 6-2　2021 年中国对欧盟主要国家投资占比 ………………………………… 196
图 6-3　2021 年中国对欧盟主要行业投资（按存量）占比 …………………… 197
图 6-4　2021 年中国对欧盟直接投资（流量）及增速按行业分布 …………… 198
图 6-5　2020—2021 年中国对外直接投资流量地区分布（比重） …………… 200
图 6-6　2012—2021 年国有企业对欧投资额及占比情况 ……………………… 202
图 6-7　中国的科尔尼外商直接投资信心指数排名 …………………………… 204
图 6-8　2010—2021 年欧盟 27 国在华投资额及实际投资占比 ………………… 204
图 6-9　欧盟企业在中国经营状况 ……………………………………………… 205
图 6-10　2020—2021 年欧盟主要国家对中国直接投资额 ……………………… 206
图 6-11　2021 年中国对外承包工程新签合同额和完成营业额地区分布 ……… 209
图 6-12　2013—2021 年中国对欧盟 27 国承包工程完成营业额情况 …………… 210
图 7-1　41 家外资银行股东地区分布 …………………………………………… 221

表目录

表 1–1　2020—2022 年欧盟和全球主要地区经济增速 …………………… 4
表 1–2　2020—2022 年欧盟 27 国经济增速 ……………………………… 4
表 1–3　2020—2022 年欧盟 27 国失业率 ………………………………… 8
表 1–4　2021—2022 年欧盟国家货物进出口规模及增速 ……………… 13
表 1–5　2021—2022 年欧盟国家与欧盟以外地区服务进出口规模及增速 … 15
表 1–6　2019—2022 年全球主要经济体绿地投资和国际项目融资交易
　　　　数量及增速 ………………………………………………………… 18
表 1–7　2019—2022 年全球主要经济体跨国并购交易净值及其增速 …… 18
表 1–8　2022—2024 年全球主要经济体和欧盟 27 国经济增速预测 …… 20
表 1–9　2022—2024 年欧盟和欧元区成员国通货膨胀率预测 ………… 22
表 1–10　2022—2023 年穆迪对欧洲 15 国主权信用评级 ……………… 30
表 1–11　2022—2023 年标普对欧洲 15 国主权信用评级 ……………… 31
表 1–12　2022—2023 年惠誉对欧洲 15 国主权信用评级 ……………… 33
表 2–1　2019—2024 年任期欧盟委员会优先事项 ……………………… 41
表 2–2　企业或商贸协会参与欧盟游说的投入情况 …………………… 51
表 2–3　游说花费最高的企业或商贸协会 ……………………………… 52
表 2–4　同欧盟委员会举行会议最多的机构 …………………………… 55
表 2–5　中国企业或商会参与欧盟游说情况 …………………………… 58
表 2–6　欧盟数字经济监管政策列表 …………………………………… 62
表 2–7　近年来欧盟针对平台企业的反垄断调查 ……………………… 63
表 2–8　主要经济体支持芯片产业发展的政策法案 …………………… 82
表 3–1　欧盟制定的 8 轮《环境行动规划》……………………………… 90
表 3–2　欧盟发起和参与的总体框架性环境和气候政策 ……………… 96
表 3–3　欧盟科技框架计划 ……………………………………………… 100
表 3–4　2021—2027 年"地平线欧洲"预算结构 ……………………… 105
表 3–5　欧盟排放交易体系发展四阶段 ………………………………… 108
表 3–6　欧盟 6 轮多年期财政框架 ……………………………………… 112
表 3–7　欧盟《可持续发展融资行动计划》10 项行动要点 …………… 118
表 3–8　欧盟可持续金融相关政策一览 ………………………………… 119
表 4–1　《欧盟绿色新政》框架下出台的重要政策、计划和行动方案 … 123
表 4–2　欧盟成员国 2020 年可再生能源目标及其实现情况 …………… 131

表 4-3	欧盟 2020 年和 2030 年气候与能源目标	134
表 4-4	欧洲太阳能光伏产业联盟 7 项战略行动计划	148
表 4-5	中欧气候议题合作协议或声明一览	150
表 5-1	2022 年欧盟成员国从中国进口货物情况	174
表 5-2	2022 年欧盟成员国对中国出口货物情况	175
表 6-1	2021 年欧盟对华投资金额前 5 位行业	206
表 6-2	2013—2021 年中国对部分欧盟成员国承包工程完成营业额	210
表 6-3	2022 年部分中国对欧承包工程（中标/新签）	214
表 7-1	中国人民银行与欧洲国家/地区中央银行或货币当局签署的双边本币互换一览表	216
表 7-2	中国与欧洲部分国家/地区人民币清算合作时间表	218
表 7-3	中国工商银行在欧洲部分国家/地区机构一览表	218
表 7-4	欧洲法人银行的注册地与外资背景	221
表 7-5	来自欧洲的外资银行分行名单	221
表 7-6	1996—2022 年中国证监会与欧洲部分国家/地区证券（期货）监管机构签署的备忘录一览表	223
表 7-7	2004—2022 年我国与欧洲主要国家监管机构签署的双边监管合作谅解备忘录和监管合作协议	224
表 7-8	部分中欧金融合作平台	227

信息和研究专题目录

信息专题1：欧盟委员会的政策评估原则和过程 …………………………… 48

信息专题2："欧盟能源重振计划"行动方案简介 …………………………… 137

研究专题1：企业如何游说影响欧盟经济管制政策的制定 …………………… 49

研究专题2：欧洲数字平台反垄断选择多元化目标的实质与启示 …………… 66

研究专题3：欧盟数字经济发展现状 …………………………………………… 73

研究专题4：全球气候变化协议框架下的中欧合作与新阶段挑战 ………… 149

研究专题5：欧盟对于成员国国家援助政策的态度正在发生转变 ………… 164

研究专题6：俄乌危机下中欧班列推动中国与中东欧国家合作的机遇
和挑战 ……………………………………………………………… 189

第一篇

欧盟经济概览

第一章　欧盟经济宏观回顾与展望

第一节　欧盟经济宏观回顾

一、宏观环境回顾

2022年，受新冠疫情、乌克兰危机及其引发的粮食和能源危机、通胀飙升、债务危机以及气候紧急状况等多重危机交汇的影响，全球经济遭受重创。以美国和欧盟为代表的发达经济体增长势头明显减弱，全球其他经济体由此也受到诸多不利影响。[①] 根据国际货币基金组织（International Monetary Fund，IMF）2023年4月的统计数据，全球经济在2021年反弹至6.3%之后，经济增速又再次大幅回落2.9个百分点至3.4%。其中，全球发达经济体、新兴市场和发展中经济体的经济增速分别从5.4%和6.9%下降至2.7%和4.0%（见表1-1）。[②]

然而，值得注意的是，2022年下半年欧盟的经济活动放缓程度小于预期，显示出欧盟经济在应对极端不利冲击时仍具有一定的韧性。2022年第三季度欧盟经济增速出现了意料之中的下降趋势，然而其实际降幅却小于预期。欧盟委员会数据显示，受私人消费和投资的积极影响，欧盟和欧元区第三季度实际经济同比增长率均为0.3%，较此前初步预测值高出0.1个百分点。在持续的高通胀环境下，欧盟和欧元区实际工资水平虽然在下降，但是得益于稳固的就业市场、大规模的财政支持以及家庭储蓄率的下降，欧洲的私人消费规模有进一步扩大的态势。[③]

---

① 联合国. 2023年世界经济形势与展望 [R]. 2023-01-25.
② European Commission. European Economic Forecast. Institutional Paper 194, Feburary 2023.
③ IMF. World Economic Outlook: A Rocky Recovery. Washington, DC. April 2023.

表1-1　　　　2020—2022年欧盟和全球主要地区经济增速　　　　单位：%

国别/地区	2020年	2021年	2022年
欧盟	-5.6	5.6	3.7
欧元区	-6.1	5.4	3.5
美国	-2.8	5.9	2.1
新兴市场和发展中经济体	-1.8	6.9	4.0
亚洲新兴市场和发展中经济体	-0.5	7.5	4.4
中国	2.2	8.4	3.0
印度	-5.8	9.1	6.8
东盟5国	-5.4	3.2	4.4
欧洲新兴市场和发展中经济体	-1.6	7.3	0.8
俄罗斯	-2.7	5.6	-2.1
全球发达经济体	-4.2	5.4	2.7
全球	-2.8	6.3	3.4

注：表中2021年和2022年的数据为2023年4月IMF修订后的最终值。
资料来源：国际货币基金组织。

从国别来看，欧盟27个成员国在2021年普遍经历了强劲复苏后，经济增速在2022年出现了不同程度的回落。以爱尔兰（12.0%）、马耳他（6.9%）和葡萄牙（6.7%）为代表的欧盟14个国家2022年经济增速均保持或超过了欧盟3.7%的平均水平，有8个国家经济增速勉强保持在2%~3.6%，另有5个国家经济增速已回落至2%以下，爱沙尼亚甚至出现了1.3%的萎缩（见表1-2）。

表1-2　　　　2020—2022年欧盟27国经济增速　　　　单位：%

国别/地区	2020年	2021年	2022年
奥地利	-6.5	4.6	5.0
比利时	-5.4	6.1	3.1
克罗地亚	-8.6	13.1	6.3
塞浦路斯	-4.4	6.6	5.6
爱沙尼亚	-0.6	8.0	-1.3
芬兰	-2.4	3.0	2.1
法国	-7.9	6.8	2.6
德国	-3.7	2.6	1.8
希腊	-9.0	8.4	5.9
爱尔兰	6.2	13.6	12.0
意大利	-9.0	7.0	3.7
拉脱维亚	-2.2	4.1	2.0

续表

国别/地区	2020年	2021年	2022年
立陶宛	0.0	6.0	1.9
卢森堡	-0.8	5.1	1.5
马耳他	-8.6	11.8	6.9
荷兰	-3.9	4.9	4.5
葡萄牙	-8.3	5.5	6.7
斯洛伐克	-3.4	3.0	1.7
斯洛文尼亚	-4.3	8.2	5.4
西班牙	-11.3	5.5	5.5
欧元区	-6.1	5.4	3.5
保加利亚	-4.0	7.6	3.4
捷克	-5.5	3.6	2.4
丹麦	-2.0	4.9	3.6
匈牙利	-4.5	7.1	4.9
波兰	-2.0	6.8	4.9
罗马尼亚	-3.7	5.9	4.8
瑞典	2.2	5.4	2.6
欧盟	-5.6	5.6	3.7

注：表中2021年和2022年的数据为2023年4月IMF修订后的最终值。

资料来源：国际货币基金组织。

2022年爱尔兰经济增长12%，再次成为欧盟27国中增长最快的经济体，其增速几乎是排名第二的马耳他（6.9%）的2倍，是欧盟平均水平（3.7%）的3倍多。爱尔兰中央统计局（Central Statistics Office，CSO）报告显示，得益于爱尔兰大型跨国制造企业的强劲复苏，该国商品出口和企业税收呈现出十分积极的发展趋势，这使爱尔兰在近两年持续保持了高速的经济增长。

与之对比，2022年欧盟27国中GDP增速最慢的经济体是爱沙尼亚，爱沙尼亚也是欧盟唯一一个经济负增长的国家。根据爱沙尼亚统计局（Statistics Estonia）统计数据，虽然该国2022年在住宿、餐饮服务、旅游等领域已从新冠疫情危机中恢复，但受信息和通信、房地产、能源、贸易、农业以及金融部门的拖累，其GDP同比下降了1.3%。2022年第四季度，爱沙尼亚私人消费延续了此前下降的趋势，并且达到了自2021年第一季度以来的最低值（-1.9%）；家庭教育、其他商品和服务以及家居用品领域的消费下降幅度最大，其次是食品和医疗消费。[①]

[①] 更多信息请参考：https://www.stat.ee/en/news/estonian-economy-contracted-13-last-year。

由于乌克兰危机对欧洲经济以及能源市场的巨大冲击，欧盟和欧元区消费者物价调和指数（Harmonized Index of Consumer Prices，HICP）同比变化率自2022年初开始一路飙升，并在2022年10月达到其历史峰值，分别为11.5%和10.6%。据欧盟委员会发布的《欧洲经济预测》，2022年底，由于受政策措施的积极影响，在长达20个月后，能源通胀率已不再是欧元区总体通胀率的最大"贡献者"。在关键能源项目中，交通燃料的通胀率自2022年7月以来一直呈现下降趋势。与此同时，天然气和电力的通胀率在2022年11月也开始下降，这使得欧盟和欧元区整体通胀率在2022年底有所放缓，分别从2022年10月的11.5%和10.6%下降至12月的10.4%和9.2%（见图1-1）。①

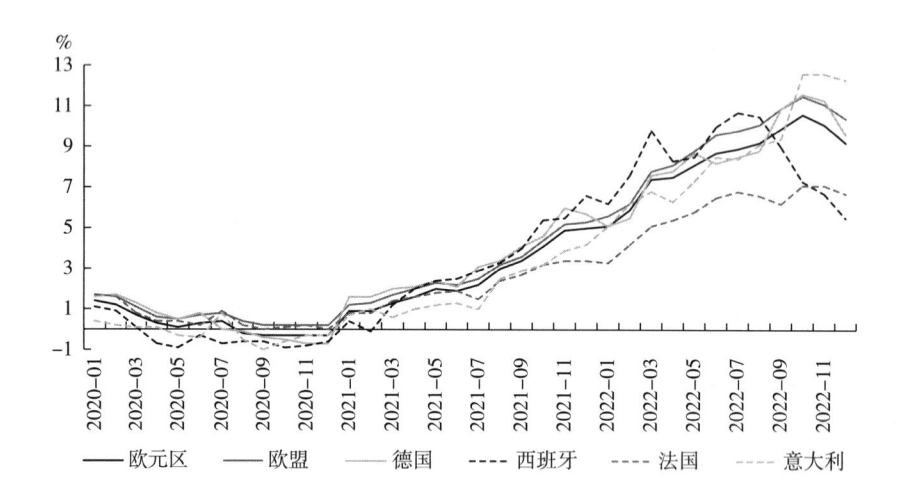

图1-1 2020—2022年欧盟、欧元区和部分欧盟国家消费者物价调和指数年变化率
（资料来源：欧盟统计局）

在美联储激进加息负面外溢效应、能源危机等诸多因素的影响下，为遏制通胀持续走高，欧洲中央银行（ECB）于2022年夏开启了自2011年以来的首轮加息，截至2022年底，欧洲中央银行共计进行了四轮加息（见图1-2）。(1) 2022年7月27日，欧洲中央银行召开货币政策会议，决定将欧元区三大关键利率上调50个基点，将主要再融资利率、存款机制利率和边际放款利率分别上调至0.5%、0和0.75%。(2) 9月14日，欧洲中央银行决定将欧元区三大关键利率均上调75个基点，以进一步抑制通胀水平，此轮加息是自2002年以来最大幅度的一次加息。(3) 11月2日，欧洲中央银行再次将三大关键利率大幅上调了75个基点。虽然欧元区11月通胀率小幅回落，然而欧洲中央银行认为仍有必要继续制订量化

---

① European Commission, European Economic Forecast, Institutional Paper 194, Feburary 2023.

紧缩计划。(4) 12月21日,欧洲中央银行放缓加息幅度至50个基点,这使得欧元区主要再融资利率、存款机制利率和边际放款利率分别在2022年底达到了2.5%、2%和2.75%,共计上调了250个基点。①

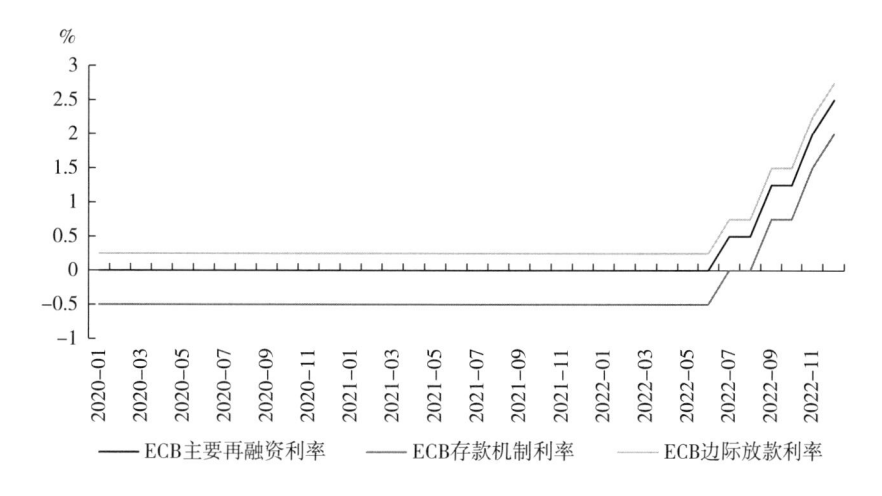

图1－2 2020—2022年欧洲中央银行基准利率

(资料来源:欧洲中央银行)

整体来看,随着制造业、服务业和零售服务业逐渐恢复及上述行业就业计划的不断改善,欧盟劳动力市场在经历了两年的低迷后,在2022年实现了强劲复苏。欧盟统计局数据显示,欧盟和欧元区失业率分别从2020年的7.2%和8%下降了1个和1.2个百分点至2022年的6.2%和6.8%(见表1－3)。2022年第三季度,欧盟就业人数较第二季度增长了0.2%,使得欧盟20~64岁人口的就业率达到了自2009年开始统计以来74.7%的历史最高水平。② 具体来看,欧盟第一大经济体德国2022年年均约有4560万就业人口,超过了2019年创下的历史高点,是自1990年两德统一以来的最高纪录。根据德国联邦统计局的初步估算,2022年德国年均就业人数较2021年增加了58.9万人,同比增长1.3%。出现上述增长主要有三点原因。一是劳动力市场往往滞后于经济增长,在2021年德国经济逐步复苏之后,劳动力市场在2022开始获得更为强劲的增长动力;二是随着疫情后消费需求的逐渐反弹,劳动密集型服务部门同样成为推动德国劳动力市场复苏的动力;三是尽管部分企业受到能源危机的巨大冲击,但德国政府推出的国家支持计划将在一定程度上帮助这些企业保留并吸纳劳动力。从劳动力就业领域来看,德

---

① 更多信息请参考:https://www.ecb.europa.eu/stats/policy_and_exchange_rates/key_ecb_interest_rates/html/index.en.html。

② European Commission. European Economic Forecast. Institutional Paper 194, Feburary 2023.

国2022年93%的就业增长出现在服务业，较2021年就业人数增加了54.8万人；在工业（不包括建筑业）领域，就业人数仅增加了3.1万人。值得注意的是，即便2022年德国就业增长情况较为乐观，但其劳动力市场仍存在着一定的问题。根据德国伊弗（Ifo）经济研究所和复兴信贷银行（Kreditanstalt für Wiederaufbau, KfW）于2022年12月发布的技术工人"晴雨表"，2022年第四季度，德国有46%的公司业务活动受技术工人短缺的影响。①

表1-3　　　　　2020—2022年欧盟27国失业率　　　　　单位：%

国别/地区	2020年	2021年	2022年
奥地利	6	6.2	4.8
比利时	5.8	6.3	5.6
克罗地亚	7.5	7.6	7
塞浦路斯	7.6	7.5	6.8
爱沙尼亚	6.9	6.2	5.6
芬兰	7.7	7.7	6.8
法国	8	7.9	7.3
德国	3.7	3.7	3.1
希腊	17.6	14.7	12.5
爱尔兰	5.9	6.2	4.5
意大利	9.3	9.5	8.1
拉脱维亚	8.1	7.6	6.9
立陶宛	8.5	7.1	6
卢森堡	6.8	5.3	4.6
马耳他	4.4	3.4	2.9
荷兰	4.9	4.2	3.5
葡萄牙	7	6.6	6
斯洛伐克	6.7	6.8	6.1
斯洛文尼亚	5	4.8	4
西班牙	15.5	14.8	12.9
欧元区20国	8	7.7	6.8
保加利亚	6.1	5.3	4.3
捷克	2.6	2.8	2.2
丹麦	5.6	5.1	4.5
匈牙利	4.1	4.1	3.6
波兰	3.2	3.4	2.9
罗马尼亚	6.1	5.6	5.6
瑞典	8.5	8.8	7.5
欧盟27国	7.2	7.1	6.2

资料来源：欧盟统计局。

---

① 更多信息请参考：https://m.21jingji.com/article/20230105/herald/05a75996cc208e6d5bd47b20fd6d40c5_zaker.html。

对比来看，希腊的失业率虽然在近3年有所缓解，已从2020年的17.6%下降5.1个百分点至2022年的12.5%，但在欧盟地区该国仍然属于失业率最高的国家之一，远远超过欧盟和欧元区的平均水平（见表1-3）。事实上，自2007年次贷危机爆发以来，希腊的失业率就高居不下，从2009年至今，其劳动力市场始终处于10%以上的高失业率水平。作为人口老龄化较为严重的国家，随着生育率持续降低，希腊就业人口总体规模也在持续减少。作为希腊经济支柱的旅游业在2022年迎来了强劲复苏，其对劳动力有着巨大的需求。根据希腊旅游研究与预测（Institute for Tourism Research and Forecasts，ITEP）2022年的调查数据，希腊酒店业有超6万个岗位缺口，约占该行业总就业人口的23%。为应对希腊旅游业员工数量严重短缺的问题，希腊政府出台了一项联合部长决定，首次允许旅游业可雇用欧盟外的第三国公民，以最大限度弥补近些年旅游业的劳动力缺口。[①] 然而，值得注意的是，由于希腊旅游业用工有着明显的季节性特征，在旅游淡季的冬季希腊劳动力市场再次遭遇高失业率的问题。据希腊劳动部系统（ERGANI）统计，2022年夏季旅游季节结束导致希腊失去了数千个工作岗位。具体来看，希腊2022年11月失业人数共计83627人，其中291110个岗位与住宿和酒店业相关，22181个岗位与餐饮业相关。希腊2022年11月的就业以灵活用工为主，在202015个招聘岗位中，51.31%是兼职工作，全职就业的招聘岗位占比为48.69%。[②]

2022年欧盟和欧元区财政赤字与政府债务较2021年均有所缓解。欧盟统计局2023年4月公布的数据显示，欧盟和欧元区2022年财政赤字占GDP的比重分别为3.4%和3.6%，低于2021年的4.8%和5.3%；2022年欧盟和欧元区政府债务占GDP的比重分别为84%和91.6%，低于2021年的88%和95.5%（见图1-3和图1-4）。

随着欧洲新冠疫情防控政策的逐步解除，欧盟国家的需求得到了释放，2021年欧洲各国经济迎来了强劲复苏，多数欧盟成员国的财政收入快于支出的增长，使得欧盟财政赤字占GDP比重这一指标在2020年的基础上有了显著的改善。上述趋势一直延续到2022年初，2022年第二季度欧盟和欧元区的财政赤字率已降至1.8%和2.1%，重回《稳定与增长公约》（Stability and Growth Pact）所规定的3%上限以下。然而，为了应对俄乌冲突引发的能源危机以及尚未完全消退的疫情危机，欧盟各成员国政府仍然执行财政赤字政策，通过扩大财政开支以补贴个人、家庭和企业，助力经济恢复，由此导致欧盟公共债务持续累积，公共债务的

---

① 更多信息请参考：http：//paper. ce. cn/pc/content/202304/08/content _ 272140. html。
② 更多信息请参考：https：//news. gtp. gr/2022/12/28/unemployment – in – greece – hits – 20 – year – high – in – november/。

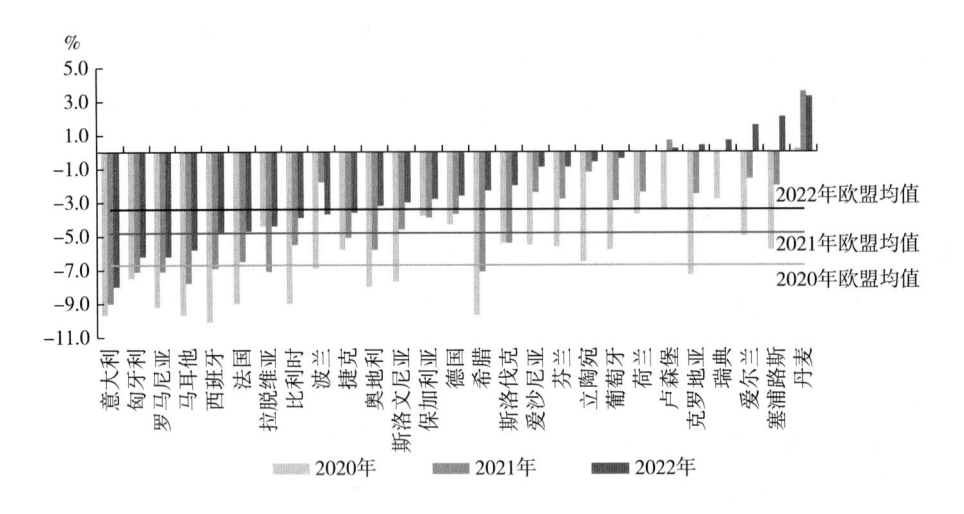

图 1-3　2020—2022 年欧盟国家财政赤字率

(资料来源：欧盟统计局)

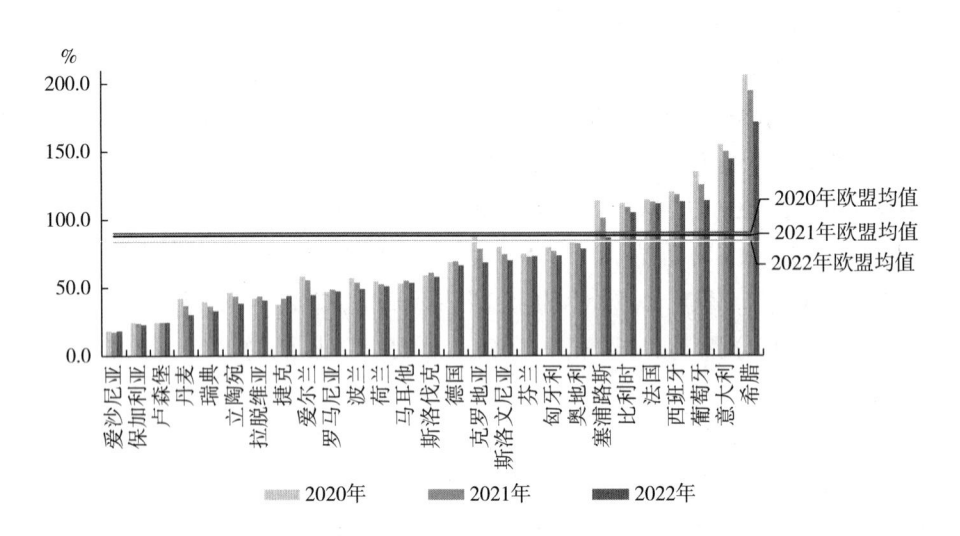

图 1-4　2020—2022 年欧盟国家政府债务率

(资料来源：欧盟统计局)

GDP 占比远超《稳定与增长公约》所规定的 60% 的上限。① 从国别来看，2022 年希腊、意大利、葡萄牙和西班牙的政府债务率虽然较 2021 年有所下降，但它们仍然是欧盟地区面临公共债务压力最大的四个国家。根据欧盟统计局的数据，2022 年希腊、意大利、葡萄牙和西班牙政府债务占 GDP 比重分别高达 171.3%、144.4%、113.9% 和 113.2%，再次引发了市场对再度爆发欧债危机的担忧。不

---

① 更多信息请参考：https://brgg.fudan.edu.cn/articleinfo_5432.html。

过，由于自身能源供需结构、对进口化石能源依赖程度、产业结构等方面的差异，欧盟成员国遭受能源危机的冲击程度不一，面临的公共债务负担也不尽相同，2022年政府债务率最高的希腊（171.3%）高出债务率最低的爱沙尼亚（18.4%）152.9个百分点。

二、贸易和投资

（一）贸易

长期以来，作为全球贸易规模最大的地区之一，欧盟货物贸易占全球货物贸易总额的比重基本保持在相对稳定的水平上。欧盟统计局数据显示，2013年至新冠疫情暴发时，欧盟货物贸易在全球货物贸易中的平均占比为15.9%，仅次于全球货物贸易第一大国中国16.8%的同期平均占比。然而，在新冠疫情的冲击下，欧盟货物贸易在全球范围的占比出现了一定程度的下滑，2021年欧盟货物贸易占全球货物贸易的比重仅为14.7%，与中国的差距从2020年的2.8个百分点增加至2021年的4.4个百分点，与全球货物贸易第三大国美国的差距从2020年的5.7个百分点缩小至2021年的4.7个百分点。随着俄乌危机对全球贸易市场，特别是对欧盟市场影响的持续扩大，2022年欧盟货物贸易在全球货物贸易中的占比又进一步下滑至13.7%，为近10年的新低（见图1-5）。

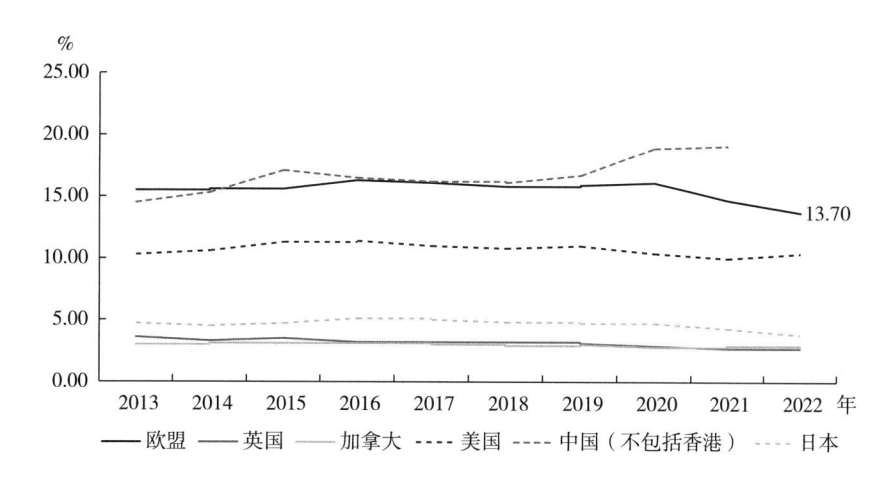

注：欧盟统计局暂无2022年中国（不包括香港）数据。

图1-5 2013—2022年主要地区和国家货物出口占全球货物出口总额比重

（资料来源：欧盟统计局）

2022年，随着全球疫情形势好转，欧盟国家对外贸易开始逐步复苏。据欧盟统计局数据，2022年欧盟货物出口和进口总额分别为25728.84亿欧元和

30031.32亿欧元,同比增速分别达到了17.97%和41.26%。然而,由于自2021年底开始一直持续到2022年的能源进口价格急剧上升,欧盟2022年货物贸易出现了4302.48亿欧元的逆差,创2002年开始统计欧盟贸易平衡以来的最低水平(见图1-6)。

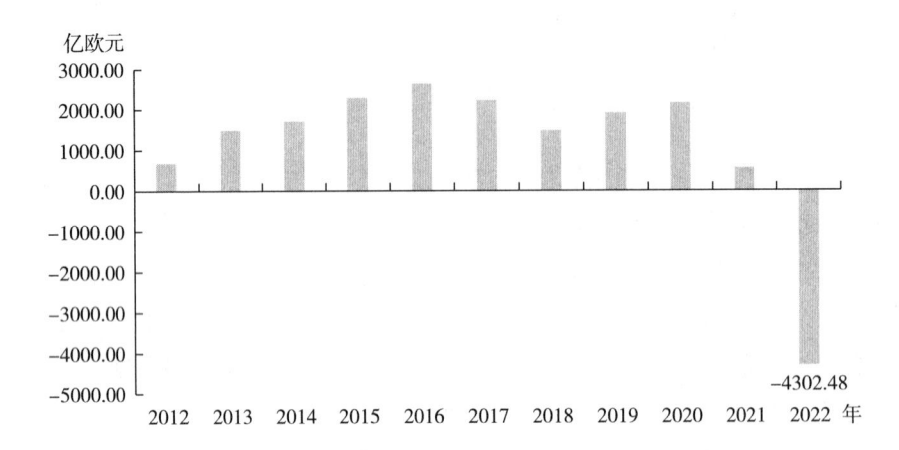

图1-6 2012—2022年欧盟货物贸易平衡

(资料来源:欧盟统计局)

在欧盟27个成员国中,德国货物贸易总额长期保持第一位。2022年,德国货物贸易总额达30700亿欧元,占欧盟货物贸易总额的22.1%,较2021年增长了18.7%。其中,德国出口总额为15754.57亿欧元,同比增长13.8%,进口总额为14945.45亿欧元,同比增长24.2%,贸易顺差809.12亿欧元,为2000年以来的最低水平(见图1-7和表1-4)。出现上述结果的主要原因与欧盟一致,同样是能源进口价格的大幅上涨。从进出口产品来看,德国主要出口产品为机械及运输设备、化学品及相关产品和工业制成品,三者分别占德国出口总额的44.07%、19.07%和12.58%;主要进口产品为机械及运输设备、化学品及相关产品和矿物燃料、润滑油及相关材料,三者分别占德国进口总额的32.75%、15.23%和12.66%。另外,德国联邦统计局(Statistisches Bundesamt)初步统计结果显示,中德货物贸易总额在2022年达2986亿欧元,中国连续第七年成为德国最重要的贸易伙伴,德国第二大和第三大贸易伙伴是美国和荷兰,贸易总额分别为2482亿欧元和2307亿欧元。[①]

2022年欧盟27个成员国货物贸易总额均保持了两位数的增长,马耳他、爱尔兰和塞浦路斯分别以30.2%、30.1%和29.4%的增速位列前三,其中,爱尔兰

---

① 更多信息请参考:https://www.destatis.de/EN/Themes/Economy/Foreign-Trade/trading-partners.html。

货物进出口贸易额在2022年创下了历史新高。欧盟统计局数据显示，爱尔兰2022年货物贸易总额达3434.79亿欧元，同比增长30.1%，其中，出口总额达到2034.66亿欧元，同比增长26.2%，进口总额为1390.12亿欧元，同比增长36.4%（见图1-7和表1-4）。爱尔兰出口增长在很大程度上是再次受到制药行业和有机化学品的推动。根据爱尔兰中央统计局（Central Statistics Office，CSO）的统计数据，爱尔兰医疗和医药产品的出口价值全年增加了174亿欧元（同比增长28%）至800亿欧元，有机化学品出口增加了近110亿欧元（同比增长42%）至368亿欧元；在进口方面，爱尔兰矿物燃料和润滑油的进口价值增长了112%，超过130亿欧元，化学品进口价值增加了125亿欧元，达到384亿欧元，机械和运输设备的进口价值跃升93亿欧元，达到501亿欧元。

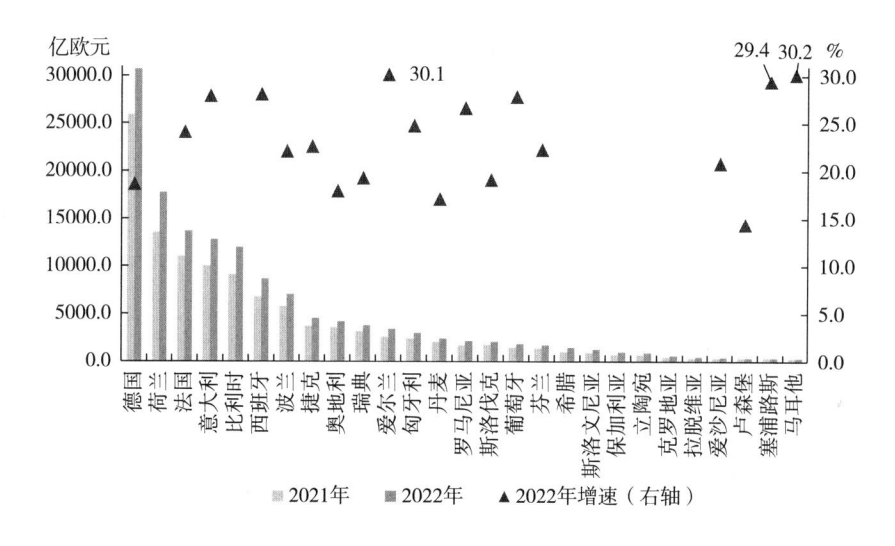

图1-7 2021—2022年欧盟国家货物贸易总额及增速

（资料来源：欧盟统计局）

表1-4　　　　2021—2022年欧盟国家货物进出口规模及增速

国别	出口/亿欧元 2021年	出口/亿欧元 2022年	增速/% 2021年	增速/% 2022年	进口/亿欧元 2021年	进口/亿欧元 2022年	增速/% 2021年	增速/% 2022年
比利时	4646.84	6041.26	25.8	30.0	4465.14	5929.14	28.2	32.8
保加利亚	348.22	478.05	24.5	37.3	391.28	552.64	27.7	41.2
捷克	1915.71	2297.61	14.3	19.9	1793.30	2248.96	19.9	25.4
丹麦	1065.33	1238.02	12.1	16.2	1018.11	1201.71	18.4	18.0
德国	13841.45	15754.57	14.5	13.8	12029.27	14945.45	17.3	24.2
爱沙尼亚	182.37	213.00	27.8	16.8	200.22	249.33	32.2	24.5
爱尔兰	1612.05	2034.66	2.1	26.2	1019.38	1390.12	16.9	36.4

续表

国别	出口/亿欧元 2021年	出口/亿欧元 2022年	增速/% 2021年	增速/% 2022年	进口/亿欧元 2021年	进口/亿欧元 2022年	增速/% 2021年	增速/% 2022年
希腊	399.72	546.76	29.8	36.8	653.67	930.48	33.5	42.3
西班牙	3214.35	3976.52	19.3	23.7	3554.42	4690.11	24.6	32.0
法国	4949.49	5871.51	15.8	18.6	6052.55	7781.19	19.0	28.6
克罗地亚	185.21	241.28	23.3	30.3	292.30	421.90	24.5	44.3
意大利	5207.71	6247.10	19.2	20.0	4804.37	6554.29	28.7	36.4
塞浦路斯	33.02	41.35	22.4	25.2	87.24	114.30	13.9	31.0
拉脱维亚	176.51	229.75	23.7	30.2	206.95	281.26	28.5	35.9
立陶宛	344.75	441.76	20.3	28.1	376.91	523.92	29.4	39.0
卢森堡	142.08	164.05	17.3	15.5	221.47	251.87	19.7	13.7
匈牙利	1199.12	1440.84	13.7	20.2	1209.26	1563.75	19.2	29.3
马耳他	25.93	31.02	4.6	19.6	60.38	81.33	20.2	34.7
荷兰	7110.70	9204.09	20.5	29.4	6414.77	8554.56	23.2	33.4
奥地利	1715.41	2008.81	15.7	17.1	1857.32	2204.73	23.1	18.7
波兰	2881.81	3428.94	20.5	19.0	2896.60	3625.41	26.7	25.2
葡萄牙	636.19	782.66	18.3	23.0	831.46	1092.91	22.0	31.4
罗马尼亚	739.23	919.81	19.7	24.4	983.35	1260.97	22.2	28.2
斯洛文尼亚	485.44	664.00	23.7	36.8	487.81	663.37	32.1	36.0
斯洛伐克	878.68	1024.46	16.2	16.6	879.05	1068.98	19.3	21.6
芬兰	694.71	817.63	20.0	17.7	728.68	922.49	21.9	26.6
瑞典	1603.37	1879.19	17.8	17.2	1583.69	1922.72	20.7	21.4

资料来源：欧盟统计局。

在服务贸易领域，2022年爱尔兰、德国和法国分别以5274.85亿欧元、4431.47亿欧元和3032.49亿欧元的贸易总额（与欧盟以外地区贸易）位列欧盟地区的前三位。其中，法国服务贸易顺差在欧盟27国中位列首位。根据欧盟统计局的数据，2022年法国货物贸易逆差虽然创下历史新高（逆差1909.68亿欧元），但其服务贸易在2021年录得414.07亿欧元顺差后，在外国游客重回法国以及法国海运和金融服务的良好发展的推动下，2022年又再度攀升至514.37亿欧元。[①]
从服务贸易增速来看，2022年欧盟27国中，除了荷兰、卢森堡和克罗地亚，其余24个成员国均以两位数的速度增长，丹麦、罗马尼亚和波兰增速位居前三，分别为44.5%、44.4%和41.8%。其中，推动丹麦服务贸易增长的主要动力是海运

---

① 更多信息请参考：http://fr.china-embassy.gov.cn/ljfg/202302/t20230209_11022779.htm。

价格的高涨；罗马尼亚服务贸易同样受益于交通运输服务业的扩张，特别是该国的公路运输服务和空运服务（见图1-8和表1-5）。①

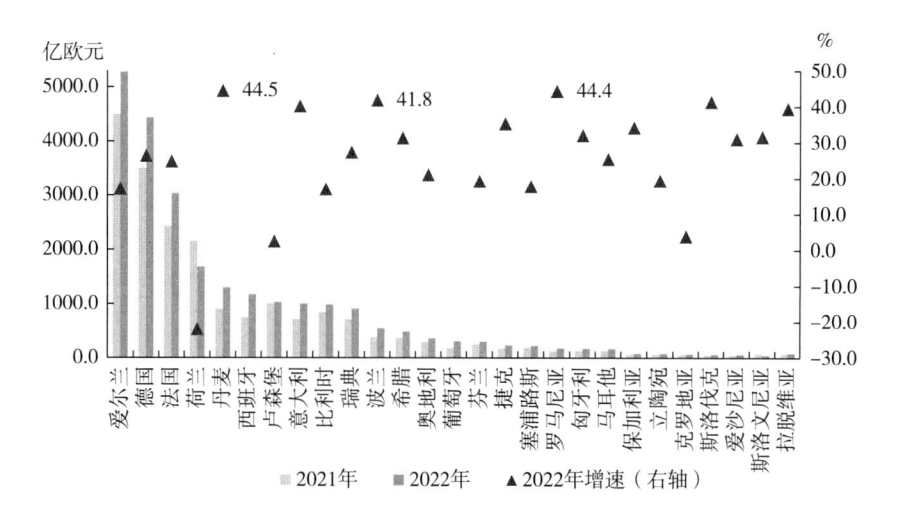

图1-8 2021—2022年欧盟国家与欧盟以外地区服务贸易总额及增速

（资料来源：欧盟统计局）

表1-5 2021—2022年欧盟国家与欧盟以外地区服务进出口规模及增速

国别	出口/亿欧元 2021年	出口/亿欧元 2022年	增速/% 2021年	增速/% 2022年	进口/亿欧元 2021年	进口/亿欧元 2022年	增速/% 2021年	增速/% 2022年
比利时	452.46	502.68	10.1	11.1	389.58	482.52	14.1	23.9
保加利亚	42.83	56.42	45.4	31.7	18.65	26.10	16.7	39.9
捷克	96.78	129.25	8.7	33.5	75.49	103.87	11.3	37.6
丹麦	512.17	786.79	21.3	53.6	388.99	514.98	8.2	32.4
德国	1935.52	2372.34	22.8	22.6	1570.57	2059.13	15.7	31.1
爱沙尼亚	30.97	39.31	54.8	26.9	18.03	24.90	53.2	38.1
爱尔兰	2001.63	2295.24	12.2	14.7	2499.68	2979.61	-14.0	19.2
希腊	219.36	293.60	44.3	33.6	147.58	188.82	49.2	27.9
西班牙	459.02	776.35	19.0	69.1	286.66	397.88	16.4	38.8
法国	1421.85	1773.43	23.1	24.7	1007.78	1259.06	10.9	24.9
克罗地亚	46.28	49.52	45.5	7.0	21.86	21.27	28.2	-2.7
意大利	364.01	523.26	14.9	43.8	350.60	478.22	10.6	36.4
塞浦路斯	104.38	124.43	14.5	19.2	82.68	95.91	5.3	16.0
拉脱维亚	16.92	24.71	6.3	46.0	12.70	16.61	19.9	30.8
立陶宛	38.88	45.21	14.9	16.3	28.64	35.42	34.1	23.7
卢森堡	500.80	507.79	18.0	1.4	506.90	525.15	17.2	3.6

---

① 更多信息请参考：http://ro.mofcom.gov.cn/article/jmdy/202302/20230203391133.shtml。

续表

国别	出口/亿欧元 2021年	出口/亿欧元 2022年	增速/% 2021年	增速/% 2022年	进口/亿欧元 2021年	进口/亿欧元 2022年	增速/% 2021年	增速/% 2022年
匈牙利	80.61	108.96	14.2	35.2	49.04	62.27	9.6	27.0
马耳他	69.44	79.91	24.9	15.1	65.30	89.18	14.1	36.6
荷兰	1073.91	902.21	2.9	-16.0	1080.51	778.67	4.4	-27.9
奥地利	157.62	189.04	-0.2	19.9	140.29	171.68	10.9	22.4
波兰	249.07	362.40	17.4	45.5	133.57	180.20	24.5	34.9
葡萄牙	103.93	192.02	17.5	84.8	80.10	112.71	38.5	40.7
罗马尼亚	77.98	118.95	20.7	52.5	46.69	61.03	20.3	30.7
斯洛文尼亚	20.83	27.45	32.0	31.8	16.16	21.25	20.0	31.5
斯洛伐克	27.92	38.46	9.2	37.8	18.33	26.94	16.1	46.9
芬兰	150.61	168.11	10.1	11.6	100.70	131.54	1.0	30.6
瑞典	410.59	507.14	11.4	23.5	306.01	405.38	10.0	32.5

资料来源：欧盟统计局。

（二）投资

联合国贸发会议（UNCTAD）2022年6月发布的《全球投资报告》（*World Investment Report*）[①] 显示，得益于宽松的融资条件、繁荣的并购市场以及基础设施刺激计划的快速增长，2021年全球对外直接投资（FDI）流量为1.58万亿美元，较新冠疫情期间（2020年）的9631.4亿美元增长了64.3%（见图1-9）。

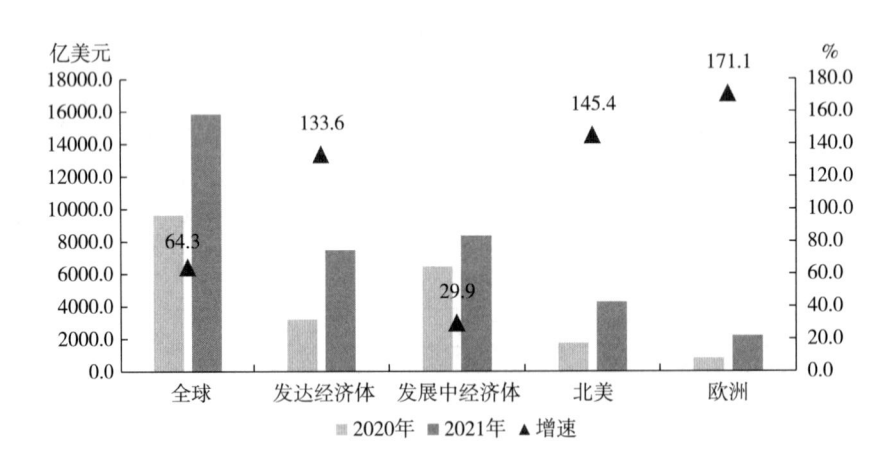

图1-9　2020—2021年全球主要地区FDI流入及其增速

（资料来源：联合国贸发会议）

---

① UNCTAD. World Investment Report. June 2022.

然而，在疫情危机尚未完全消退之际，俄乌冲突的爆发导致2022年国际商业和跨境投资的全球环境发生了巨大变化。目前来看，乌克兰危机的影响已远远超出了其直接范围，并间接引发了三重危机，包括食品、能源和金融危机。其中，食品和能源危机导致基本商品价格迅速上涨，推高了全球多个主要经济体的通货膨胀率并加剧了债务螺旋。① 在此背景下，投资者的不确定性以及风险厌恶情绪对2022年全球FDI产生重大下行压力；绿地投资、国际项目融资交易和跨国并购交易均在2022年出现了不同程度的逆转（见图1-10）。

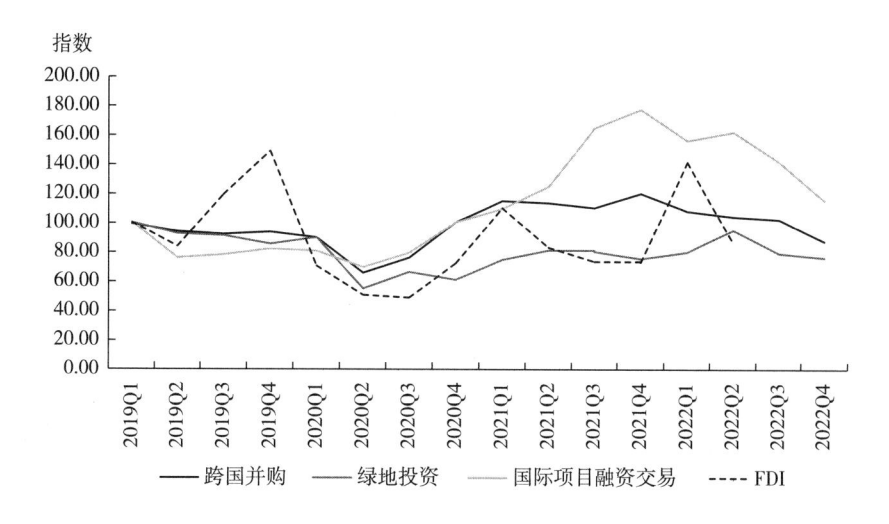

注：1. 图中为全球投资指数发展趋势，该指数以2019年第一季度为基准（2019Q1=100）。2. 由于联合国贸发会议对2021年FDI数据进行了重大修订，加之2022年数据仍有缺失，其在2023年1月发布的《全球投资趋势监测报告》（*Investment Trends Monitor*）中未能公布2022年FDI数据。更多信息请参考：UNCTAD. Investment Trends Monitor. January 2023。

图1-10 2019—2022年全球投资发展趋势

（资料来源：联合国贸发会议）

从交易数量和交易净值来看，由于2022年初延续了2021年的增长动力，全球绿地投资数量保持了5.6%的正增长。与之对比，国际项目融资交易和跨国并购活动对国际融资环境、升息以及金融市场不确定的影响更为敏感，这导致2022年前者全球交易数量下降了0.3%，后者全球范围内的交易净值下滑了6%。再从区域来看，欧盟地区的绿地投资和国际项目融资交易数量下降幅度较大，分别从2021年的5804宗和607宗下降至2022年的4919宗和522宗，降幅达15.2%和14%，而同期发达经济体在上述两个领域的交易量仅分别下滑了4.1%和增长了3.4%（见表1-6）。作为全球最大的并购市场，北美跨国并购交易净值从2021

---

① UNCTAD. World Investment Report. June 2022.

年的3090亿美元下降至2022年的1500亿美元，降幅高达51.5%，超出全球水平49.1个百分点；欧盟跨国并购交易净值虽然同样出现了下降趋势，但其下降幅度（下降8.5%）远低于北美，降速尚未超过两位数（见表1-7）。

表1-6 2019—2022年全球主要经济体绿地投资和国际项目融资交易数量及增速

地区	绿地投资					国际项目融资交易				
	2019年/宗	2020年/宗	2021年/宗	2022年/宗	2021—2022年增速/%	2019年/宗	2020年/宗	2021年/宗	2022年/宗	2021—2022年增速/%
全球	18261	13370	15243	16095	5.6	1260	1342	2349	2343	-0.3
发达经济体	10976	9086	10286	9862	-4.1	659	792	1391	1438	3.4
发展中经济体	7285	4284	4957	6233	25.7	601	550	958	905	-5.5
北美	2412	1981	2067	2431	17.6	223	186	316	306	-3.2
欧盟	5376	4834	5804	4919	-15.2	305	360	607	522	-14.0

资料来源：联合国贸发会议。

表1-7 2019—2022年全球主要经济体跨国并购交易净值及其增速

地区	跨国并购交易净值				
	2019年/亿美元	2020年/亿美元	2021年/亿美元	2022年/亿美元	2021—2022年增速/%
全球	5070	4750	7370	6970	-5.4
发达经济体	4280	3890	6240	5910	-5.3
发展中经济体	790	860	1130	1060	-6.2
北美	1870	1090	3090	1500	-51.5
欧盟	1140	1880	1420	1300	-8.5

资料来源：联合国贸发会议。

如上所述，由于俄乌冲突引发的能源危机、通货膨胀以及历史低点的利率走向终结等一系列事件给投资者带来了极大不安情绪，2022年欧盟地区的投资活动整体上受到了较大的冲击。然而，若从国别来看，部分欧盟国家仍然表现出较强的韧性，如爱尔兰、波兰、葡萄牙和意大利。[1]

爱尔兰投资发展署（Investment and Development Agency of Ireland, IDA）的年度统计数据显示，2022年爱尔兰投资发展署共获得242个新投资项目，其中103项来自新的投资者。上述242项投资中有127项流向地方区域，占比52%，这使

---

[1] Danielle Myles, Europe FDI withstands Ukraine war fall-out, February 2023. 更多信息请参考：https://www.fdiintelligence.com/content/rankings-and-awards/europe-fdi-withstands-ukraine-war-fallout-81986。

得爱尔兰全国范围内的跨国公司直接就业人数在2022年达30.15万人，同比增长9%，创FDI就业水平历史新高。其中，爱尔兰信息和通信服务行业就业人数增长了9%至11.82万人，现代制造业增长8%至10.52万人，传统制造业增长5.6%至2.37万人，商业、金融和其他服务业增长9%至5.64万人。近两年，爱尔兰对外商始终保持着较强的吸引力，除了其长期拥有极具竞争力的营商环境以外，爱尔兰还享受了英国脱欧而带来的红利，例如爱尔兰企业享有从爱尔兰到欧盟的"无摩擦"贸易、受益于欧盟公民的自由流动和英国公民前往爱尔兰的自由流动以及可以在爱尔兰、欧盟和英国之间传输个人数据。截至2022年第一季度，爱尔兰已获得100多项与英国脱欧直接相关的投资项目。[①]

另外，作为中东欧地区最大的FDI目的国，波兰在2022年的投资表现备受瞩目。波兰贸易投资署（Polish Trade and Investment Agency，PAIH）数据显示，2022年波兰贸易投资署共获得了126项新投资，同比增长31.25%；吸引了超过37亿欧元的FDI，同比增长5.71%，较2020年增长了37.04%；创造了近1.4万个新就业岗位，连续两年打破了自身的纪录。2022年，波兰最大的投资国是德国，其投资规模超过了14亿欧元，创造了4000个就业岗位；紧随其后的是瑞士，投资项目规模超过6.11亿欧元，创造了300个新岗位；排名第三的是日本，投资项目规模为3.2亿欧元，创造了1000个新岗位。从投资领域来看，最受FDI青睐的是电动汽车、BSS-IT、研发和食品工业、机械和汽车制造业。[②]

第二节 欧盟经济前景展望[③]

一、宏观环境展望

2023年初，全球经济正持续从新冠疫情和乌克兰危机中逐步复苏，中国经济也在重新开放后强劲反弹，全球供应链、能源和粮食市场所遭遇的混乱正慢慢消退。与此同时，大多数中央银行同步大幅收紧货币政策的成效开始显现，通胀预计将回归目标水平。[④] 然而，快速加息的副作用也正日益明显，银行业的脆弱性已成为各方关注的焦点，人们对风险蔓延至更广泛金融部门（包括非银行金融机

[①] IDA Ireland. Highest increase in FDI employment ever. December 2022. 更多信息请参考：https://enterprise.gov.ie/en/news-and-events/department-news/2022/december/202212163.html。

[②] Polish Investment and Trade Agency. Another record-breaking year for PAIH, January 2023. 更多信息请参考：https://www.paih.gov.pl/20230117/another_record_breaking_year_for_paih#。

[③] European Commission. European Economic Forecast. Institutional Paper 187, November 2022.

[④] Pierre-Olivier Gourinchas. Global Economic Recovery Endures but the Road Is Getting Rocky, April 2023.

构）的担忧也有所加剧。除此之外，影响2022年世界经济的其他主要因素也将持续到2023年，如高企的债务水平将限制财政政策制定者应对新挑战的能力。[①] 根据国际货币基金组织（International Monetary Fund，IMF）2023年4月的预测，假设近期金融部门压力得到控制（基线预测），全球经济增速将从2022年的3.4%下降至2023年的2.8%，此后将缓慢上升至2024年的3.0%。其中，发达经济体GDP增速放缓将尤为明显，从2022年的2.7%下降1.4个百分点至2023年的1.3%；与之对比，2023年新兴市场和发展中经济体经济增速较2022年仅略降0.1个百分点（见表1-8）。然而，若金融部门进一步承压，IMF预测全球经济增速将从2022年的3.4%下降0.9个百分点至2023年的2.5%，较基线预测下滑0.3个百分点。

在乌克兰危机中，欧洲经济首当其冲遭受了巨大冲击。考虑到为降低通胀需要采取紧缩的货币政策立场、金融环境恶化带来的影响以及地缘经济割裂的日益加剧，IMF在2023年4月发布的《世界经济展望》（World Economic Outlook）中预测，欧盟和欧元区2023年经济增速将分别从2022年的3.7%和3.5%下降3个和2.7个百分点至2023年的0.7%和0.8%，均低于1%。此外，IMF预计到2024年，随着欧洲地区通胀的逐步回落（见表1-9），私人消费有望出现一定的反弹。在逐渐适应了供应冲击的背景下，欧洲内部及外部需求也将增加，预计这将进一步推动投资和出口的增长。基于此，欧盟和欧元区2024年经济增速预计将分别达到1.6%和1.4%（见表1-8）。

表1-8　　2022—2024年全球主要经济体和欧盟27国经济增速预测　　单位：%

国别/地区	2023年4月IMF修订值	2023年4月IMF预测值	
	2022年	2023年	2024年
奥地利	5.0	0.4	1.1
比利时	3.1	0.7	1.1
克罗地亚	6.3	1.7	2.3
塞浦路斯	5.6	2.5	2.8
爱沙尼亚	-1.3	-1.2	3.2
芬兰	2.1	0.0	1.3
法国	2.6	0.7	1.3
德国	1.8	-0.1	1.1
希腊	5.9	2.6	1.5

---

① IMF. World Economic Outlook: A Rocky Recovery. Washington, DC. April 2023.

第一章　欧盟经济宏观回顾与展望

续表

国别/地区	2023年4月IMF修订值 2022年	2023年4月IMF预测值 2023年	2024年
爱尔兰	12.0	5.6	4.0
意大利	3.7	0.7	0.8
拉脱维亚	2.0	0.4	2.9
立陶宛	1.9	-0.3	2.7
卢森堡	1.5	1.1	1.7
马耳他	6.9	3.5	3.5
荷兰	4.5	1.0	1.2
葡萄牙	6.7	1.0	1.7
斯洛伐克	1.7	1.3	2.7
斯洛文尼亚	5.4	1.6	2.1
西班牙	5.5	1.5	2.0
保加利亚	3.4	1.4	3.5
捷克	2.4	-0.5	2.0
丹麦	3.6	0.0	1.0
匈牙利	4.9	0.5	3.2
波兰	4.9	0.3	2.4
罗马尼亚	4.8	2.4	3.7
瑞典	2.6	-0.5	1.0
新兴市场和发展中经济体	4.0	3.9	4.2
亚洲新兴市场和发展中经济体	4.4	5.3	5.1
中国	3.0	5.2	4.5
印度	6.8	5.9	6.3
东盟五国	4.4	3.6	3.7
欧洲新兴市场和发展中经济体	0.8	1.2	2.5
俄罗斯	-2.1	0.7	1.3
全球发达经济体	2.7	1.3	1.4
欧元区	3.5	0.8	1.4
欧盟	3.7	0.7	1.6
美国	2.1	1.6	1.1
全球	3.4	2.8	3.0

注：表中2022年数据为2023年4月IMF修订后的最终值。

资料来源：国际货币基金组织。

表1-9　　2022—2024年欧盟和欧元区成员国通货膨胀率预测　　　　单位：%

国别/地区	2023年4月IMF修订值 2022年	2023年4月IMF预测值 2023年	2024年
奥地利	8.6	8.2	3
比利时	10.3	4.7	2.1
克罗地亚	10.7	7.4	3.6
塞浦路斯	8.1	3.9	2.5
爱沙尼亚	19.4	9.7	4.1
芬兰	7.2	5.3	2.5
法国	5.9	5	2.5
德国	8.7	6.2	3.1
希腊	9.3	4	2.9
爱尔兰	8.1	5	3.2
意大利	8.7	4.5	2.6
拉脱维亚	17.2	9.7	3.5
立陶宛	18.9	10.5	5.8
卢森堡	8.1	2.6	3.1
马耳他	6.1	5.8	3.4
荷兰	11.6	3.9	4.2
葡萄牙	8.1	5.7	3.1
斯洛伐克	12.1	9.5	4.3
斯洛文尼亚	8.8	6.4	4.5
西班牙	8.3	4.3	3.2
欧元区	8.4	5.3	2.9
保加利亚	13	7.5	2.2
捷克	15.1	11.8	5.8
丹麦	8.5	4.8	2.8
匈牙利	14.5	17.7	5.4
波兰	14.4	11.9	6.1
罗马尼亚	13.8	10.5	5.8
瑞典	8.1	6.8	2.3
欧盟	8.4	5.6	3

注：表中2022年数据为2023年4月IMF修订后的最终值。
资料来源：国际货币基金组织。

我们再来关注常用于判断宏观经济环境发展形势的重要先行指标之一——采购经理人指数（Purchasing Manager's Index，PMI）的变化趋势。根据标普全球（S&P Global）发布的全球综合PMI指数和欧元区综合PMI指数自2019年以来的走势（见图1-11），我们注意到以下几个发展趋势。

第一，自2022年初俄乌冲突爆发至2022年夏季，全球和欧元区经济活动始终保持了一定的韧性。如图1-11分图1所示，虽然全球和欧元区综合PMI指数均呈现了持续下滑趋势，分别从2022年2月的53.4和55.5下降至7月的50.8和6月的52，但PMI指数仍然维持在荣枯线50以上。

第二，在全球贸易和供应链持续承压、不断上升的生活成本导致需求疲软等诸多不利因素的影响下，全球和欧元区经济活动主要受制造业的拖累。作为全球产出趋势的先行指标，2022年7月全球制造业PMI指数显示出全球工厂生产出现了连续下降的趋势，由此拖累了全球综合PMI指数从2022年7月的50.8快速下降至11月的48，这是自2020年7月以来的最低值。① 与此同时，欧元区制造业面临着更加严峻的经济形势，包括供应持续短缺、通胀压力上升和需求疲软，在此背景下，欧元区出现近两年新订单的首次下降。另外，受需求转向服务业的影响，欧元区制造业前景还有进一步恶化的可能。根据标普全球欧元区PMI指数调查问卷，2022年5月欧元区订单与库存比等前瞻性指标开始进一步恶化，导致欧元区制造业PMI于7月跌破了50的荣枯线，并持续至2023年4月（见图1-11分图2）。②

第三，欧元区在2023年初出现了类似于2022年初的"双速"经济迹象③，即服务业活动加速增长，而制造业增长却在放缓（见图1-11分图2）。在经历近5个月的收缩后，欧元区服务业PMI指数于2023年1月再次超过了荣枯线至50.8，并在接下来的3个月中稳步上涨，显示出欧元区服务业活动积极的扩张趋势。欧元区服务业此轮扩张主要是受金融服务活动的推动，此外，旅游、休闲、媒体活动、工业服务业以及IT服务业出现了积极的复苏趋势，交通运输服务业在历经7个月的下降后在2023年初企稳。

同样受服务业复苏的积极影响，德国和法国于2023年2月分别实现了自2022年6月和10月以来的首次增长。HCOB德国综合指数从2022年7月的48.1上升至2023年2月的50.7，并在接下来的3月和4月连续创下近7个月和11个

---

① Chris Williamson. Global manufacturing PMI falls into contraction territory for first time since 2020 lockdowns. S&P Global Market Intelligence，October 2022.

② Chris Williamson. Weak eurozone PMI readings signal second quarter manufacturing downturn. S&P Global Market Intelligence，June 2022.

③ 更多信息请参考：姜建清，汪泓. 欧洲区域经济研究报告2021—2022（中东欧卷）[M]. 北京：中国金融出版社，2022.

月新高；法国综合 PMI 指数从 10 月的 48.8 上升至 2023 年 2 月的 51.7，同样在 3 月和 4 月保持连续扩张，创下近 10 个月和 11 个月新高（见图 1-12）。短期来看，随着人们对深度衰退可能性、能源供应和通胀担忧的减少，欧元区制造业和服务业对未来的信心在显著提高，欧元区在 2023 年有望迎来较 2022 年 10 月预计的更为乐观的经济前景。①

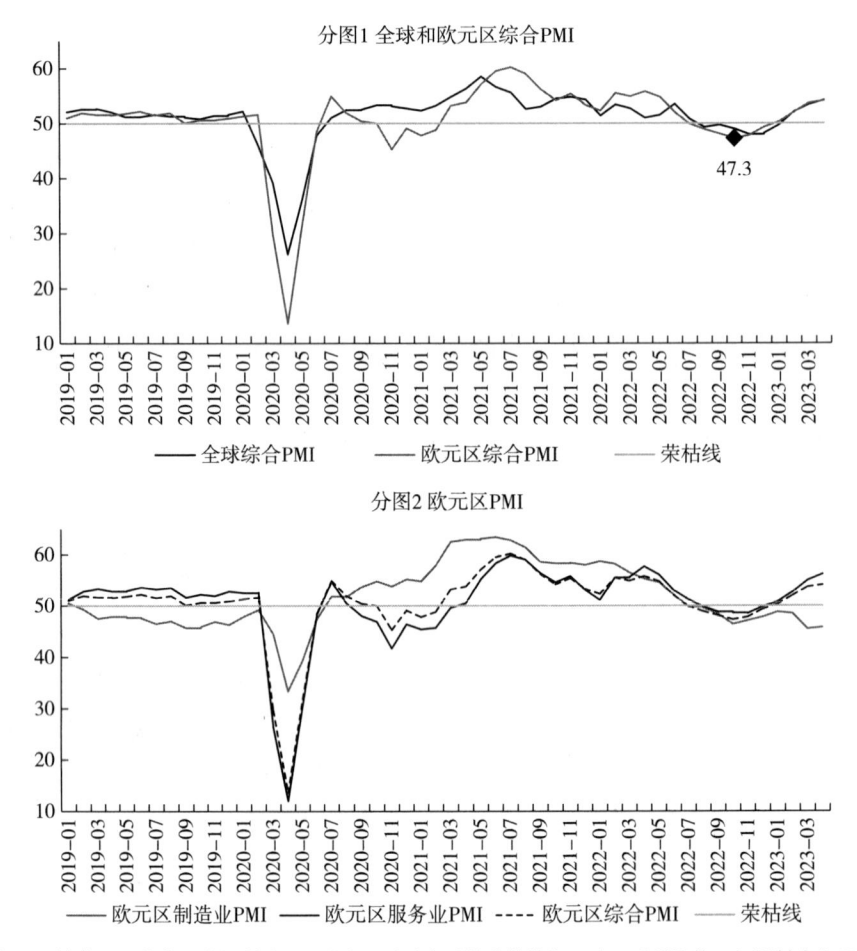

注：1. 综合 PMI 指数是衡量制造业和服务业活动水平的总体指标。这一系列指数，包括制造业 PMI 指数和服务业 PMI 指数，均是在 2007—2009 年国际金融危机之后开始编制的。2. PMI 指数以 50 作为经济强弱的分界点：当指数高于 50 时，则被解释为经济较上月有扩张的迹象；当指数低于 50 时，则表明经济较上月有衰退的可能；当指数等于 50 时，说明经济较上月没有变化。

图 1-11 2019 年 1 月至 2023 年 4 月全球和欧元区 PMI 指数

（资料来源：标普全球）

---

① Chris Williamson. Recession fears fade as Eurozone flash PMI registers accelerating economic growth in February. S&P Global Market Intelligence，February 2023.

第一章 欧盟经济宏观回顾与展望

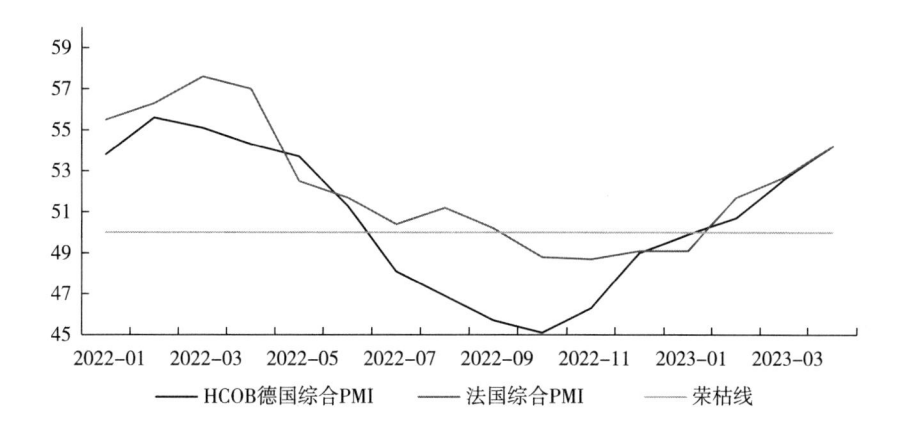

注：1. 综合 PMI 指数是衡量制造业和服务业活动水平的总体指标。这一系列指数，包括制造业 PMI 指数和服务业 PMI 指数，均是在 2007—2009 年国际金融危机之后开始编制的。2. PMI 指数以 50 作为经济强弱的分界点：当指数高于 50 时，则被解释为经济较上月有扩张的迹象；当指数低于 50 时，则表明经济较上月有衰退的可能；当指数等于 50 时，说明经济较上月没有变化。

图 1-12　2022 年 1 月至 2023 年 4 月德国和法国综合 PMI 指数

（资料来源：标普全球）

欧洲地区经济较为稳定的前景则可以通过另外三个前瞻性指标来分析。一是欧盟经济景气指数（European Union Economic Sentiment Indicator, ESI），正如《欧洲区域经济研究报告 2021—2022（中东欧卷）》[①] 中介绍的，该指数是欧盟委员会每月根据 5 个市场信心指数加权计算所得[②]，这 5 个市场信心指数分别为工业信心指数（Industrial Confidence Indicator，40%）、服务业信心指数（Service Confidence Indicator，30%）、消费者信心指数（Consumer Confidence Indicator，20%）、零售贸易信心指数（Retail Trade Confidence Indicator，5%）和建筑业信心指数（Construction Confidence Indicator，5%）。基于此，欧盟经济景气指数可用于评估欧盟和欧元区当前的经济情况并预测未来的发展前景。当经济景气指数增长时，表明无论工业层面还是消费者层面的情况均有积极改善；反之则反是。

二是就业预期指数（The Employment Expectations Indicators, EEI），该指标是由欧盟委员会编制的一个综合指数，主要反映的是被抽样调查工业、服务业、零

---

① 更多信息请参考：姜建清，汪泓. 欧洲区域经济研究报告 2021—2022（中东欧卷）[M]. 北京：中国金融出版社，2022.

② 经济景气指数的 5 个组成部分均是根据主要行业代表问卷调查分析计算所得。欧元区抽样规模约为 5.5 万家公司，代表欧元区制造业的所有部门，以及欧元区 2.4 万个家庭。调查中所选取的一国公司和家庭数量是根据该国对欧元区经济所做的贡献而设定。针对公司的问卷调查内容主要包括订单数量、生产产出、库存和消费活动，并提供未来 3 个月的展望；针对家庭的问卷调查内容主要包括个人财务状况、储蓄可能性、就业情况等。

售贸易业和建筑业四个商业部门经理人的雇佣计划,可视为欧盟和欧元区劳动力市场的前瞻性指标。经过标准化之后,就业预期指数的长期均值为100。因此,当某月指数值大于100时,表明以历史标准来看,被调查地区经理人对就业的预期是看高的;而低于100时,则相反。

三是经济不确定指数(Economic Uncertainty Indicator,EUI),自2021年5月,欧盟委员会在其月度欧盟企业与消费者联合协调调查计划(EU Programme of Business and Consumer Surveys,BCS)中嵌入一种新的关于经济发展不确定性的衡量指标,旨在帮助欧盟政策制定者对经济不确定性进行监测。这项新的调查问卷要求经理人和消费者分别说明他们在预测未来企业经营状况和家庭财务状况时的困难程度,以此来"补充"欧盟现有的关于"信心"的指标,如上文介绍的欧盟经济景气指数。

根据欧盟委员会2023年5月发布的问卷调查结果,自2023年1月以来,欧洲消费者信心显著提高,截至4月底,欧盟和欧元区消费者信心指数分别提高了14.5%和15%;然而,由于工业经理人对生产预期和当前订单状况的评估恶化,信心不足,这一组合效应便导致欧盟和欧元区经济景气指数在2023年初几乎稳定在同一水平之上,呈现"横向运动"的趋势,预示着短期内欧盟和欧元区经济前景尚未出现明显的恶化迹象。具体来看,欧盟经济景气指数从2023年1月的97.8至3月的97.3仅下降了0.5,而4月的经济景气指数继续稳定在97.3,欧元区的经济景气指数则从2023年1月的99.7至4月的99.3仅下降了0.4(见图1-13和图1-14)。

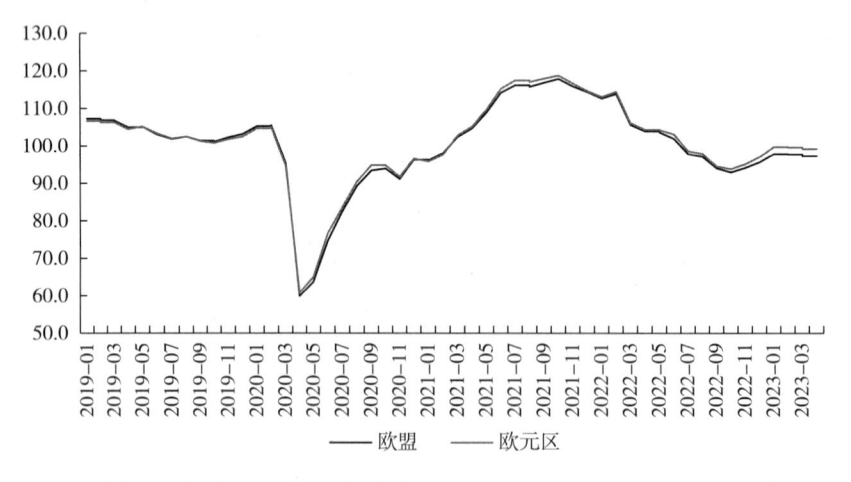

注:经济景气指数的长期(2000—2021年)均值为100。

图1-13 2019年1月至2023年4月欧盟和欧元区经济景气指数

(资料来源:欧盟委员会)

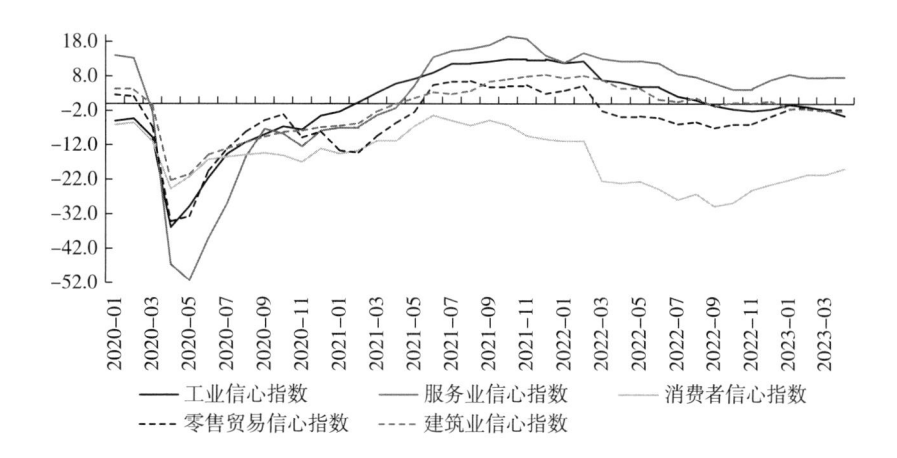

图 1-14 2020 年 1 月至 2023 年 4 月欧盟和欧元区 5 个市场信心指数

（资料来源：欧盟委员会）

2022 年底至 2023 年初，欧盟和欧元区的服务业与零售业的信心指数保持了稳中有增，前者自 2023 年 2 月起已连续三月增加，反映出消费者对家庭过去财务状况、未来财务状况以及国内整体经济状况和购买意向的乐观情绪；后者虽有波动，但已从 2022 年 12 月的 -3.7 上升 2.3 至 2023 年 4 月的 -1.4，反映出对业务预期的较高期望以及对高于正常水平的库存担忧的减少；与之相比，由于材料和/或设备以及劳动力短缺的限制，建筑公司财务压力存在普遍上升的趋势，导致建筑业信心指数略有恶化，从 2022 年 12 月的 0.7 连续 4 个月下降至 2023 年 4 月的 -2.2（见图 1-14）。[①]

从欧盟五大主要经济体来看，其经济景气指数表现趋势略有不同，德国、西班牙、意大利和荷兰在 2023 年初整体呈现出上升趋势，2023 年 1 月至 4 月，每月分别上涨了 0.7%、1.9%、2.1% 和 2.1%，法国却在这期间大幅下降 5.2%（见图 1-15）。

接着，我们再来关注欧盟和欧元区就业预期指数的发展近况。根据欧盟委员会的报告，由于工业和服务业经理人在 2023 年 4 月对就业计划的乐观程度较 2023 年 1 月出现了一定的下滑，欧盟和欧元区就业预期指数出现了自 2022 年 10 月和 12 月以来的首次恶化，分别从 2023 年 1 月的 108 和 109.7 降至 2023 年 4 月的 106.1 和 107.4（见图 1-16）。

最后，如图 1-17 所示，2022 年 10 月至 2023 年 4 月，欧盟和欧元区经济不确定指数保持连续下降的趋势，分别从 29.8 和 30.6 下降至 21.8 和 22.2，降幅达 26.8% 和 27.5%。这主要是因为被调查的工业、零售业和建筑业经理人所面对的未来业务状况的不确定性以及消费者所面对的未来财务状况的不确定性均在降低。

[①] European Commission. Business and Consumer Survey Results for April 2023, May 2023.

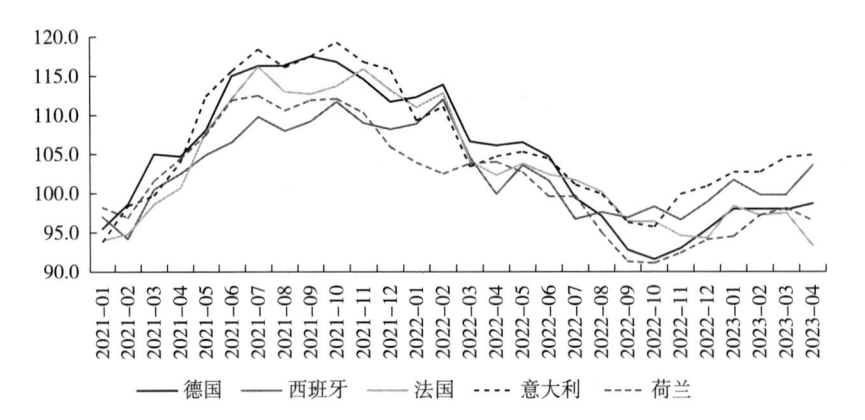

图 1-15　2019 年 1 月至 2023 年 4 月欧盟五大主要经济体经济不确定指数

（资料来源：欧盟委员会）

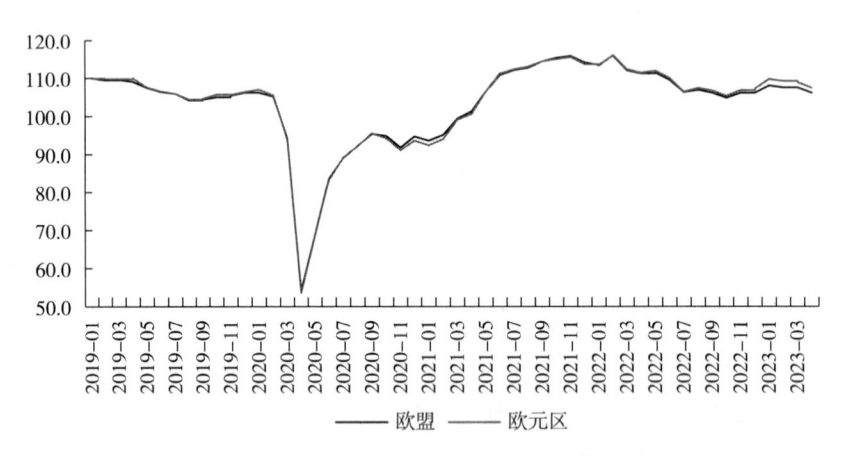

图 1-16　2019 年 1 月至 2023 年 4 月欧盟和欧元区就业预期指数

（资料来源：欧盟委员会）

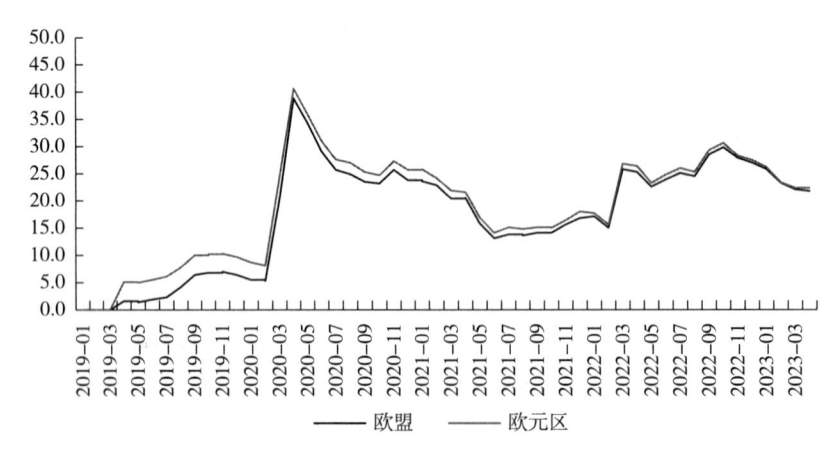

图 1-17　2019 年 1 月至 2023 年 4 月欧盟和欧元区经济不确定指数

（资料来源：欧盟委员会）

综合以上三个欧盟和欧元区经济先行指标的走势来看，欧洲地区经济短期内前景较为复杂。自2023年初以来，欧洲地区经济虽然在2023年初基本企稳，但该地区通货膨胀率仍然远高于其长期的平均水平，意味着欧洲中央银行和几家非欧元区国家的中央银行将进一步收紧货币政策或在相当长的一段时间内保持紧缩立场，这将导致欧盟和欧元区国家经济短期内持续承压。此外，若乌克兰危机在2023年不再进一步升级，能源与其他商品价格继续保持下降趋势，随着供应和需求的逐渐复苏，欧洲各领域的经济活动也将复苏，推动经济增长温和反弹。①

二、国际三大评级机构对欧洲15国的评级及展望

（一）穆迪

进入2023年，受高通胀、能源和粮食安全等不利因素的拖累，全球经济的复苏节奏正在减缓。基于此，穆迪已将G20在2022—2023年的增长预期下调，其2023年实际GDP增速预计为1.3%，低于2022年2.5%的预期；2024年全球经济活动有望出现一定的增长，但增速预计保持在2.2%。此轮下调主要反映了穆迪对欧洲地区经济发展前景的悲观情绪。自俄乌冲突爆发以来，能源价格大幅上涨导致欧洲地区通胀高企，欧洲中央银行、英格兰银行等欧洲中央银行纷纷开启加息进程以防止通胀压力进一步恶化。截至2023年4月底，虽然欧盟和欧元区通货膨胀率已从2022年10月的11.5%和10.6%的最高点分别下降至2023年3月的8.3%和6.9%，但欧洲经济前景仍然存在着较多的不确定性。这主要是因为在经历了数月高能源成本和高物价后，欧洲主要国家经济增长开始受到家庭和企业财务紧张以及利率上升引发的外部需求持续减弱的压力。为了帮助家庭和企业应对能源危机，并努力开发替代能源以缓解天然气供应减少的根本问题，欧洲各国均提供了针对性的财政支持。根据布鲁盖尔（Bruegel）智库的数据，欧洲已经或者将会花费超过3000亿欧元用于额外的财政支持措施，包括价格上限、减税、补贴和直接向家庭转移支付等。不过，由于这些支持措施力度在欧洲各国并不一致，穆迪对部分欧洲主要经济体的展望进行向下调整（见表1-10）。②

---

① IMF. Regional Economic Outlook Europe: Europe's Balancing Act: Taming Inflation without a Recession. Washington, DC. April 2023.
② Moody's Investors Service. Global Macro Outlook 2023 – 24, Global Economy Faces a Reckoning over Inflation, Geopolitics and Policy Trade – Offs. November 2022.

表 1-10　　　　2022—2023 年穆迪对欧洲 15 国主权信用评级

国别	穆迪 评级	穆迪 展望
奥地利	Aa1	稳定
比利时	Aa3	稳定
丹麦	Aaa	稳定
芬兰	Aa1	稳定
法国	Aa2	稳定
德国	Aa1	稳定
希腊	Ba3	正面
爱尔兰	Aa3	稳定
意大利	Baa3	负面
卢森堡	Aaa	稳定
荷兰	Aaa	稳定
葡萄牙	Baa2	正面
西班牙	Baa1	稳定
瑞典	Aaa	稳定
英国	Aa3	负面

注：1. 穆迪长期评级共分为 9 个级别：Aaa、Aa、A、Baa、Ba、B、Caa、Ca 和 C。其中 Aaa 级债务的信用质量最高，信用风险最低；C 级债务为最低债券等级，收回本金及利息的机会微乎其微。在 Aa 级到 Caa 级的 6 个级别中，还可以添加数字 1、2 或 3 进一步显示各类债务在同类评级中的排位，1 为最高，3 则最低。通常认为，从 Aaa 级到 Baa3 级属于投资级，Ba1 级以下则为投机级。此外，穆迪还对信用评级给予展望评价，以显示其对有关评级的中期走势看法。展望分为"正面"（评级可能被上调）、"负面"（评级可能被下调）、"稳定"（评级不变）以及"发展中"（评级随着事件的变化而变化）。2. 该表信息截至 2023 年 4 月底。

资料来源：穆迪。

2022 年 8 月 5 日，穆迪将意大利展望从稳定调整为负面，但保持了其 Baa3 的评级。该评级一方面显示了意大利的经济优势，即稳定的制造业、较高的家庭财富以及私营部门较低的债务水平，但另一方面也反映出穆迪对意大利财政实力有进一步削弱风险的担忧，包括经济增长缓慢、融资成本上升等。[1]

2022 年 10 月 21 日，英国成为欧洲 15 国中第二个经济展望被穆迪下调为负面的主要经济体，但保持了 Aa3 的信用评级。穆迪认为，在经济增长前景疲软和高通胀的背景下，英国制定政策的不可预测性变得更为显著，加之较高的债务可负担性风险可能导致某些持续性政策实施的可信度降低，穆迪预期英国短期内的信用评级将面临一定的挑战。[2]

---

[1] Moody's Investors Service. Moody's Changes Outlook on Italy to Negative; Affirms Baa3 Ratings, August 2022.
[2] Moody's Investors Service. Moody's Changes the Outlook on the UK to Negative, Affirms Aa3 Ratings, October 2022.

（二）标准普尔全球评级

根据标准普尔全球评级（以下简称标普）2023年3月发布的《2023年第二季度欧元区经济展望》报告，尽管欧元区在2023年初表现好于预期，但鉴于该地区核心通胀与目标水平仍存在较大差距，欧洲中央银行预计将采取更长时间的加息措施，这将不可避免地减缓国内需求，欧元区在短期内继续存在经济轻度衰退的风险。此后，随着货币政策可能在2023年持续保持收紧，标普认为欧洲经济将在2025年才能消除自新冠疫情以来累积的负产出缺口。基于此，标普预测欧元区在2023—2025年的实际GDP增速分为0.3%、1.0%和1.7%。①

整体来看，标普对欧洲15国短期经济前景较为乐观。截至2023年底，标普维持大部分国家（12国）经济前景"稳定"的评估，希腊和爱尔兰的前景展望为"正面"，仅将法国的前景展望调整为"负面"（见表1-11）。分国别来看，得益于结构性改革、经济韧性以及欧盟经济复苏和恢复社会秩序资金（RRF）的支持，希腊在较大程度上改善了政府财政状况和金融部门的稳定性，因此，标普于2023年4月21日确认了其BB+的信用评级，并将希腊经济展望从"稳定"调整为"正面"，预示着希腊的评级有望在未来12个月内再次获得提升。标普认为，尽管2022年外部宏观经济条件较为艰难，但希腊经济表现出了一定的韧性。2022年希腊经济增速达5.9%，超过了其疫情前水平，远高于同年欧元区3.5%和欧盟3.7%的平均水平。与此同时，希腊的财政改革也开始见效，例如，通过提高合规性以及服务业数字化水平，希腊增加了一定的政府税收。标普认为，若希腊能够继续获得投资和相关结构性改革的支持，其增长将保持弹性，在欧洲经济普遍下滑的背景下，希腊经济增速放缓程度将小于欧元区，预计2023年其经济增速将保持在2.5%，远高于欧元区0.3%的平均水平。②

表1-11　　　　2022—2023年标普对欧洲15国主权信用评级

国别	标普	
	评级	展望
奥地利	AA+	稳定
比利时	AA	稳定
丹麦	AAA	稳定
芬兰	AA+	稳定

---

① S&P Global Ratings. Economic Outlook Eurozone Q2 2023：Rate Rises Weigh On Return To Growth, March 2023.

② S&P Global Ratings. Greece Outlook Revised To Positive On Improving Fiscal And Structural Reform Trajectory；"BB+/B" Ratings Affirmed, April 2023.

续表

国别	标普 评级	标普 展望
法国	AA	负面
德国	AAA	稳定
希腊	BB＋	正面
爱尔兰	AA－	正面
意大利	BBB	稳定
卢森堡	AAA	稳定
荷兰	AAA	稳定
葡萄牙	BBB	稳定
西班牙	A	稳定
瑞典	AAA	稳定
英国	AA	稳定

注：1. 标普国际评级投资级包括AAA、AA、A和BBB，投机级则包括BB、B、CCC、CC、C和D。从AA级至CCC级，每个级别都可通过添加"＋"或"－"来显示信用高低程度。例如，在AA序列中，信用级别由高到低依次为AA＋、AA、AA－。此外，标普还对信用评级给予展望，显示该机构对于未来（通常是6个月至2年）信用评级走势的评价。决定评级展望的主要因素包括经济基本面的变化。展望包括"正面"（Positive，评级可能被上调）、"负面"（Negative，评级可能被下调）、"稳定"（Stable，评级不变）。2. 该表信息截至2023年4月底。

资料来源：标准普尔全球评级。

与之对比，标普对法国的经济前景却略显担忧。2022年12月2日，标普确认了法国AA的评级，同时却将其展望由"稳定"下调为"负面"，这反映了标普对法国公共财政面临日益上升的风险以及由此带来的财政空间减少的担忧。如本章第一节所述，2022年法国政府债务率（政府债务与GDP之比）以及财政赤字率（赤字与GDP之比）分别为4.7%和111.6%，在欧盟国家中处于较高水平。自俄乌冲突爆发以来，法国的财政策略在一定程度上侧重于对家庭和企业的能源成本补贴，外加2023年较弱的经济增长预期，这导致法国将面临较大的债务压力。短期来看，如果法国仍然缺乏旨在支持生产率增长和减轻公共支出负担的结构性改革，未能在2023—2025年将政府债务率降低，其主权评级可能被标普向下调整。①

（三）惠誉国际信用评级

与穆迪和标普相比，惠誉国际信用评级（以下简称惠誉）对欧洲15国主权

---

① S&P Global Ratings. France Outlook Revised To Negative On Rising Budgetary Risks；"AA/A－1＋" Ratings Affirmed，December 2022.

信用评级和展望结果差异较大（见表1-12）。首先，在2022—2023年的评级行动中，惠誉未给予任何国家展望"正面"的结果，而穆迪和标普分别将希腊、葡萄牙和希腊、爱尔兰的展望修订为"正面"。其次惠誉于2023年3月将奥地利和比利时的展望修订为"负面"，而两国在穆迪和标普的评级行动中长期获得"稳定"的经济展望，再次凸显出欧洲经济体面临着极为复杂和不确定的经济前景。

表1-12　　　　　　2022—2023年惠誉对欧洲15国主权信用评级

国别	惠誉 评级	惠誉 展望
奥地利	AA+	负面
比利时	AA-	负面
丹麦	AAA	稳定
芬兰	AA+	稳定
法国	AA-	稳定
德国	AAA	稳定
希腊	BB+	稳定
爱尔兰	AA-	稳定
意大利	BBB	稳定
卢森堡	AAA	稳定
荷兰	AAA	稳定
葡萄牙	BBB+	稳定
西班牙	A-	稳定
瑞典	AAA	稳定
英国	AA-	稳定

注：1. 惠誉的长期信用评级分为投资级和投机级，其中投资级包括AAA、AA、A和BBB，投机级则包括BB、B、CCC、CC、C、RD和D。以上信用级别由高到低排列，AAA等级最高，表示最低的信贷风险；D为最低级别，表明一个实体或国家主权已对所有金融债务违约。惠誉同样对信用评级给予展望，用来表明某一评级在一两年内可能变动的方向。展望分为"正面"（评级可能被调高）、"稳定"（评级不变）和"负面"（评级可能被下调）。2. 该表信息截至2023年4月底。

资料来源：惠誉国际信用评级。

根据惠誉2022年底发布的《全球主权展望2023》报告，美国和欧元区可能在2023年同时陷入衰退，这将对其他地区的增长前景带来压力，特别是高度依赖发达市场需求的新兴经济体，这导致在近期的评级行动中，惠誉对经济体的负面展望占比（15%）要略高于正面评级展望（10%）。[①] 具体来看，2023年3月

---

① FitchRatings. Global Sovereign Outlook 2023. November 2022.

3日，惠誉确定了奥地利AA+的主权评级，但将其前景展望从"稳定"下调至"负面"。此轮下调主要是基于奥地利较高的公共债务水平。奥地利是欧盟地区少数仍在大量进口俄罗斯管道天然气的国家之一。乌克兰危机爆发前，奥地利政府曾与俄罗斯天然气工业股份公司（Gazprom）签订了一份有效期到2040年的长期合同。然而，在俄乌冲突持续1年后，奥地利政府仍未能针对上述合同提出明确的能源独立战略。在此背景下，奥地利对俄罗斯天然气进口依然暴露出长期的不确定性，导致该国面临着从长期合同退出所引发的财政风险。[1]

欧洲15国中，另一个被惠誉下调展望的国家是比利时。2023年3月10日，惠誉在确认了比利时AA-的主权评级的同时，将其展望从"稳定"下调为"负面"。惠誉进行此次评级行动的原因有两点。第一，比利时财政赤字呈现持续扩大的趋势。根据惠誉的评估，尽管与新冠疫情相关的各类支持措施已逐步取消，但是，比利时在养老金和医疗保健方面的支出将大幅增加，比利时国家银行（NBB）的数据显示，2023年比利时与人口老龄化相关的支出占GDP比重将增加至1.5%，这将使得该国的赤字率从2022年的4.0%（欧盟统计局统计的该指标为3.9%）扩大至2023年的5.2%，远高于与其同属于AA评级级别国家1.5%的中位数。第二，比利时应对压力的能力有限。目前，比利时联邦政府是由法语社会党、前进党等七党组成的执政联盟，很难就如何改善公共财政的长期可持续性达成共识。2021—2022年，尽管比利时政府采取了较为积极的财政整顿措施（占GDP的0.7%），但惠誉预计该国中期财政赤字仍然偏高。另外，考虑到比利时政治格局较为分散，以及冗长的联合谈判（2024年比利时将进行联邦议会选举），即使欧盟财政规则恢复，比利时公共财政整顿仍可能面临显著延迟风险。[2]

---

[1] FitchRatings. Fitch Affirms Austria at "AA+"; Outlook Negative. March 2023.
[2] FitchRatings. Fitch Revises Belgium's Outlook to Negative; Affirms at "AA-". March 2023.

第二章 欧盟经济管制政策

政府管制无处不在。经济管制指的是政府依据法律法规对市场活动进行规定和限制的行为，从一日三餐、出行，到日常消费、工作的情境，处处在政府管制政策的影响之下。在全球经济越来越紧密绑定，企业经营日益国际化的今天，单一政府的管制政策的影响范围已经不限于本国的国境。欧盟作为一个超主权国家联盟，其管制政策本身具有跨主权治理的目标，需要平衡并协调各成员国之间的利益。因而，了解并关注欧盟的经济管制政策，一方面，是促进和发展中欧经贸关系所必须的；另一方面，也有助于我们更好地思考和理解管制政策在国际区域或全球治理层面的逻辑和边界。本章第一小节介绍了经济管制政策的概念和一般性分析框架，为分析欧盟管制政策提供必要的概念和理论基础。第二小节介绍欧盟经济管制政策的制度基础、政策制定的一般性原则，以及政策出台的程序。第三小节聚焦于欧盟的数字经济管制政策。

第一节 经济管制简介

管制在现代社会经济生活中无处不在，然而，作为一个舶来概念，国内从管制的角度讨论政府行为的研究并不多见，读者对管制这个词一般会感觉比较陌生。因而，我们有必要先厘清概念，介绍相关理论背景，为读者理解管制政策扫清障碍。

一、经济管制的概念

我们在本章讨论的经济管制（Economic Regulation），专指政府为实现某一特定的公共治理目标，使用公共资源和权力，直接或间接影响、改变市场主体行为的干预措施。Regulation 这个英文单词在公共治理的语境中，还有规则、条例、法规、控制、管理等含义，单从词源语义就可以看出，政府管制的权力以法律、法规为基础和依据。部分政府管制政策都需要通过立法程序获得立法机构的通过，政府也可以在现有的法律框架下推行适用于特定范围的管制措施。

在涉及具体范围的执行层面上，政府管制通常体现为监管。监管是指通过监督和控制市场主体行为的过程，确保这些行为符合法律法规，以及管制目标的有效达成。管制和监管在一定程度上是互换使用的。通常人们在强调管制政策在具体行业的执行和落实时，Regulation 也被翻译为监管。例如，政府为了防范金融风险，出台具体的标准和规定，对金融行业从业行为和操作进行管制，通常就被称为金融监管。再比如政府为了维护市场正常运行秩序，保护消费者利益，对市场参与者在定价、质量标准等方面进行规范、监督，通常被称为市场监管。

再比如，反垄断监管（Antitrust Regulation）是得到最多学术和社会关注的政府经济管制政策之一，主要原因在于反垄断执法往往会对市场利益相关者产生广泛而深刻的影响，特别是关系到企业利润、消费者权益、市场进入、创新和生产效率等市场竞争的核心问题。

因采用的具体手段不同，Regulation 有时也被学者翻译为"规制"。管制强调"管"，意味着直接的干预和管理；而规制，注重"规"，侧重于引导和规范。简单来说，前者直接规定市场主体可以做什么，不可以做什么，而后者着重设定约束和激励机制，引导市场主体行为。然而我们认为，两个概念仅是在表达实现治理目标所采用的路径上略有不同，在一定程度上可以在不同语境中互换使用。

二、关于经济管制的理论背景

为了更好地理解欧盟的经济管制政策，有必要简要介绍一下西方管制经济学的发展脉络。早期的经济管制理论将"公共利益"（Public Interest）作为政府管制的原动力。建立在福利经济学研究的基础上，"公共利益"派的管制理论认为，竞争市场是配置资源最有效的手段，但当完全竞争市场失灵时，则需要通过政府干预来修补。因而，政府管制的目标是修补市场失灵，实现社会总体公共利益的最大化。正因如此，只有当市场失灵，且政府干预市场的社会收益大于社会成本时，政府的干预才是合理的。

和公共利益理论相对立的另一种假说是俘获理论，该理论认为政府管制是服务于特殊利益而非公共利益，政治家和权威机构被特殊利益"俘获"，并制定和实施对特殊利益有利的管制政策。

美国经济学家，1982 年诺贝尔经济学奖获得者斯蒂格勒（George Joseph Stigler，1911—1991）完善和发展了管制经济理论，他在 1971 年的著作《经济管制理论》(*The Theory of Economic Regulation*) 中，阐释了经济管制政策的供给是利益群体相互竞争的结果，利益群体为立法者提供政治支持，作为交换，立法者为利益群体提供有利于其利益的管制政策。在一些情况下，公众利益可能和某利益群体利益相重合，或者选民对于某项公共利益诉求意愿强烈以至影响选票，在这两种情况下，管制政策也服务于公共利益。

反政府管制的经济学家则认为，政治家追求个人利益最大化，利用立法和监管进行"寻租"，由此作为出发点的政府干预则会造成更多的效率损失。[①]

从以上经济管制理论的演变，我们不难发现，认为经济管制政策完全服务于公共利益最大化是过于理想化的假设，但在利益群体相互竞争和选民的制衡下，公共利益可以部分解释管制政策的目标。更重要的是，政府管制是有成本的，有效的政府管制离不开公众的监督，以及科学的评估体系。

三、经济管制的主要路径和工具

政府经济管制的路径通常分为以下四类。

（1）控制过程，即依赖技术手段的管制。比如要求香烟必须有过滤烟嘴、汽车必须安装尾气过滤装置等都属于以技术为基础，对生产和消费过程加以控制的管制。

（2）控制结果，即政府仅以最终产出、结果为管制依据。比如减少二氧化碳排放，只限制每年的排放总量，但不对具体的技术选择、实现方式做规定。

（3）改变激励，影响行为选择。仍以减少二氧化碳排放量为例，允许碳排放权交易，为减排创造经济收益，增加排放成本，从而激励市场主体自发减排，达到降低总排放量的效果。

（4）强制性信息披露，针对信息不对称的情况，通过提供信息来帮助市场主体做决策。比如家电和建筑的强制性能耗标签、塑料可回收标签、食品成分标签等，都属于此类管制手段的范畴。

不同的路径各有其优势和局限，但一般认为，通过信息披露和创造激励，最终由市场发挥资源配置作用，相对于前两种路径造成的社会福利和效率损失较小。而相对于过程控制，结果控制留给市场主体更多选择空间，可以激励市场主体去尝试不同的技术以最有效的方式达到标准，有助于鼓励创新，发现最有效的技术路线。

在政策实施上，常用的经济管制工具包括五种。

（1）价格管控，包括设置最高限价和最低限价。

[①] Susan E. Dudley and Jerry Brito. Regulation: A Primer (2nd Edition), Library of Congress Cataloging-in-Publication Data (2012), pp. 11–18.

（2）产量控制，包括设置配额、产量限制，或者规定在特定价格下的产量承诺等。

（3）质量参数标准控制。

（4）企业数量限制，包括准入和退出限制，设置或防止市场出入壁垒。

（5）划清产权界限，特别是对于具有公共属性的物品，如对无线电通信频段的授权和划分。

四、相关概念比较

为了帮助读者进一步理解经济管制所涉及的范畴，下面我们将其和一些相关的概念进行比较分析。

1. 政府经济管制和行业自发管制

政府经济管制是由政府发起，依靠公共资源和权力，有强制性的法规措施。如果是由企业，特别是某行业内的企业通过行业或贸易协会等组织联合发起的，并通过自我约束执行的规则、标准等，则被称为行业自发管制（Industry Self-Regulation）行为。

2. 经济管制和财政/货币政策

经济管制同财政政策、货币政策共同构成了政府调控经济，影响经济结构、运行和增长的工具箱。

经济管制的概念前文已经介绍不再赘述。财政政策（Fiscal Policy）专指政府通过预算、税收或补贴、发行债务等手段来对经济总量进行调节的政策，其目标是影响供给和需求，调节经济周期、经济结构以及促进经济增长。货币政策（Monetary Policy）指中央银行通过调节货币供应量、利率和汇率，调节商业银行保证金等手段，影响货币市场和信贷市场的运行，控制通货膨胀或紧缩，最终实现影响就业和生产等宏观经济指标的目标。

比较而言，三种政策工具的政策目标不同但有一定重合，最主要的区别体现在手段和方式的不同。如果就同一政策目标而言，三种政策选择具有可替代性。例如在污染排放的治理上，政府可以通过设立排放配额、控制排放设备标准等管制政策减少污染排放总量；相应地，政府也可通过征税，或者通过对污染企业融资的惩罚性高利率来控制。在另一些情况下，为实现同一政策目标，三种政策手段可以同时使用，并发挥互补作用。例如，为了降低温室气体排放，欧盟采取的是总量控制，加财政补贴、税收优惠、贷款利率优惠等组合政策措施，三类政策手段相互支撑，以期最大化实现减排的政策目标。当然，在某些情况下，三类政策手段也有相互冲突或互相抵消的可能性。在我国，如果三类政策组成的一揽子政策措施侧重控制经济总量，以平衡经济周期为主要目标，通常被统称为宏观调控政策。

3. 经济管制和社会管制

社会管制政策的核心内容涉及公民的健康、安全、环境风险等方面。社会管制通常是在全社会范围实施，主要解决外部性、信息不对称，产权不明晰等问题，实现降低疾病、死亡和伤害风险的目标。经济管制通常在特定的市场或行业范围，主要是为实现修补市场失灵，维护市场公平、稳定和有效竞争，或者改变经济结构、收益率等目标。实际上，这两类管制往往并不泾渭分明。举例来说，减少碳排放，既是社会问题也是经济问题，从防范气候风险的角度，可以视为社会管制，而从对行业结构、不同技术投资收益率等方面的影响来看，则是起到了经济管制的效果。再比如，食品质量标准一方面涉及消费者健康权益，是社会管制的范畴，而另一方面，相当于设置了市场准入门槛，往往标准越高，企业的进入成本越高，从而构成了经济管制。正因为如此，在本章的讨论中，我们倾向于不刻意区分两种类型的管制。虽然本章重点讨论经济管制，但也会覆盖到社会管制所涉及的范围。

4. 经济管制和计划经济/行政管理

经济管制绝不是计划经济，计划经济是替代市场经济，而政府管制是对市场经济失灵的矫正和补充。管制也不是行政管理。涉及行政管理的主体和客体是上下级的所属关系，通过行政命令强制执行。管制的视角下，政府和市场主体（企业和个人）间的关系是独立的，主体对于客体的强制性约束力来源于法律法规。[①]

第二节 欧盟经济管制政策

一、欧盟经济管制政策制度框架

（一）欧盟管制政策的法律地位

欧盟作为特殊的超主权国家共同体，其管制政策的一个核心目标是协调各成员国之间的政策，促进欧洲经济一体化与欧元区统一市场的公平竞争和稳定发展。根据欧盟的创始条约——《欧洲联盟条约》（*The Treaty on European Union*），以及《欧洲联盟运作条约》（*The Treaty on the Functioning of the European Union*），欧盟的管制法规在欧盟所有成员国范围内强制执行，各成员国必须将其纳入其国家法律框架并确保遵守。[②] 因而，相对于各成员国的管制政策，欧盟层面的管制

---

① 王俊豪. 自序——写在本书第八次印刷之际 [M]//王俊豪. 政府管制经济学导论. 北京：商务印书馆，2017.

② 更多信息请参考：https://european-union.europa.eu/institutions-law-budget/law/types-legislation_en.

具有更高的法律效力。

需要说明的是，欧盟通过四类具有不同效力的法规文件行使权力：

（1）法规、条例（Regulations），是具有普遍适用性的法规文件，具有强制约束力，并且直接适用于所有成员国。

（2）指令（Directives），对所针对的成员国具有强制约束力，但具体的实施形式和方法的选择权归属所涉及的成员国。

（3）决定（Decisions），不具有普适性，仅对所涉及的主体范围（行业、某些成员国、企业或机构等）有强制执行权。

（4）建议和观点（Recommendations and Opinions），是不具备强制性约束力的文件。

本章所讨论的经济管制政策通常是指欧盟对市场进行的具有强制法律约束力的干预行为，根据所适用的范围（欧盟、相关成员国、行业、企业等），涵盖法规条例、指令或决定三种类型的法律文件。对于不具备强制约束力的文件，不在本章管制政策的讨论范围内。

（二）欧盟管制政策的制定

欧盟委员会是欧盟的执行机构，是欧盟管制政策和法规的制定者、发布者，并负责监督欧盟成员国的执行情况。欧盟委员会由27名委员组成，各成员国选派一名委员，由欧盟理事会任命，每届任期为5年。委员中有一名担任委员会主席，其他的委员由主席指定担任特定政策执行部门的最高管理官员，负责特定领域政策的制定、实施和管理（见图2–1）。

每一届欧盟委员会根据欧盟优先事项设置执行部门，反过来，通过欧盟委员会执行部门的设置，就可以了解欧盟委员会重点关注的管制领域和问题。冯德莱恩领导的现任欧盟委员会在执行部门的设置上与容克（Jean–Claude Juncker，任期2014—2019年）[①] 领导的上一届委员会有很大的区别。为应对气候变化、数字化等领域的挑战，现任欧盟委员会任命了负责绿色新政（European Green Deal）的专员，以及适应数字时代的欧洲（A Europe Fit for the Digital Age）专员。"数字时代的欧洲"专员由维斯塔格（Margrethe Vestager）担任。维斯塔格是上一届欧盟委员会中最具影响力的委员之一，因其在平台反垄断执法上的强硬态度而为世界熟知。正是在维斯塔格的亲自操刀下，欧盟委员会向苹果和谷歌开出了巨额罚单。

---

① 更多信息请参考：https：//wayback.archive-it.org/12090/20191119095411/https：/ec.europa.eu/commission/commissioners/2014-2019_en。

促进欧洲民主

图 2-1　冯德莱恩欧盟委员会委员构成（任期 2019—2024 年）

（资料来源：欧盟委员会）

冯德莱恩领导的欧盟委员会在任期内共设置了 6 项优先事项（见表 2-1）。除了这 6 项优先事项，为应对新冠疫情危机，2020 年 5 月 17 日，欧盟委员会提出经济复苏计划，在欧洲长期预算中增加了总计 2.018 万亿欧元的基金，帮助重建新冠大流行后的欧洲，应对并解决后疫情时期欧盟面临的最重要的挑战。这一复苏计划是欧盟有史以来规模最大的经济刺激方案。[①]

表 2-1　　　　　　　2019—2024 年任期欧盟委员会优先事项

优先事项	概要
欧盟绿色新政 （A European Green Deal）	致力于成为第一个净零排放的大陆，使欧盟成为一个现代化资源节约型经济体
数字欧洲 （A Europe fit for the digital age）	推行数字战略，为欧盟人民提供新一代数字技术
服务于人民的经济 （An economy that works for people）	创造更具吸引力的投资环境，以经济增长创造更优质的就业机会，尤其对于年轻人和小企业而言

---

① 更多信息请参考：https：//commission.europa.eu/strategy-and-policy/recovery-plan-europe_en#:~:text=Multiannual%20Financial%20Framework%202021%2D2027%20and%20NextGenerationEU%20total%20allocations%20per%20heading&text=NextGenerationEU%20is%20a%20more%20than，about%20by%20the%20coronavirus%20pandemic。

续表

优先事项	概要
更强大的欧洲 (A stronger Europe in the world)	欧盟通过倡导多边主义和基于规则的全球秩序来增强其在世界上的话语权
倡导欧洲的生活方式 (Promoting our European way of life)	保护法制，捍卫正义和欧盟核心价值观
促进欧洲民主 (A new push for European democracy)	给予欧洲公民更大的发言权，捍卫民主免受网络虚假信息和仇恨言论的干扰
欧洲经济复苏 (Recovery plan for Europe)	引领欧洲走出危机，建设更绿色、数字化和更具韧性的欧洲

资料来源：作者根据欧盟委员会官网资料翻译整理。

欧盟委员会在制定管制政策时通常遵守以下几项原则：

（1）确保政策制定基于证据和事实；

（2）致力于制定更加简单、有效的政策法规，避免给被管制方造成不必要的负担；

（3）决策过程中充分引入公民、企业和其他相关利益主体参与。

欧盟管制政策的出台始于欧盟委员会的立法倡议，立法倡议提出后要经过12周的公共咨询过程，由各个成员国的利益相关方参与其中。同时，企业、行业协会等相关利益群体也可以通过游说影响委员会政策的制定（更多信息请参考研究专题1）。立法倡议的通过需要经过普通立法程序（Ordinary legislative procedure），[①] 简单来说，欧洲议会和欧盟理事会对法案提案进行"一读"和"二读"，欧盟委员会进行反复修订，立法倡议经批准后生效执行。

在欧洲议会讨论中，议员代表各成员国利益就政策方案进行辩论，议员可以提出修订提案，以反映其代表的成员国公民的立场和偏好，如果修订提案通过，将形成对原始提案的修改和调整。在欧盟理事会中，成员国的政府代表（部长）就提案进行协商讨论，并试图在讨论中就提案的细节和内容达成共识。若法案被立法机构拒绝，或者欧洲议会和欧盟理事会经协调努力后仍无法达成一致意见，则立法程序终止。如果提案被通过，则成为具有强制效率的法规或决议，接下来，各成员国有义务将其纳入本国法律、法规体系中，并采取行动进入法律法规的执行和落实阶段（见图2-2）。

---

① 更多信息请参考：https：//www.europarl.europa.eu/infographic/legislative-procedure/index_en.html。

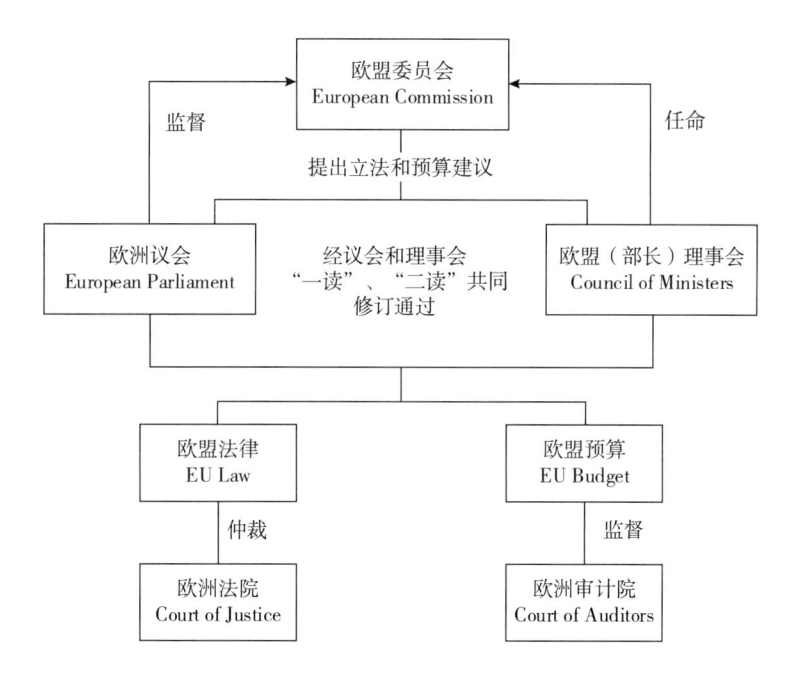

图 2-2　欧盟管制政策制定的制度框架

（资料来源：作者根据欧盟委员会官网介绍绘制）

二、欧盟与成员国管制治理指数分析

作为政府影响社会经济发展和人民福利的重要工具，管制的水平和能力很大程度上反映了政府的治理能力。欧盟为改进和提高管制治理水平投入了大量资源，然而，如何评估欧盟以及成员国政府的管制治理状况？管制治理改革是否具有成效？为了回答此类的问题，为衡量治理水平而发展出的一些标准化指数或许可以提供参考。这里我们选用经合组织（OECD）基于国家调查问卷而编制的iREG（Indicators of Regulatory Policy and Governance）系列指数。之所以选用该指数，首先在于其相关性，经合组织专门针对衡量各国管制治理设计调查并计算；其次在于其覆盖国家范围广，便于依据统一的标准进行国际比较；更重要的是，该指数对于欧盟层面和成员国层面的管制治理分别进行了评估，便于我们比较欧盟层面管制和各个成员国管制间的差别。

该指数主要从政策制定的过程控制的三个方面来衡量政府的管制治理：

第一，关于管制政策事前和事中的评估。经合组织提出了一套系统的、基于证据的管制影响评估（Regulatory Impact Assessment，RIA）方法，该方法的使用手册对评估的维度、要素、核心工具进行了阐释，以帮助经合组织成员国家进行科学决策。iREG 系列指数中设置了一组指标衡量政府是否在管制政策提出前，或者对现有的管制法规进行规律性、系统性评估,是否系统性采纳了 RIA 方法,以及评估的过程控制、透明度等。图 2-3 中绘制了用于评估主要管制立法的综合 RIA 指数。指数的最大取值为 4,数值越高说明相关国家或主体在这一维度的表现越好。

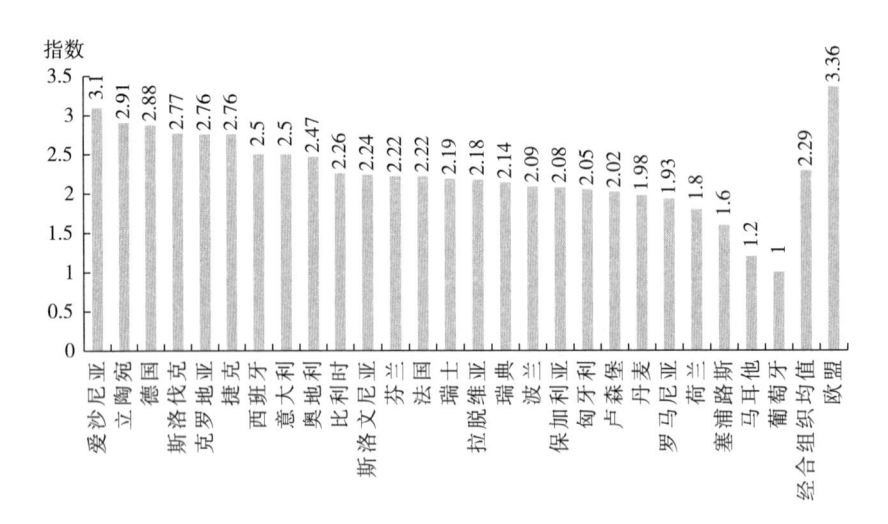

图 2-3　2021 年经合组织管制治理系列指数:主要立法综合 RIA 指数

(资料来源:经合组织数据中心(OECD.Stat),作者根据原始数据绘制)

第二,政策制定过程中利益相关者的参与情况,衡量维度包括参与方法、参与过程的控制、透明度等。图 2-4 绘制了评估利益相关者对主要立法参与状况的综合指数。

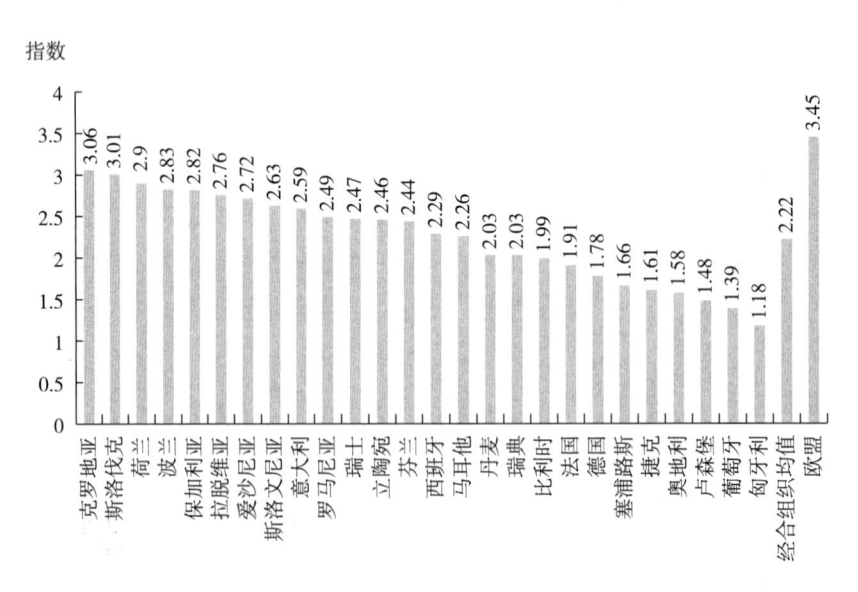

图 2-4　2021 年经合组织管制治理系列指数:主要立法利益相关者参与状况综合指数

(资料来源:经合组织数据中心(OECD.Stat),作者根据原始数据绘制)

第二章 欧盟经济管制政策

第三，事后评估和事前评估指数所衡量的维度相同。

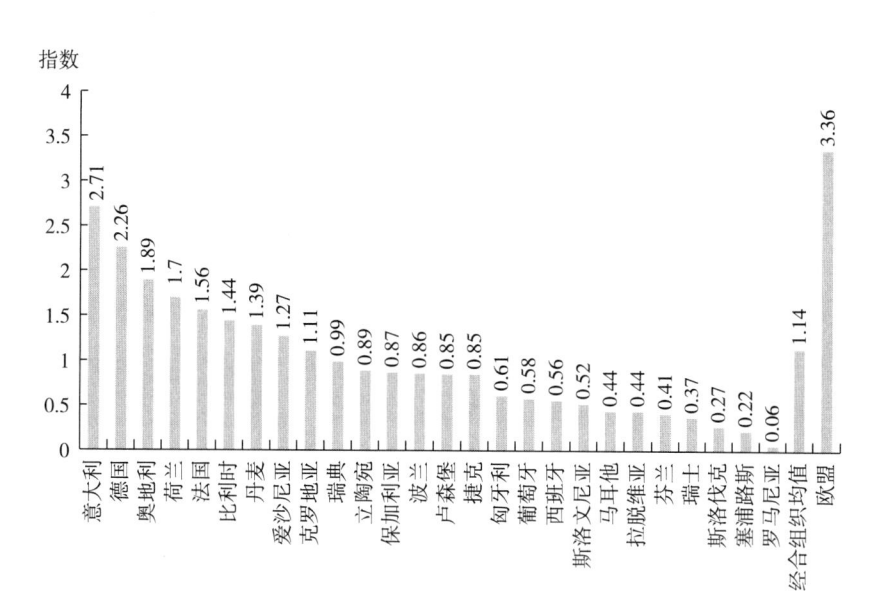

图 2-5　2021 年经合组织管制治理系列指数：主要立法事后综合指数

（资料来源：经合组织数据中心（OECD. Stat），作者根据原始数据绘制）

无论从哪个维度，欧盟层面管制治理的综合指数都远远高于各成员国。一方面，作为超主权共同体，欧盟的管制建立在成员国共识的基础上，因而要实现有效的治理，必然要求其政策制定更加透明和高标准；另一方面，欧盟的制度框架构筑在相对高度发达但政治体系、文化传统又百花齐放的欧洲国家之上，可以汲取各国所长，形成相对较为完善、系统的治理体系。

需要强调的是，iREG 系列指数侧重于评估制定管制政策的过程控制，仅仅反映了管制治理的一个侧面，不能代表管制政策的有效性，更不能代表整体的治理水平。

三、欧盟优化管制治理改革

长期以来欧盟致力于改进管制政策制定的制度体系。[①] 早在 2002 年，欧盟就提出了"更好的管制议程"倡议（Better Regulation Agenda），旨在改进欧盟的管制政策环境，实现更透明、简单、高效的管制，避免过度或无效的管制，维护成员国和欧洲公民利益。该倡议着重从以下几个方面推动改革。

---

① 更多信息请参考：https://commission.europa.eu/law/law-making-process/planning-and-proposing-law/better-regulation_en。

（1）简化法规，减少不必要的管制，包括：减少复杂性，使法规更容易理解和实施；撤销重复性法规，修订减少冗余条例，减轻欧盟的法规负担。

（2）使政策制定更加开放和透明，在政策制定过程中扩大公众参与度，充分利用公共咨询机制征求不同利益群体意见；加强与各个层面利益相关者的沟通，鼓励公众和利益相关者对法规条例进行评论和反馈，提高各成员国参与法规制定环节协商和辩论的积极性。

（3）改进政策影响评估，强调通过评估更好地理解政策的成本有效性，以及各方面社会福利的影响等。制定和改进政策评估的量化指标，用于衡量和评估包括政策成本、质量、公众参与度等在内的政策制定的方方面面（更多信息请参考信息专题1：欧盟委员会的政策评估原则和过程）。

"更好地管制议程"改革是欧盟长期开展、持续滚动推进的一项工作，从2002年开始，大致经历了三个发展阶段。第一个阶段从2002年到2006年，重点放在简化、改进管制立法。第二个阶段从2007年到2012年，工作的重点转向更为具体的减轻企业和其他市场主体的行政负担。2007年，欧盟启动减轻行政负担行动项目，根据欧盟的统计，到项目结束的2012年，欧盟立法导致的企业行政负担减少了25%，相当于每年节省308亿欧元。[1] 第三个阶段从2012年至今，在减轻行政负担行动项目结束后，欧盟在同一年启动了"管制适应性和绩效评估计划"（Regulatory Fitness and Performance Programme，REFIT），该计划成为此后几年一直至今管制治理改革的核心项目。由于意识到单纯从降低成本出发的改革存在很大缺陷，REFIT项目转而侧重平衡成本与收益，明确将立法收益纳入立法评估。REFIT项目开展的几年间，欧盟对现有的法规进行了系统性评估，建立了高级别顾问平台，并开展了多项调查。2021年，欧盟委员会进一步完善REFIT的项目框架，引入了"一进、一出"（one in, one out）方法，意味着欧盟对立法的评估将不再限于对于单一政策成本的评估，而是关注企业或其他市场主体在某一政策领域的总体累计成本的平衡。[2]

尽管改革取得了一定成效，但相对于欧盟委员会确立的改革目标，管制治理改革仍面临非常多的挑战。举例如下。

（1）立法程序复杂

立法的复杂性表现为多元利益主体利益的难以协调。欧盟的立法建立在不同成员国、不同政治立场的政党，以及其他多元利益主体协商的基础之上。欧盟要求政策法规制定过程中采取开放、透明的方式，多元利益主体参与，听取各方意

---

[1] European Commission. Better Regulation: Joining forces to make better laws. 2021.
[2] European Commission. Better Regulation: Joining forces to make better laws. 2021.

见，当各方利益存在分歧时，就需要寻找各方利益的平衡点，经历复杂而艰难的协调过程。

（2）立法周期长

近年来，欧盟管制政策的立法过程所用的时间有越来越长的趋势。根据统计，2009—2014年任职的欧盟委员会，经欧洲议会和欧盟（部长）理事会"一读"和"二读"通过法案平均所用的时间分别为16个月和32个月。此后，容克担任主席的欧盟委员会在其2014—2019年的任期内共提交了396项立法提案，平均每年约为79项，89%的提案在"一读"获得批准通过，平均所用时间为18个月，较前两任欧盟委员会"一读"通过所用时间延长了2个月。约10%的提案得以在欧洲议会"二读"时通过，平均用时为39个月，较前两任的情况大幅提高了7个月（见图2-6）。①

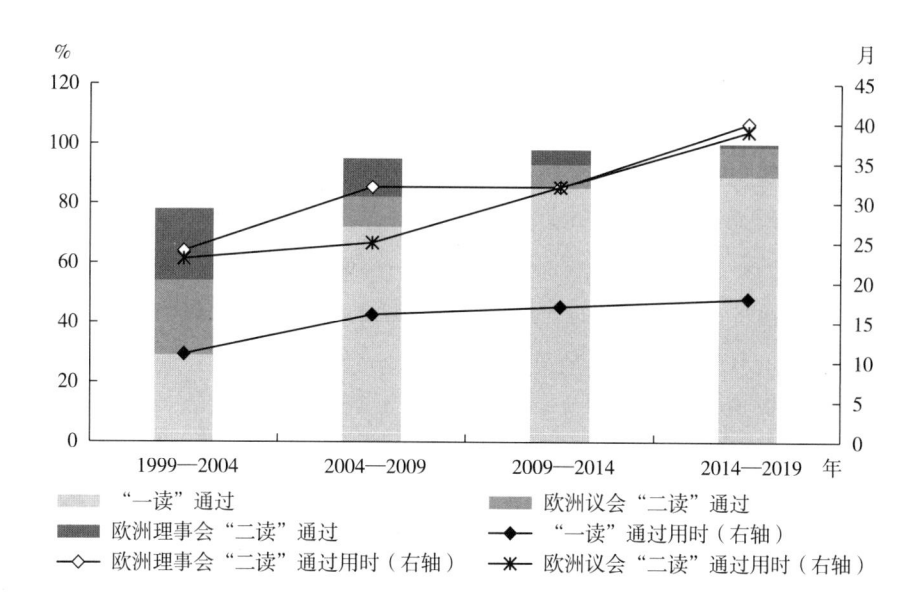

图2-6 历任欧盟委员会立法倡议数量和通过所用的时间

（资料来源：欧洲议会，作者根据原始数据绘制）

（3）政策评估的复杂性

管制影响评估是通过分析和比较，在可替代的政策工具或实施方案选择中，帮助政策制定者找到最有效的工具和方案（包括不进行任何管制也是一种替代选择）。在政策制定的早期阶段引入管制效果评估，可以帮助决策者了解管制的必要性。如果从成本收益上看，不干预要优于干预，那么可以及时中止不必要的管

---

① 更多信息请参考欧洲议会官网：https：//www.europarl.europa.eu/infographic/legislative-procedure/index_en.html。

制行动，避免造成过重监管负担和社会不必要的损失。如果是干预有必要，管制影响评估可以帮助决策者了解不同方案的优势劣势，从而选择最有效的工具和路径。

按照欧盟的法律，欧盟推出任何预期产生显著环境、社会或经济影响的倡议都必须进行系统性影响评估。"更好的管制议程"倡议更是将 RIA 作为核心的管制管理工具。并且欧盟管制政策的推出要经过成员国协商过程，欧盟层面的影响评估需要囊括相应的成员国国别影响评估。

然而，由于每个成员国有自己的利益和政策偏好，政策执行的效果和影响往往差异也会很大，造成欧盟层面综合评估的复杂性。在依靠大量数据进行分析和比较时，各成员国的统计口径、数据的质量等问题使得评估的比较和分析变得困难。此外，评估还要受到时间和成本的限制，用较短的时间和有限的资源来评估可能对欧盟未来几年或几十年产生影响的政策极具挑战性。

信息专题 1： 欧盟委员会的政策评估原则和过程

欧盟推行管制评估遵循"相称原则"（Proportionality Principle），也就是说为影响评估投入的资源应当和政策意向的类型以及其社会影响的显著性相匹配。简单来说，小的政策变动可能不需要进行系统性的评估，或者只需要简单评估。而对于经济、社会、环境影响关系重大的政策建议，则需要投入更多的资源进行评估。相称原则的目的是对管制评估产生的成本进行有效管理，避免不必要的行政负担和成本。

欧盟委员会要求对所有预计对经济、环境或社会产生重大影响的行动方案进行影响评估。在早期阶段，负责政策制定的主导机构来确定是否需要进行风险评估，并向欧盟委员会提交提案。如果确定需要进行影响评估，欧盟委员会需要发布一个初步影响评估文件（Inception Impact Assessment，IIA），该文件需要介绍概括政策问题、初步计划和路径选择，以及预期影响的初步评估。如果不需要进行影响评估，欧盟委员会将在发布的路线图中予以说明。

IIA 发布后，进入公众反馈时期。此后，欧盟委员会将准备进行完整的影响评估，包括收集数据、向公众和利益相关者咨询、举行专家听证会，或者通过其他途径寻求额外的科学证据。影响分析的结果最终总结在影响评估报告中，并发送给监管审查委员会（Regulatory Scrutiny Board，RSB）进行质量审核。RSB 将给欧盟委员会提供修订意见，欧盟委员会据此进行内部磋商，提出政策倡议。经欧盟委员会通过的政策倡议和评估文件将在网上公开，并向公众征求意见，同时发送给立法机构，进入立法审议程序。

研究专题1： 企业如何游说影响欧盟经济管制政策的制定

在很多国家和地区，企业游说（Lobbying）往往被视为企业自发和政府建立的非正式沟通和对话行为，甚至被认为是影响政策的"灰色地带"。然而，在欧盟，企业游说被视为参与式民主的重要表现，近年来，欧盟支持企业通过游说在政策和法律制定方面发挥越来越积极的作用。2007年，欧盟委员会正式在公开文件中认可了欧盟层面的利益代表的作用，将"游说"定义为影响欧洲机构的政策制定和决策过程而开展的活动。[①] 参与游说的组织可以是企业、协会、律师事务所、咨询公司、非政府组织、智库等各类机构。对于企业而言，可以选择直接派代表，或者雇用律师事务所、咨询公司等专业的游说团队间接开展游说活动，抑或可以通过资助行业协会、非政府组织等方式间接参与。总之，在欧盟，企业游说是被认可的民主权利，在欧盟"透明度倡议"（European Transparency Initiative）框架下，企业可以通过制度化的渠道参与并影响政策制定。相应地，欧盟法律规定欧盟机构有义务向利益代表组织和公民社会保持公开、透明，并开展常规对话。

一、欧盟法律框架下企业的游说活动：规则与现状

近年来，欧盟对于游说的管理日趋透明化和规范化。2008年6月，欧盟委员会引入了游说参与方自愿注册制度。2011年，欧盟委员会和欧洲议会共同推出了透明注册系统（Transparency Register），所有致力于影响欧盟委员会和欧洲议会政策制定与决策过程的组织或代表，可自愿注册并填报企业或组织的基本信息。所需填报的信息包括参与游说所投入的资源信息、致力于影响的政策领域等。该系统网站上的所有信息，包括利益群体和欧盟机构接触需要遵守的行为准则均向公众公开。网站还设置了举报通道，方便公共监督或诉求表达。[②]

2014年，欧盟委员会再次改进了透明注册系统，进一步增强了信息披露、透明度等方面的要求。虽然注册是自愿进行的，但只有注册的游说团体才有资格获得进入欧洲议会大楼的通行卡。欧盟委员会成员一般也不出席未注册机构组织的活动。[③] 也只有注册方才有机会被邀请在欧盟委员会成员或欧洲议会议员组织的公开听证会中发表讲话。诸多限制提高了游说参与方的注册意愿和进行信息披露的积极性。

[①] Commission of the European Communities. Green Paper: European Transparency Initiative. 2006.
[②] 更多信息请参考：https://ec.europa.eu/transparencyregister/public/homePage.do?redir=false&locale=en。
[③] 更多信息请参考：https://ec.europa.eu/commission/presscorner/detail/en/MEMO_14_302。

欧盟委员会方面，从2014年开始，所有高级别官员需要在委员会官网公开所有会议日志，如此一来，所有利益代表方和欧盟委员会官员间的正式会面，包括会议地点、参会成员、议程都变成了公开信息。

截至2023年3月14日，欧盟透明注册系统共有注册机构或代表12094家，其中公司或商贸协会占到一半以上，其次为非政府组织（NGO），占比超过1/4，再之后为智库或学术机构、咨询公司或律师事务所、权威机构（政府所属机构）以及宗教组织（见图2-7）。

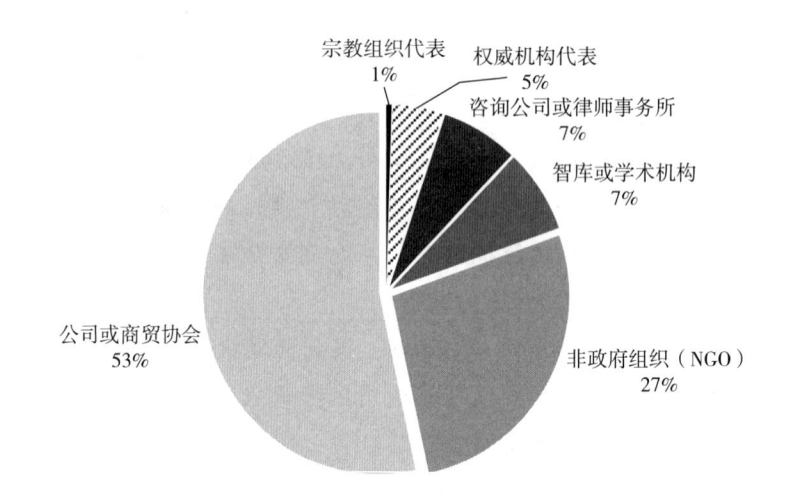

图2-7 欧盟透明注册系统注册机构类型分布（2021年3月）

[资料来源：欧盟透明注册系统（EU Transparency Register），作者根据原始数据绘制]

以上机构有3/4在注册目的中填写代表商业或经济利益。注册一栏中有对游说机构关注问题的文字描述，根据对词组出现频率的统计，游说机构最为关注的三大问题为农业和农村发展、金融和欧元以及经济问题，其次为竞争、贸易、制度相关事务等，其他较受关注的议题还包括环境、教育和培训、国际合作与发展、消费者等。

二、企业为游说活动投入的资源

从人员投入状况来看，注册机构为游说活动共雇用相当于24394.25名全职人员[①]，67%受雇于直接参与游说的企业或机构，这部分直接受雇的工作人员也被称为"内部说客"（in-house lobbyist，指公司或机构派出的以游说为主要职责的雇员），剩下的33%是游说服务机构雇员，又被称为顾问说客（consultant lobbyist）。

---

① 兼职工作人员按照工作时间折算为全职人员，例如，每日工作4小时，一周工作5天，计为0.5名全职人员。

聚焦于注册机构中的企业或商贸协会，平均每家雇用的内部说客为3.4人，折算为每天8小时的全职工作人员，平均每家雇用1.6人。但不同机构投入人员状况的差异很大，最多的一家游说机构雇佣人员高达82人之多（相当于52个全职工作人员）。不是所有在注册的游说人员都可以进入欧洲议会，数据显示，仅有8%的机构拥有欧洲议会大楼的通行卡（见表2-2）。

表2-2　　　　　　　　企业或商贸协会参与欧盟游说的投入情况

指标	平均值	方差	中位数	最小值	最大值	样本量
雇佣人员数量/人	3.4	4.28	2	1	84	6577
相当于全职人员数量/人	1.6	2.44	1	0.25	52	6577
拥有欧洲议会通行卡的雇员/人	2.28	2.17	1	1	20	532
同欧盟委员会累计会议数量（2014年12月至2021年3月）/次	3.17	11.38	0	0	278	6577
注册年限/年	5.07	3.59	4.51	0.08	12.76	6577
每年最低游说成本支出/万美元	14.38	36.17	2.5	0	100	6427

资料来源：透明国际数据中心（Transparency International, http://data.integritywatch.eu），作者根据原始数据绘制。

从财力投入上看，所有注册机构2020年总支出平均在14.2万~19.3万欧元。约63%的机构投入小于10万欧元，投入在10万~50万欧元的机构约占26%，约6%的机构投入超过50万欧元但小于100万欧元，不到3%的机构投入超过100万欧元。另有2.3%的机构没有披露投入信息（见图2-8）。

在表2-3中，我们列出了投入前20家企业或商贸协会名单，欧洲化学工业委员会（CEFIC）与欧洲保险和再保险联合会（Insurance Europe）分别以1000万欧元和650万欧元的年投入下限，成为注册机构中投入前两大机构。除了商贸协会，欧洲实力雄厚的老牌大型跨国公司包括壳牌、拜尔、大众、西门子等也榜上有名，年游说投入均在300万欧元及以上，部分甚至在400万欧元以上。美国的谷歌、微软和脸书三大科技公司也榜上有名，年最低投入分别为575万欧元、525万欧元和425万欧元，是除了欧洲企业外，在欧盟游说年投入前三家海外公司。此外，中国公司华为也是在欧盟游说投入前20家企业之一，年投入达到300万欧元。

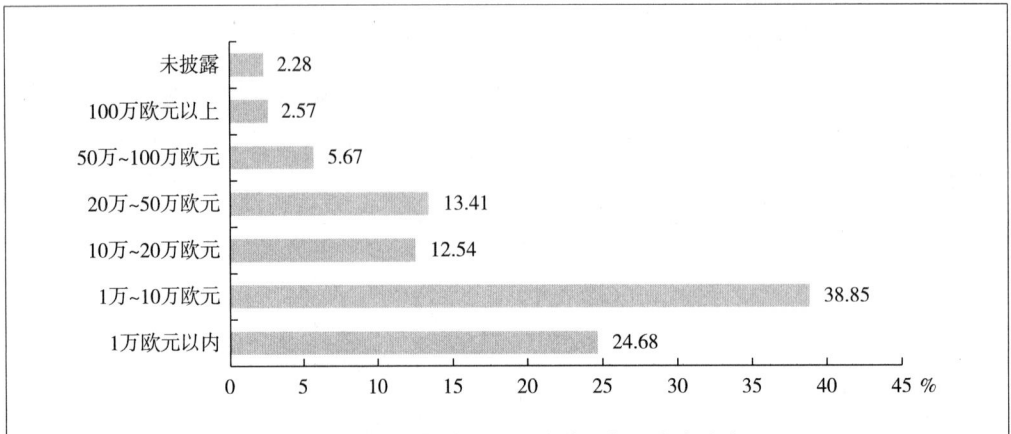

```
未披露                          2.28
100万欧元以上                   2.57
50万~100万欧元              5.67
20万~50万欧元                      13.41
10万~20万欧元                     12.54
1万~10万欧元                                      38.85
1万欧元以内                              24.68
            0    5   10   15   20   25   30   35   40   45 %
```

图 2-8　2020 年游说机构的游说年总支出分布

[资料来源：透明国际数据中心（Transparency International，http：//data.integritywatch.eu），作者根据原始数据绘制]

表 2-3　　　　　　　游说花费最高的企业或商贸协会　　　　单位：万欧元/年

企业或机构名称	机构类别	游说活动最低支出
欧洲化学工业委员会 European Chemical Industry Council（Cefic）	商贸协会	1000
欧洲保险和再保险联合会 Insurance Europe	商贸协会	650
谷歌 Google	公司	575
微软 Microsoft Corporation	公司	525
壳牌 Shell Companies（Shell）	公司	450
欧洲金融市场协会 Association for Financial Markets in Europe（AFME）	商贸协会	450
欧洲制药工业协会联合会 European Federation of Pharmaceutical Industries and Associations（EFPIA）	商贸协会	450
拜尔 Bayer AG	公司	425
脸书 Facebook Ireland Limited（FB-I）	公司	425
德国化学工业协会 Verband der Chemischen Industrie e. V.（VCI）	商贸协会	425

续表

企业或机构名称	机构类别	游说活动最低支出
欧洲商业联合会 BUSINESSEUROPE	商贸协会	400
德国机械和设备工程协会 Verband Deutscher Maschinen – und Anlagenbau e. V.（VDMA）	商贸协会	375
欧洲基金与资产管理协会 European Fund and Asset Management Association（EFAMA）	商贸协会	350
埃克森美孚石油化工 ExxonMobil Petroleum & Chemical（EMPC）	公司	325
大众汽车股份公司 Volkswagen Aktiengesellschaft（VOLKSWAGEN AG）	公司	300
意大利数字广播公司 DAB Italia s. c. p. a.（DAB Italia）	公司	300
单一欧洲空中交通管理研究部署联盟 SESAR Deployment Alliance（SDA）	公司	300
西门子 Siemens AG（SAG）	公司	300
华为 Huawei Technologies（Huawei）	公司	300
巴斯夫股份公司 BASF SE	公司	300

资料来源：透明国际数据中心（Transparency International，http：//data. integritywatch. eu），作者根据原始数据制表。

由此可见，欧盟游说的参与方不仅限于欧盟内部。根据注册企业填报的企业总部所在国家的信息，我们绘制了游说企业在各国分布的热图（见图2–9），地图中边界被突出显示的国家中，"温度"越浅，表明该国家企业参与欧盟层面游说的密度越高。可以看到，参与欧盟层面游说的机构遍布世界各大洲。除了欧洲地区之外，参与欧盟游说活动最多的为美国机构（共有436家），约占所有机构总数的3.6%；其次为加拿大，共有45家机构参与；之后分别为土耳其和日本，参与机构数分别为31家和24家。中国企业共有7家，在后面的小节中我们再做专门介绍。

图 2-9 参与欧盟游说活动企业的分布情况

[资料来源：透明国际数据中心（Transparency International, http://data.integritywatch.eu），作者根据原始数据绘制]

三、企业更易于获得游说机会的决定因素

游说企业通过参与欧盟委员会的公共咨询，同欧盟委员会不同级别的成员进行正式或非正式会晤交流等方式进行游说。因而，企业同欧盟委员会成员的会议频次反映了企业获得的游说机会是多还是少。根据第三方机构透明国际（Transparency International）收集的数据，2014年12月至2021年3月的约6年间，所有注册机构平均每家累计参会2.4次。从获得会议机会的数量分布上看，有8140家注册机构（占所有注册机构数量的66%）从来没有和欧盟委员会成员间的会议记录，约13%的机构仅参加过一次此类会议，仅有8%的机构获得了6次以上的会议机会（平均每年1次）。表2-4中列出了获得会议机会前10家机构，包括4家商贸协会、3家企业和3家非政府组织。获得会议次数最多的是欧洲商业联合会（The Confederation of European Business，BusinessEurope），

累计参会次数为278次，平均每个月参加3.7次。获得会议次数第二多的是谷歌，累计为249次，平均每月约为3.3次。此外，空客和微软获得的参会数量也名列前茅。

表2-4　　　　　　同欧盟委员会举行会议最多的机构　　　　　　单位：次

企业或机构名称	组织类型	同欧盟委员会累计会议数量（2014年12月至2021年3月）
欧洲商业联合会 Business Europe	商贸协会	278
谷歌 Google	公司	249
空客 Airbus	公司	211
欧洲消费者联盟 Bureau Européen des Unions de Consommateurs（BEUC）	非政府组织	188
欧洲贸易工会联合会 European Trade Union Confederation（ETUC）	商贸协会	167
欧洲运输与环境联合会 European Federation for Transport and Environment（T&E）	非政府组织	—
世界自然基金会欧洲政策计划 WWF European Policy Programme（WWF EPO）	非政府组织	154
数字技术欧洲贸易协会 Digital Europe（DE）	商贸协会	151
微软 Microsoft Corporation	公司	150
美国驻欧盟商会 American Chamber of Commerce to the European Union（AmCham EU）	商贸协会	144
欧洲商业联合会 BUSINESSEUROPE	商贸协会	143

资料来源：透明国际数据中心（Transparency International，http：//data.integritywatch.eu），作者根据原始数据制表。

对于1万多家注册机构来说，获得和欧盟委员会成员面对面的会议机会是稀缺资源。获得会议次数虽然不等同于参与游说机构取得的成果，但从一定程度上代表了该机构受关注的程度，是机构产生影响力的重要前提条件。因而，很多相关研究对企业可以获得的游说机会的决定性因素进行分析。就欧盟层面而言，以往的分析表明，机构获得会议机会的决定性因素一般包括但不限于以下几个方面。

（1）欧盟政策重点和优先事项。对于优先事项领域的企业，获得公共咨询召询的概率和频次都倾向于更高。

（2）公平原则，在透明体系下，欧盟委员会在选择接触机构或企业时，可能会考虑不同规模、不同类型的机构，以及不同成员国间的平衡与机会公平。

（3）专业信息的获取。如果某些机构可以为欧盟委员会决策提供更多技术性信息，欧盟委员会成员，特别是技术官僚可能会倾向于更多向这些机构做决策咨询。

（4）企业的投入程度。1万多家注册机构在人员、资金投入的程度方面有很大的差别。一般来说，投入更多的人力和财力，可以帮助企业创造更多的游说影响力。但透明注册系统披露的投入数据，并不能完全代表企业的真实投入情况，因而很难基于此建立起投入和游说机会之间的真实相关性。例如，有相当多的企业很少直接参与游说活动，而是选择通过资助商贸协会，或雇用专业游说服务机构代为从事游说活动，这种情况下，我们就无法直接观察到企业的投入情况。

（5）经验积累和政治资源。1万多家企业从事欧盟游说活动的时间有长有短，因而积累起来的经验和政治资源存在差异。注册机构从注册的第一天开始计算，平均参与游说活动的时间为4.3年，最短的不到1个月，最长的超过12年（见表2-2）。一般来讲，参与欧盟游说活动的时间越长，经验越丰富，积累起的政治资源也越多。此外，政治资源很大程度上还取决于机构的投入和策略，有观察发现一些有实力的大企业会选择雇用欧盟的退休工作人员或者前议员来代表企业从事游说活动，通过这些人员的政治资本和人脉网络，获得更好的游说机会。①

---

① Peter Teffer. From Huawei to Shell: corporate lobbies unimpededly recruit former EU Parliament staff. 2023-04-22. 更多信息请参考：https://www.ftm.eu/articles/corporate-lobbies-unimpededly-recruit-former-european-parliament-staff?share=Sa7YFWLw6zxLPrOuCD1bevEjnkN6AQaLAfGXJ3DgJ1rVsbO3vPOLtG5Y9Yv6%2BZM%3D。

四、同美国游说制度体系的差异

诺贝尔经济学奖得主乔治·斯蒂格勒（George Stigler）在其著作《经济管制理论》的开篇中说道："国家机器和权力对于社会中的每个行业来说既可以是资源，抑或可以是威胁。"[1] 管制政策是国家提供资源或者制造威胁的重要手段，因而工业组织或企业有动机致力于获取对自身有利的资源，尽量将威胁或损失在可控的范围内降到最低，同时争取获取更多信息，以更好地应对未来的不确定性。企业有策略地向政府官员提供其决策所需的信息的行为便构成了企业的游说活动。[2] 相应地，商业社会的竞争者们在影响政府政策供给的领域，为争夺有限的政治资源（政客的支持、决策咨询过程参与的机会等）展开竞争和合作。然而，由于政治体制的不同，游说活动的游戏规则也不尽相同。这方面，欧盟和美国就存在很大的差异。

欧盟政策制定的过程是多元利益主体协商的过程，因而欧盟致力于将利益代表的意见通过制度化的对话途径纳入经济政策的制定当中。不仅是在欧盟层面如此，尽管欧盟成员国在政治、经济制度上存在差异，大多数的成员国同样认可并依赖社会对话的模式。[3]例如，在各成员国中，法国社会是以社会对话为基础的制度模式最为典型的代表，当一项立法或法规没有令部分社会利益群体满意时，这部分利益群体组成的工会组织等团体就会以罢工的方式，逼迫政府妥协甚至撤销该立法。因而，无论是欧盟层面，还是大多数成员国内，事前的公共咨询、集体协商、谈判或辩论对于政策制定十分重要。也正因为如此，欧盟需要通过公开、透明、制度化的方式将企业游说纳入常规的经济政策的制定过程中。

相较而言，美国是竞争市场主导的经济体系，竞争市场的理念也可以解释其政治体系的运作，政客的政治主张和政策供给同选民的政策需求之间通过选票进行交换。这一机制下，利益群体通过资助竞选人的方式，获得和立法者或政策制定者表达自身利益诉求的机会。换句话说，美国的利益群体或代表通过政治捐款购买游说的机会，继而影响竞选人，从而达到可能影响政策制定的目的。当然，由于竞选募资信息是需要公开的，利益群体的诉求和对竞选者的影响在一定程度上也在公众的监督之下。

---

[1] George J. Stigler, 1971, "The Theory of Economic Regulation", The Bell Journal of Economics and Management Science, Vol. 2, No. 1.
[2] David Baron, 2013, Business and Its Environments (7th ed.), Pearson Prentice Hall.
[3] Richard B. Freeman, 2006, "Searching for the EU Social Dialogue Model", NBER Working Paper 12306.

五、中国企业参与欧盟游说活动的状况

截至2021年3月，在透明注册系统注册的中国企业共有7家，其中注册时间最早的是和记欧洲（Hutchison Europe）[①]，注册时间为2008年10月。中国内地有5家注册企业，按注册的先后顺序分别是华为、大疆创新、中兴、阿里巴巴和海康威视。华为于2013年6月注册，投入全职工作人员19人，2020年游说活动支出超过300万欧元。截至2021年3月，华为累计参与和欧盟委员会的会议达60次，主要议题涉及数字化时代、人工智能、数据和研发创新领域（见表2-5）。

表2-5　中国企业或商会参与欧盟游说情况

企业或机构名称	注册时间	机构类别	雇佣人数/人	相当于全职人员数/人	获得欧洲议会通行卡人数/人	支出范围/万欧元	同欧盟委员会累计会议次数（2014年12月至2021年3月）/次
和记欧洲 Hutchison Europe - Brussels Branch（HEBB）	2008-10-28	公司	3	2.25	—	20~30	11
华为 Huawei Technologies（Huawei）	2013-06-25	公司	19	19	1	30~32.5	60
中国驻欧盟商会 European Union Chamber of Commerce in China（EUCCC）	2014-12-01	商贸协会	9	2.5	—	10~20	69
中国国际商会 China Chamber of International Commerce（CCOIC）	2015-11-16	商贸协会	3	0.75	—	10~20	1
大疆创新 Da Jiang Innovations（DJI）	2015-12-08	公司	3	2.75	—	30~40	5
香港欧洲商会 The European Chamber of Commerce in Hong Kong（ECC）	2018-10-26	商贸协会	2	1.5	—	1~2.5	0
中兴通讯 ZTE Corporation（ZTE）	2019-04-03	公司	8	7.25	—	70~80	2
阿里巴巴集团控股公司 Alibaba Group Holding Limited	2019-08-13	公司	3	1.25	—	60~70	1
亚洲证券业与金融市场协会 Asia Securities Industry & Financial Markets Association（ASIFMA）	2020-02-03	商贸协会	1	0.25	—	0~0.9999	0
杭州海康威视数字技术有限公司 Hangzhou Hikvision Digital Technology Co., Ltd.（Hikvision）	2020-02-20	公司	2	0.5	—	10~19.9	0

资料来源：欧盟透明注册系统（EU Transparency Register），作者根据原始数据制表。

[①] 《财富》全球500强，也是港交所最大上市企业和记黄埔（Hutchison Whampoa Limited）的欧洲分支。

第三节　欧盟数字经济监管

从20世纪90年代中期开始，数字经济的快速发展深刻地改变了人们生产和生活的方方面面。与此同时，飞速的技术进步、经济形态和结构的变迁也给政府管制提出了各种新的问题和挑战，特别是在网络安全、数据共享、隐私和数据安全、平台经济监管等方面，亟须更新和完善法律法规，保证监管的科学性、有效性和适应性。

一、欧盟数字经济发展战略

现任欧盟委员会将发展数字欧洲作为其任内的优先事项，数字欧洲战略提出围绕三个核心原则建立统一数据市场，推进欧盟的数字化转型，这三个核心原则分别为技术为人服务（Technology that works for people）、公平竞争的经济（a fair and competitive economy）和开放、民主、可持续发展的社会（an open, democratic and sustainable society）。

欧盟选择的数字化转型路径以尊重人和欧盟基本的价值主张为前提，同可持续发展目标协调统一。在该战略下，欧盟计划投资40亿～60亿欧元，建设欧盟共享的数据存储空间、云基础设施和服务。目标是到2025年，65%的人口掌握基本的数字技能，拥有超过1000万数据专业人才，欧盟数字经济规模增长至8290亿欧元，占欧盟GDP的5.8%。[①]

围绕以上三个核心原则，欧盟致力于成为数字化转型的全球领导者，其重点支持的方向包括三个方面。

（1）建立统一的数据市场，以实现数据可以在欧盟各成员国以及各个部门间流通，创造普惠价值；数据市场充分尊重包括隐私和数据保护、竞争在内的原则，以建立公平、实用、清晰的数据获取和使用规则为基础。

（2）支持欧洲绿色新政，将数字技术作为2050年实现碳中和目标的重要手段。例如，通过数字技术和人工智能技术减少能源浪费，提高能源使用效率；利用数字技术帮助减少农业生产中杀虫剂和肥料使用带来的温室气体排放等。数字经济本身也同样面临减排问题，数据中心和数据传输中涉及大量的电消耗，需要提高数字技术本身能源使用效率，并更多使用可再生能源来支持数字经济发展。

（3）成为可信赖人工智能领导者。在人工智能领域，欧盟委员会将联合公共

---

① European Commission. The European Data Strategy. Feb 2020.

和私人部门资源,调动整个价值链,以科学监管建立正确的激励机制,吸引和留住相关领域人才,加速人工智能在企业(包括中小规模企业)中的应用。

为了落实数字欧洲战略,2021年3月,欧盟委员会发布《2030数字指南:欧洲数字十年之路》(*The 2030 Digital Compass: The European Way for the Digital Decade*),提出了欧盟数字化转型战略和量化目标(见图2-10)。该指南分为四个部分:数字技能、公共服务数字化、商业数字化转型和安全与可持续的数字基础设施。四个维度的目标成为欧盟制定相关数字监管政策的方向指南。[①]

公共服务数字化
关键性公共服务:100%线上
数字健康:100%公民医疗记录线上可及
数字身份:80%公民拥有身份证件数字化

政府 GOVERNMENT

商业数字化转型
技术采纳:75%的欧盟企业应用云计算、人工智能或大数据
创新:扩大规模和融资,使欧洲独角兽数量翻一番
后期采纳者:超过90%的中小企业达到基本的数字技术密度水平

技能 SKILLS

数字技能
信息通信技术(ICT)专家:2000万,性别差异缩小
具备基本数字技能:至少80%的人口

基础设施 INFRASTRUCTURES

安全与可持续的数字基础设施
连通性:每个人的千兆位(Gigabit)
尖端半导体:欧盟在全球生产中的份额翻倍
数据—边缘计算和云计算:建设1万个碳中和且高度安全的边缘节点

商业 BUSINESS

图2-10 欧盟2030数字指南
(资料来源:欧盟委员会,作者整理绘制)

二、欧盟数字经济监管政策倾向

自2014年开始,欧盟委员会开始致力于分步骤促进欧盟数字经济的发展,先后建立起对非个人数据、网络安全、个人数据的监管法规和体系。近年来,欧盟数字经济监管的法律法规日趋完备,建立起了相较世界其他经济体而言更为严密的数字经济监管体系。欧盟数字经济监管尊崇两个基本原则:(1)保护所有数字服务使用者基本权利,创造安全的数字空间;(2)在欧盟单一市场乃至全球建立公平竞争环境,以促进创新、增长和竞争。

基于这两个原则,欧盟数字监管体系形成了以下几方面特征。

(一)高度重视数据安全和隐私保护

从全球范围看,欧盟是最早开始关注数据保护的经济体,也是目前对数据安

---

① 详情内容请参考欧盟委员会"数字十年战略"官网,https://commission.europa.eu/strategy-and-policy-priorities-2019-2024/europe-fit-digital-age/europes-digital-decade-digital-targets-2030_en。

全和个人隐私保护最为严格的地区。早在 1995 年，欧盟就推出了针对个人数据的《数据保护指令》（Data Protection Directive）。2016 年 4 月颁布的《通用数据保护条例》（General Data Protection Regulation，GDPR）取代《数据保护指令》，成为欧盟对数据保护和隐私，以及数据出口的统一规范。GDPR 于 2018 年 5 月正式生效执行，适用于位于欧盟境内，以及位于欧盟之外但向欧盟境内提供产品和服务的所有企业和组织，保护范围覆盖个人所能产生出的任何数据，包括电话号码、地址、车牌等个人身份相关，指纹、照片、面部识别等生物特征相关，以及小型文本文件（cookie）、IP、设备 ID、社群网站活动记录等电子足迹相关。

GDPR 旨在确保个人数据在处理过程中得到合法、透明、安全且可控的处理，明确了数字产品和服务使用者拥有的基本权利，突出的有以下几点核心权利。

（1）被遗忘权（Right to be Forgotten），即个人有权要求企业或组织删除或停止公开他们的所有个人数据。在某些情况下，如果企业或组织接到个人提出的删除请求，且没有合理的理由拒绝，就必须在合理时间内进行删除或停止公开处理。

（2）取用权（Right of Access），即个人有权要求企业或组织提供其个人数据的访问权，并有权获得关于其数据的处理使用方法、目的、存储等信息（Right to be Informed），有权要求对个人数据存在的错误和不准确进行更正或更新（Right to Rectification），有权要求企业或组织提供其个人数据的电子副本。

（3）可携带权（Right to Data Portability），即个人有权将其个人数据由原数据控制者处传输、转移到其他数据控制者处。

GDPR 还规定，企业或组织应遵循隐私始于设计（Privacy by Design）原则，即从开发和设计产品服务的初始阶段就将个人隐私和数据保护作为核心原则和价值。本着这一原则，数据控制者需要承担的义务可以概括为以下几个主要方面。

（1）最小化数据收集和处理，只收集和处理必要的个人数据，而不是一切可行数据。

（2）保持透明，保护个人知情权；假名化或匿名化存储个人数据，使用安全技术和措施保护个人数据的安全性和保密性，采取预防性措施防止数据泄露和滥用。

（3）隐私作为默认设置，并且默认使用尽可能最高的隐私设置，然后由个人自主决定是否更改，且个人能够随时撤销对其数据的授权或隐私设置的更改。

未履行以上义务，数据控制者可能面临个人起诉，监管机构调查、高额罚款以及声誉损失等一系列后果。

GDPR 对欧盟境内的企业和组织产生了重要影响，提高了企业和个人数据保护意识，极大地推动了数据保护体系的改善。GDPR 所明确的权利和义务，以及数据保护的基本原则，成为其他国家制定数据保护法规的重要参考，推动了全球范围内数据保护立法和实践。

继 GDPR 之后，欧盟的数据保护法规体系在近两年得到进一步完善。在欧盟数字战略（European Data Strategy）框架下，除了强化隐私保护和网络安全，新的数据保护监管倡议着重促进数据共享、创新以及提高欧盟的数字竞争力（见表 2-6）。

表 2-6　　　　　　　　欧盟数字经济监管政策列表

法案/条例	提出/（拟）颁布/执行时间	主要监管目标
通用数据保护条例 General Data Protection Regulation（GDPR）	2018 年 5 月 25 日执行	加强个人数据保护和隐私权利，促进欧洲数字市场的统一和创新
数据治理法案 The Data Governance Act	2022 年 6 月 23 日执行	促进不同经济部门和成员国之间的数据共享，主要针对医疗、交通、环境、农业和公共行政领域的非个人数据
数据法案（立法倡议） The Data Act 2022	2022 年 2 月 23 日提出	B2B 数据获取和使用
电子隐私条例（立法倡议） ePrivacy Regulation	最新一版倡议于 2018 年 7 月 10 日更新	旨在通过规范小型文本文件、元数据和其他电子通信数据进一步保护用户隐私
数字服务法案 Digital Service Act（DSA）	2024 年 1 月执行	要求在线平台防止仇恨言论、恐怖主义等非法内容的共享和传播，为用户创造安全的在线环境
数字市场法案 Digital Markets Act（DMA）	2024 年执行	维护数字领域的公平竞争，拥有重大市场地位的公司需要与竞争对手共享数据，并且避免利用不公平优势地位妨碍竞争
人工智能法案（立法倡议） The Artificial Intelligence Act（AIA）	2022 年 9 月	划分并针对三类风险级别的人工智能（AI）进行管制
云服务计划 The EU Cloud Services Scheme（EUCS）	—	旨在统一欧盟内乃至国际云服务监管标准

注：列表中为欧盟条例，不需要经过成员国立法，可直接转换成各国法律并适用。
资料来源：欧盟委员会，作者整理制表。

（二）强调竞争保护，推行严格的平台监管

平台经济是数字经济重要的组成部分，它通过数字技术促成供需双方在线交易和服务交换。平台经济在经济发展中发挥重要作用，但也带来了许多监管难题。相较于传统交易促成媒介，平台经济拥有更大的规模和网络效益优势，但也容易产生垄断、数据安全、隐私保护、知识产权保护等多方面的监管挑战。

欧盟对于平台经济监管的态度相对较为强硬，特别是针对美国五大科技巨

头——谷歌、亚马逊、苹果、Meta（脸书）和微软，掌控的在线市场和社交媒体相关产品与服务。欧盟委员会对于这些企业的反垄断调查近年来一直没有停止过（见表2-7）。以谷歌为例，2017年到2019年，欧盟委员会以谷歌滥用市场支配地位为由，共计对其强制罚款82.6亿欧元。亚马逊2022年以整改承诺和欧盟委员会达成妥协，避免了巨额罚款。此外，欧盟还出台《数字服务法》（DSA）和《数字市场法》（DMA），进一步升级了对平台经济的监管。

表2-7　　　　　　　　近年来欧盟针对平台企业的反垄断调查

调查终结时间	调查公司	调查开始时间和指控	惩处
2017	谷歌—购物 Google - shopping	2010年11月30日，滥用搜索引擎市场上的支配地位	罚款24.3亿欧元
2018	谷歌、安卓 Google、Android	2015年4月15日，通过对手机设备制造商和网络运营商建立妨碍竞争条约，获取网络搜索支配地位	罚款43.4亿欧元
2019	谷歌—广告服务 Google AdSense	2016年7月14日，滥用市场支配地位第三方网站建立限制性条约	罚款14.9亿欧元
2022	亚马逊—购买框服务 Amazon - Buy Box	2020年10月11日，对于非公开在线市场数据的使用可能违背公平竞争原则	亚马逊作出整改承诺
2022	亚马逊—在线市场 Amazon - Marketplace	2019年7月17日，对于非公开在线市场数据的使用可能违背公平竞争原则	亚马逊作出整改承诺
调查进行中	脸书—在线市场 (Facebook) Meta Marketplace	2021年6月4日，在广告市场滥用其在社交媒体市场的支配地位	—
调查进行中	苹果支付 Apply pay	2020年6月，滥用第三方支付市场支配地位	—
调查进行中	苹果—在线音乐 Apple store (music streaming)	2020年6月16日，滥用市场支配地位，妨碍在线音乐应用软件市场竞争	—
调查进行中	苹果商店—在线阅读 Apple store (e - book)	2020年6月16日，妨碍应用程序市场竞争	—
调查进行中	谷歌和谷歌母公司 Google and Alphabet	2021年6月22日，妨碍在线广告投放市场竞争	—
2022	谷歌和脸书协议 Google - Facebook (open bidding)	2022年3月11日，谷歌和脸书涉嫌在一项协议中压制竞争对手的广告发布技术	1个月后决定结束调查

注：该表的统计截至2023年4月3日。
资料来源：欧盟委员会竞争政策案例数据库，作者整理。

2022年11月，欧盟委员会的《数字服务法》和《数字市场法》先后生效进入执行阶段，旨在规范数字服务市场，保障用户权益，维护公平竞争。根据这两个法案，如果一个平台在至少三个欧盟成员国拥有月活跃用户超过450万，且过去一年活跃企业用户超过1万，则该平台被定义为"门户平台"（gatekeeper）。对于"门户平台"，《数字市场法》提出一系列行为准则，包括遵守公平、合理和非歧视原则（Fair, reasonable, non-discriminatory，欧盟文件中简称其为FRAND原则），禁止滥用市场力量危害其他市场参与者利益，对其搜索算法、广告排名等网站设置透明度要求，并且门户网站需向其他公司开放数据访问。DMA还对门户网站未能履行义务而将受到的制裁和处罚作出了明确规定。而《数字服务法》主要针对非法内容、广告和虚假信息，明确了数字服务商，特别是门户平台有打击违法商品、内容审查、设立检举违法商品或内容、扩大网络透明化机制等义务。[1]

美国的科技巨头仍将是受到两项法案影响最大的企业。中国的互联网巨头目前在欧盟的市场份额尚没有跨过"门户平台"界定的门槛。相关估算显示，DMA和DSA将给美国科技企业造成显著的监管成本和负面影响。[2] 两项法案的出台一方面体现出欧盟一贯坚持的高标准监管，另一方面说明欧盟也意在保护欧盟境内数字经济竞争力。

（三）注重数字战略和达成气候目标之间的协调统一

为了将数字化发展战略和气候目标统一起来，一方面，欧盟在数字十年战略（Digital Decade Strategy）中强调可持续发展指标也是数字化转型中的重要考量，并承诺确保欧盟的数字化转型战略将支持欧盟气候目标的达成。另一方面，欧洲绿色新政（European Green Deal）涵盖了各个领域减排的倡议和行动，在数字经济领域推广清洁能源、减少温室气体排放是其中的重要组成部分。在执行层面上，欧盟在协调两大战略目标方面的努力大体可以概括为以下三个方面。

（1）作为2050年实现净零排放总体目标的组成部分，欧盟为数字领域划定了具体的减排目标。例如，强调数据中心等数字化基础设施的建设和运行应主要使用可再生能源，同时提高数字化基础设施的能源效率。再比如在推动公共服务数字化过程中，推行"绿色公共采购"，优先采购能效高、环保的IT设备和服务器，以及将可持续目标考虑在内的数据管理解决方案。

---

[1] European Commission, EU Digital Markets Act and Digital Services Act Explained, 2023-05-03. 更多信息请参考：https://www.europarl.europa.eu/news/en/headlines/society/20211209STO19124/eu-digital-markets-act-and-digital-services-act-explained?&at_campaign=20234-Digital&at_medium=Google_Ads&at_platform=Search&at_creation=RSA&at_goal=TR_G&at_audience=digital%20services%20act&at_topic=DMA_DSA&at_location=FR&gclid=EAIaIQobChMIu6aYtOSt_wIVJJJoCR1qbAWyEAAYASAAEgKrLPD_BwE.

[2] Kati Suominen, Implications of the European Union's Digital Regulations on U.S. and EU Economic and Strategic Interests, Nov. 2022, Center for Strategic and International Studies.

（2）利用数字技术应对气候挑战，推动可持续目标的实现。欧盟认为数字技术的飞跃为应对气候变化提供了新的工具和路径选择，其中一个重要方面体现在能源减排上，物联网、大数据和人工智能技术可以为能源的优化利用提供解决方案，为建立欧盟统一的、互联互通且可持续的数字化能源市场创造可能性，改善欧盟统一市场能源的配置和使用效率。数字技术也为发展循环经济创造了必要条件，例如，数字化技术大大降低了监管者和消费者的信息获取成本，可通过建立产品电子护照，建立维修或拆除可能性、生命周期处理等多维度、可比较的信息，便于消费者进行可持续消费选择。

（3）在资金和投资机会的激励政策上，支持数字化和气候目标的统一。例如将气候友好的数字技术和解决方案作为支持研究和创新项目的欧盟预算资金的重点方向。

（四）人工智能监管立法具有超前性

欧盟在数据安全方面的立法走在世界前列。以人工智能监管为例，2018年欧盟委员会就发布了《人工智能战略》（AI Strategy）。2019年4月，欧盟委员会的人工智能高级别专家委员会发布"可信赖人工智能的伦理原则"（Ethics Guidelines on Trustworthy AI），该指导原则和《人工智能战略》共同成为欧盟对人工智能监管的奠基性文件，并成为世界各国人工智能立法的重要参考。2021年，欧盟委员会提出《人工智能法案》（The Artificial Intelligence Act，AIA），旨在为人工智能技术应用提供一般性的监管和法律框架。该法案也是世界上第一部关于人工智能的监管立法倡议。

AIA提出对人工智能应用进行风险级别划分管理，其原则是对于划定为高风险的领域设立清晰的风险防范规则，同时避免对低风险应用领域造成过多监管负担。且无论哪一类风险领域，消费者保护、公平竞争、保护个人数据和隐私的欧盟基本原则同样适用。

高风险领域包括在监控、公共政策、交通等领域的应用，监管的目标是要确保人工智能系统的透明、可追溯，且人为可控，对于算法的训练，企业必须使用无偏见的数据，确保数据所有者基本权利特别是非歧视性原则得到保障。在高风险领域，面部识别和远程生物识别通常是不被允许使用的，除非在一些特殊情况下，相关的应用被证明正当、合理，并且遵守欧盟和成员国法律。低风险领域包括化妆品、汽车和玩具等应用领域，监管要求可以对算法使用的数据进行测试和验证。对于被划入低风险级别的AI应用程序，欧盟委员会推行资源标签计划，用于标识应用所采纳的安全标准。此外，欧盟委员会承诺展开广泛辩论，探讨相关技术可被使用的边界。

研究专题2： 欧洲数字平台反垄断选择多元化目标的实质与启示

反垄断目标是反垄断执法的起点。目标规定了反垄断应当保护的利益和实现的功能，并引导反垄断执法机构通过规范交易和维护市场竞争等政策工具对具体的经济主体进行规制。近年来，以欧洲为代表的世界各大反垄断辖区针对数字平台的反垄断执法、立法与修法动作渐趋频繁，反垄断目标呈现多元化取向。把握欧洲数字平台反垄断目标的走向，理解欧洲选择反垄断目标的实质，对中国数字平台反垄断具有重要参考意义。

一、溯源：欧洲反垄断目标的历史选择

欧盟长期以来支持反垄断目标多元化。反垄断除了承担保障经济福利的任务，也需要兼顾其他政治和社会因素的考虑。这与欧盟的历史背景紧密相关。近代欧盟反垄断理念较大地受到德国弗莱堡学派竞争秩序主义（Ordoliberalism）的影响。竞争秩序主义强调，竞争具有重要的经济和政治关切，政府在保持市场竞争上应具有强大话语权，可采取强制手段监管垄断企业。

运用到实践中，竞争秩序主义非常重视培育中小企业，不惜以打压大企业为代价来保护市场竞争。1958 年生效的《欧洲经济共同体条约》（Treaty of the European Economic Community, Treaty of EEC）对市场竞争和滥用支配地位作出了限制。其中，第 81 条和第 82 条明确限制了企业获取和利用市场势力，防范少数企业主导市场；第 85 条和第 86 条明确规定了扭曲共同市场内的竞争行为的判断标准；第 91 条限制有助于行业集中和获取市场势力的静态垄断协议，制止各类垄断协议破坏完全竞争的市场结构。[1] 这是欧洲反垄断法律制度的开端。

在数字经济发展早期，欧洲沿用了传统的反垄断工具对数字经济进行治理。现行《欧盟运行条约》（Treaty on the Functioning of the European Union, TFEU）第 101 条、第 102 条依旧是竞争法核心。该竞争法体系受竞争秩序主义影响较深，将竞争过程及资源配置效率作为规制目标的核心。这种反垄断目标选择一定程度上塑造了严格的反垄断执法，至少体现在四个方面：（1）判定企业占据市场主导地位的门槛较低，欧盟推定企业占有市场支配地位的门槛是拥有超过 50% 的市场份额[2]，而这一门槛在美国为 60%[3]，一些在其他反垄断辖

---

[1] 王慧，董宏伟. 欧盟《数据法案》草案观察 | 数据垄断治理：创造公平竞争的数字环境［N］. 人民邮电，2022 - 08 - 26（7914）.

[2] AKZO v. Commission Judgement of the Court. Case C - 62/86, 1991.

[3] D. Evans. Antitrust Issues Raised by the Emerging Global Internet Economy. Northwestern University School of Law Review, 2008, 102（4）：1 - 22.

区并不涉及滥用市场支配地位的案例也可能遭到欧盟委员会的调查;(2) 对排他性协议、价格歧视、捆绑搭售等单边主义行为的打击力度更大、范围更广;(3) 企业被要求对市场具有"特殊责任"①,即企业必须是完全竞争或者从行为上趋近完全竞争,不允许从事任何可能会提高市场势力的经营行为;(4) 反垄断处罚倾向于高额罚款等结构性救济。

二、动向:欧洲数字平台反垄断关注多元化目标

随着数字经济的深入发展,数字平台这一商业组织模式逐渐突出。与传统市场相比,数字平台具有典型的多边市场属性,网络效应尤为明显②。为了最大化网络效应产生的收益,数字平台会采用非对称定价、自我优待、独家协议、先发制人的并购、跨界竞争等方式获得竞争优势。相比传统厂商,数字平台涌现的一系列新型垄断形式可能会产生更广泛的社会影响。为了应对数字经济带来的挑战,欧盟委员会与欧洲各国反垄断机构开始陆续对数字平台展开立法、修法与执法探索。③

总体来看,欧洲数字平台反垄断的目标是多元化的。反垄断机构不仅关注提高经济福利(包括消费者福利和社会总福利)的目标,还逐步尝试纳入其他目标,包括保护数据安全、促进公平竞争、建立统一市场和提升数字平台国际竞争力等。

(一) 欧洲在数字平台反垄断法律法规上考虑的目标

1. 重视事前监管,为建设欧洲单一市场营造公平竞争环境

2022 年 11 月,欧盟《数字市场法》和《数字服务法》先后生效,在现有竞争法之外补充了针对大型数字平台的执法工具。具体来看,《数字市场法》提出了"守门人"(Gatekeepers)概念,用来针对性地规制掌握流量入口的大型数字平台。被欧盟委员会认定为"守门人"的数字平台必须遵守法案规定的一系列义务以及附属要求,包括数据透明互通、禁止自我优待、禁止排斥竞争,违者将面临年度全球营业额 10% 的罚款或 20% 的再犯罚款,甚至剥离(部分)业务。《数字服务法》则致力于更好地保护消费者在线上的基本权利,建立强有力的透明度和明确的平台问责框架,促进欧洲单一市场的创新、增长和

---

① E. Fox. Monopolization and Abuse of Dominance: Why Europe Is Different, The Antitrust Bulletin, 2014, 59 (1): 129-152.

② J. Rochet, and J. Tirole. "Platform Competition in Two-sided Markets". Journal of the European Economic Association, 2003, 1 (4): 990-1029.

③ 袁嘉. 德国数字经济反垄断监管的实践与启示 [J]. 国际经济评论,2021 (6).

竞争力。①《数字市场法》和《数字服务法》突出了两个战略目标：（1）创造一个更安全的数字空间，保护所有数字服务用户的基本权利；（2）在欧洲单一市场和全球建立一个促进创新、增长和竞争力的更高水平的竞争环境。两部法案均以民主、平等和法治等欧洲基本价值观为基础，旨在为欧盟境内所有数字企业（尤其是大型数字平台）建立明确的事前义务、监管措施和制裁措施。

2. 力图形成全球示范效应，获取监管标准的全球话语权

欧盟《通用数据保护条例》（General Data Protection Regulation，GDPR）被视为欧盟向全球输出数据监管模式的集中体现。2018年5月，GDPR正式生效，是目前全球最严格的个人数据隐私保护条例。GDPR的核心目标是保护所有欧盟境内消费者的个人数据。不过，GDPR具有"长臂管辖"特征，其条款不仅适用于欧盟企业，也适用于在欧盟开展商业活动的非欧盟企业。任何在欧盟境内经营的企业必须将关于个人数据的收集、处理和存储情况告知其消费者，例如在企业网站上明确公布《隐私政策和使用条款》（Privacy Policy and Terms）；其他国家的数字平台只有达到欧盟认证的隐私保护标准，才被允许使用欧盟数据。为了应对GDPR的强监管趋势，众多国家紧随其后建立或修改数据隐私保护法律法规。在美洲，巴西参考GDPR起草并发布了《巴西通用个人资料保护法》（Lei Geral de Proteção de Dados，LGPD），加拿大提出《2022年数字宪章实施法案》（The Digital Charter Implementation Act 2022），其中包含《消费者隐私保护法》、《个人信息与数据保护法》与《人工智能与数据法》；在亚洲，印度、印度尼西亚、泰国和新加坡均新设或修订了个人数据（或信息）保护法；在非洲，尼日利亚出台了《尼日利亚数据保护条例》（Nigeria Data Protection Regulation，NDPR），并意图升级为专门法。由此来看，GDPR一定程度上构成了基于个人隐私保护的合规壁垒，凸显了欧洲希望领导全球数字平台反垄断规制的战略目标。

（二）欧洲在数字平台反垄断执法上考虑的目标

1. 常规的经济福利目标依旧受到重视

欧盟与欧洲各国一直严格关注大型数字平台对消费者福利和社会福利的影响。在一系列数字平台反垄断调查中，涉及并购的案件包括搜索引擎谷歌（Google）收购Double Click案，微软（Microsoft）收购雅虎（Yahoo!）、讯佳普（Skype）和领英（LinkedIn）案，导航平台通腾（TomTom）收购泰勒阿特拉斯

---

① 吴沈括．欧盟2022年《数字服务法案》树立平台新治理的欧洲样板［Z］．互联网法律评论（Internet Law Review），2022-04-26．更多信息请参考：https：//mp．weixin．qq．com/s/H2MrpPJVpnqN-XAHvM8B2w，最后访问时间2023年3月10日。

公司（Tele Atlas）案，以及社交平台脸书（Facebook）收购 WhatsApp 案；涉及垄断协议的案件包括在线购物平台亚马逊（Amazon）、在线酒店预订平台全球订房网（HRS）和缤客（Booking）最惠国待遇案；涉及滥用市场支配地位的案件包括谷歌比较购物垄断案、谷歌滥用安卓操作系统的市场支配地位搭售谷歌浏览器（Chrome）案、亚马逊优待自营品牌案。上述案件是传统垄断行为在数字平台中的体现，但均涉及对消费者福利和社会福利的损害，也因此受到欧洲反垄断机构的严厉规制。

2. 严格保护用户隐私

"隐私"是一种重要的非价格竞争因素。在 2019 年脸书（Facebook）[①]案中，欧洲竞争执法机构首次就数据隐私保护问题展开规制。德国联邦卡特尔局经调查认定未经个人用户"自愿同意"从第三方网站和应用程序中收集用户数据，并将个人用户数据整合至脸书账号，涉嫌在个人用户数据的收集、整合和使用方面构成剥削性滥用行为。在该案中，脸书在社交网络市场拥有 90% 的份额[②]，具有明显的市场支配地位。但德国反垄断执法部门也强调，具有市场支配地位的数字平台若并未以市场封锁或共谋的形式限制竞争从而产生竞争损害，但产生了其他损害（如消费者损害、数据保护损害等），其行为仍可以被反垄断法规制。[③] 此后的 2021 年 7 月 16 日，亚马逊因保护用户数据不力，被卢森堡国家数据保护委员会罚款 7.46 亿欧元；2021 年 9 月 2 日，WhatsApp 因未向数据主体正确描述其合法权益，被爱尔兰数据保护当局罚款 2.25 亿欧元；2022 年 1 月 6 日，因用户难以摆脱小型文本文件的在线追踪，法国数据监管机构对谷歌罚款 1.5 亿欧元、对 Meta 罚款 6000 万欧元。上述案件对数字平台侵犯用户数据隐私的行为处以高额罚款，体现了欧洲对隐私目标的高度重视和维护用户隐私的决心。

3. 防止大型平台滥用数据

在涉及大数据的数字平台反垄断调查中，欧盟委员会以 GDPR 为准则，对数字平台收集、处理和使用大数据潜在的竞争影响进行综合评估。在苹果收购音乐识别服务提供商沙赞（Shazam）之前，欧盟委员会谨慎评估了苹果获取沙赞大数据后是否会享有独特的竞争优势并产生反竞争效果。欧盟委员会在调查

---

① 2021 年 10 月 28 日，Facebook 宣布更名为 Meta。本文使用该平台在受到反垄断调查时使用的名称。
② 这里不包括 Twitter、LinkedIn、WhatsApp 或 Instagram 等服务。
③ 孟雁北. 数字经济时代反垄断法"反什么"——以《反垄断法》立法目标切入［J］. 探索与争鸣，2022（7）.

后认为，沙赞的数据不是唯一的，且苹果的竞争对手仍然有机会访问和使用类似的数据库，因此，此次并购不会引发大数据垄断问题。这场并购交易最终得以被批准。对大数据集中潜在后果的审慎评估同样体现在微软收购领英案和谷歌收购可穿戴设备制造商乐活（Fitbit）案中。这两起并购案尽管最终获得批准，但收购方微软和谷歌需要额外同意欧盟委员会提出的条件，承诺在收购后不会对数据可移植性和数据互操作性施加限制，以此保护竞争对手与用户对数据的用益权。

三、讨论：欧洲数字平台反垄断的多元化目标如何自洽

欧洲对数字平台的反垄断意在实现多元化目标，这种做法自然地会引发一系列问题：（1）在众多目标之中，哪一个目标相对更重要？（2）反垄断机构应当承担所有的目标吗？（3）如果在追求多元化目标的过程中不可避免地牵涉到多部法律法规或多个执法机构，应当如何协调各方的责任？

（一）经济福利目标和非经济目标都很重要，但兼顾多元化目标可能导致执法结果扭曲

从反垄断机构的角度看，是否追求目标多元化取决于三重权衡。（1）目标之间是否会产生"激励的外部性"，即加强对一个目标的关注是否有助于实现另一个目标。如果反垄断机构同时追求存在冲突的目标，其在不同方向上的努力会相互抵消。（2）目标是否存在"可衡量程度"的差异。当难以衡量的目标受到更多重视时，反垄断机构就有可能操纵或模糊这一维度的业绩表现，导致越想度量的目标越无法真实度量。在众多目标之中，经济福利已经具备较为成熟的衡量方法，但界定数据产权、识别算法共谋等问题是反垄断暂未涉及的"盲区"。这给追求保护数据安全的欧洲反垄断执法带来了巨大挑战。（3）反垄断执法机构的"道德风险"与上级政府的监督成本。当反垄断机构承担多元化目标时，在同一个案件中负责不同目标的执法人员的贡献很难准确区分。此时，执法人员更容易相互推诿，反而降低反垄断审查的整体效率。这就是执法机构的"道德风险"。与此同时，上级政府为了减少道德风险则对执法机构进行监督，这不仅需要付出额外的成本，而且上级政府很可能因为缺乏专业的反垄断能力而无法有效监督。

从数字平台企业角度看，目标多元化设定的负面影响也需要高度关注。（1）如果目标是多元化的，数字平台可能将面临一个具有较大的不确定性的外部环境。（2）目标多元化会增加大型数字平台寻租的可能性，即模糊的反垄断标准可能给平台对反垄断的调查施加不正当的影响提供空间。

欧洲在数字平台反垄断上兼顾多元化目标已经开始导致执法结果偏离预期。例如，保护用户数据的目标实际上正在以牺牲数字平台的服务质量为代价。GDPR 实施后，欧盟网络技术供应商市场的垄断程度更高了，不仅表现为市场相对集中度增长了 17%，数字平台与小型网络技术供应商共享数据的可能性也降低了 15%，转而倾向于与大型供应商合作。[1] GDPR 也对欧洲人工智能初创平台的增长产生了负面影响，并减少了世界范围内对欧洲数字平台的投资。此外，欧盟数字经济整体发展缓慢也是因为在一定程度上受到了多元化目标的牵制。目前，欧盟数字企业占世界总市值不足 4%，缺乏本土的超大型数字平台。目标多元化带来的不确定性还可能具有国际影响。出于保护本土数字产业的考量，欧盟凭借其市场力量建立单方面的全球性的反垄断监管标准，并通过跨国企业输出欧盟标准，成为了悬在跨国数字平台头上的"达摩克利斯之剑"。而欧盟日趋严格的监管标准可能引发其他国家不可预测的反应，给跨国反垄断规制增加额外的协调成本。

（二）反垄断机构应当集中精力关注经济福利目标；对于其他目标，更好的解决方案是诉诸反垄断以外的相应政策工具

欧洲针对数字平台反垄断的多元化目标是基于数字经济发展阶段的现实选择。但在实施层面，实现目标之间的逻辑自洽是至关重要的。如果垄断牵涉到了再分配，税收或转移支付是比反垄断更好的工具选项。[2] 如果垄断牵涉到用户隐私，应当用隐私法加以约束。[3] 让反垄断机构专注于经济目标并不代表只关注经济福利一个目标，而是在众多目标中确立一个明确的纲领性指标，让数字平台反垄断的努力方向更加清晰。

前文提及的欧洲数字平台规制文件多为法规，而并非法律。欧盟委员会曾表示，各项法规不会影响反垄断法的适用和执法。但是，大型数字平台的垄断行为可能同时违反法规和反垄断法，进而导致并列调查和双重处罚的可能性。因此，执法机构需要更加明确法律法规的适用范围和优先顺序。在此之前，国际上已经提供了一些可供借鉴的做法。OECD 颁布《竞争评估工具》（2007）、《竞争评估指南》（2010）、《竞争评估原则》（2010）、《竞争评估步骤》（2010）

---

[1] C. Cennamo, and D. Sokol. Can the EU Regulate Platforms without Stifling Innovation?. Harvard Business Review Digital Articles, 2021.

[2] L. Kaplow. On the Choice of Welfare Standards in Competition Law. The Harvard John M. Olin Discussion Paper Series, 2011.

[3] W. Hartzog, and D. Solove. The Scope and Potential of FTC Data Protection. George Washington Law Review, 2015, 3 (6): 2230-2300.

等文件，构建竞争评估体系①，指导反垄断和其他机构评价拟定中的法律可能产生的影响，提出不妨碍政策目标实现且对竞争损害最小的替代方案。此外，欧盟委员会未来也可能提出立法修正案，包括合同法、消费者保护法或数据保护法，同时相应地扩大反垄断法的义务清单。

（三）当反垄断目标超出经济福利时，其他执法部门可以进行监管补位，为反垄断执法争取更有利的条件

通过优化执法分工，反垄断的目标可以不只由反垄断执法部门独立承担。为此，欧盟和欧洲国家正加快设置专门的竞争执法机构。英国于2021年4月正式设立数字市场部（Digital Markets Unit，DMU），该部门专门负责监管大型数字平台，有权对违法行为开具罚单，阻止不公平竞争。法国数字经济的主管部门为经济、财政与振兴部，在数字竞争和市场规范方面的主管部门为竞争管理局，通过建立反垄断机构与平台利益相关者合作机制，加强数据开放和数据移植监管，利用信息收集权力来识别和补救个案对竞争的损害。②欧盟委员会也开始筹备设立数字市场委员会和临时的数字市场转型机构，负责收集有关市场和技术发展的交叉信息，实现数字政策的一致性。

四、结语：欧洲数字平台反垄断的目标选择对中国的启示

对于欧洲数字平台反垄断选择多元化目标的动向，中国需要辨明欧洲的行为本质，避免出现误判和跟进模仿。欧洲选择多元化目标并实施严苛监管，主要是出于为本土数字平台争取发展空间、争夺未来治理规则制定的考虑。截至2021年，中国数字经济规模为7.1万亿美元，体量位居全球第二，价值10亿美元以上的平台数量不断增加，阿里巴巴、京东、百度、腾讯等数字平台在国际上崭露头角。在中国数字经济发展势头强劲的背景下，执法机构应鼓励平台企业抓住机遇充分发展，避免过于严苛的反垄断执法打击行业创新。

此外，中国应进一步探索在国家治理能力现代化的框架下统筹反垄断目标。近年来，党中央、国务院把保就业、保民生作为宏观调控的重要政策取向之一，把保市场主体放在更加突出的位置。当前，国际外部环境更趋复杂严峻和不确定，国内经济面临着需求收缩、供给冲击、预期转弱三重压力，市场主体发展还面临很多困难和挑战。因此，必须深入研究反垄断的竞争影响，通过正确的优先顺序设定和其他适度的配套改革，反垄断在增加经济福利上的努力可能会同时实现其他目标。

---

① 孟雁北．我国反垄断执法机构与政府产业规制部门的关系［J］．中国人民大学学报，2015（2）．
② 刘戒骄．数字平台反垄断监管：前沿问题、理论难点及策略［J］．财经问题研究，2022（7）．

研究专题3：欧盟数字经济发展现状

在介绍欧盟数字监管政策的同时，有必要对欧盟数字经济的发展概况做简要介绍。数字经济作为新兴的概念，尚没有形成国际统一的测度标准，不同国家在统计数字经济时的口径和方法不同，往往导致测算结果有较大差异。本章在描述欧盟数字经济的发展状况时，采用欧盟提供的统计数据，并且将数字经济拆分成两个具体的、便于国际比较的方面分别进行总结。

(1) 信息通信技术产业（ICT），也被称为数字产业，可以进一步划分为信息通信制造业和信息通信服务业两部分。

(2) 产业数字化部分，指应用数字技术和数据资源为传统产业带来的产出增加和效率提升，是数字技术与实体经济的融合，一般通过计算数字技术带来的产业增加值进行统计。

欧盟对数字产业有单独的统计数据，至于产业数字化部门，我们采用"数字经济和社会指数"（Digital Economy and Society Index，DESI）作为衡量指标。欧盟委员会从2014年开始编制DESI，为横向（成员国之间）和纵向（时间维度）比较欧盟的数字化进程提供了标准化的量化指标。

一、欧盟数字产业发展现状

(一) 数字产业总体规模

数字产业主要指信息通信技术产业部分，由信息通信制造业和信息通信服务业两部分组成。在欧盟的统计中，信息通信制造业又细分为五大行业，包括电子元件和电路板、计算机及外围设备、通信设备、消费类电子产品与磁性及光学介质产品的生产和制造。信息通信服务业包括七大行业，分别为信息和通信设备的批发，软件出版，电信服务，计算机编程、咨询及相关活动，数据处理托管及相关活动，门户网站服务，记忆电脑及通信设备维修。

ICT产业是整个数字经济的基础，ICT产业的发展水平集中体现了一个经济体的数字化创新能力和数字竞争力。2020年欧盟27个成员国ICT产业增加值为5708亿欧元，相当于27国加总GDP的4.7%。其中ICT服务业是欧盟ICT产业的主要组成部分，按增加值计算，贡献了整个ICT产业增加值的88%以上。从增长速度来看，ICT制造业相对比较稳定，但2018年后呈萎缩趋势，ICT产业的整体增长主要靠信息通信服务业拉动。2019年后，欧盟的ICT服务业呈现加速增长的趋势（见图2-11）。

各成员国中，ICT产业总体增加值占GDP的比重排名前三的国家是马耳他、保加利亚和瑞典，占比分别为8.5%、7.6%和6.5%。总体上，东欧和北

%图表%

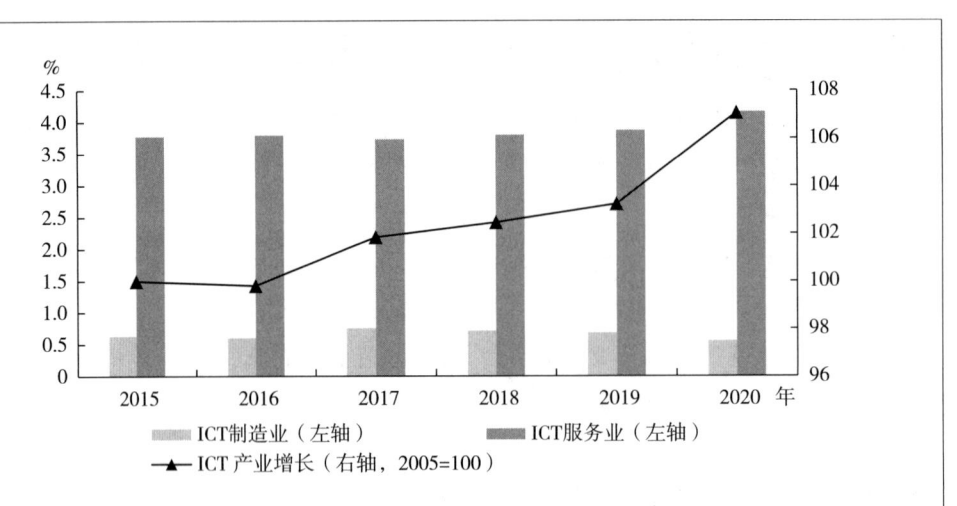

图 2-11 欧盟 27 国 ICT 产业增加值占 GDP 的比重

[资料来源：欧盟统计局（Eurostat），作者根据欧盟 27 个成员国数据加总计算绘制，
成员国缺失值用当年各国的平均值替代]

欧国家的 ICT 产业占 GDP 的比重一般高于西欧国家。单独看 ICT 制造业，占比最高的国家是匈牙利，约为 GDP 的 4.5%（见图 2-12）。

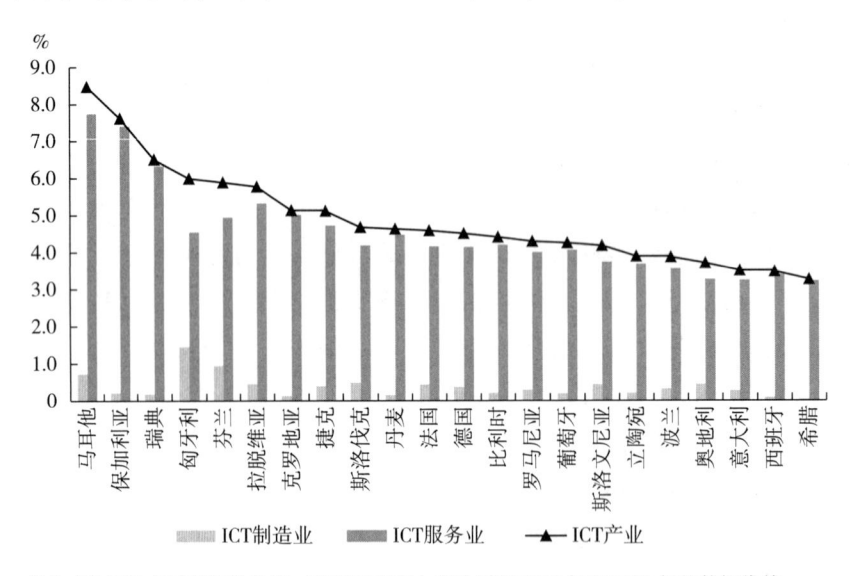

%图表%

注：部分成员国没有披露相关数据。西班牙和意大利分别用 2018 年和 2019 年的数据代替。

图 2-12 2020 年各成员国 ICT 产业增加值占 GDP 的百分比

[资料来源：欧盟统计局（Eurostat），作者绘制]

（二）数字基础设施概况

ICT 产业发展的一个重要目标是为欧盟数字技术的普及以及数字经济的繁荣提供安全、可靠的基础设施。欧盟《2030 数字指南：欧洲数字十年之路》中对数字基础设施的发展提出了具体目标，包括应用最先进的光纤电缆技术和5G、6G、无线网等无线通信技术，建造高性能、安全、可持续且最优的有线和无线连接网络，以及在2030年之前建设1万个净零排放的网络终端服务中心，发展半导体技术和前沿量子计算机技术也被视为数字基础设施建设的重要组成部分。

目前，宽带连接已覆盖欧洲全境，约有70%的家庭安装了固定高容量网络。但在乡村地区，高容量网络的覆盖率还不到40%，远远低于欧盟整体水平。2021年，5G网络覆盖了66%的居住区域。但由于5G频谱的分配仅完成了56%，大规模商业化应用还没有展开。各成员国中，5G网络覆盖最高的国家是意大利、丹麦和荷兰，覆盖率均超过90%。特别是意大利，在短短一年的时间，覆盖率就从2020年的8.1%跃升至2021年的99.7%（见图2-13）。

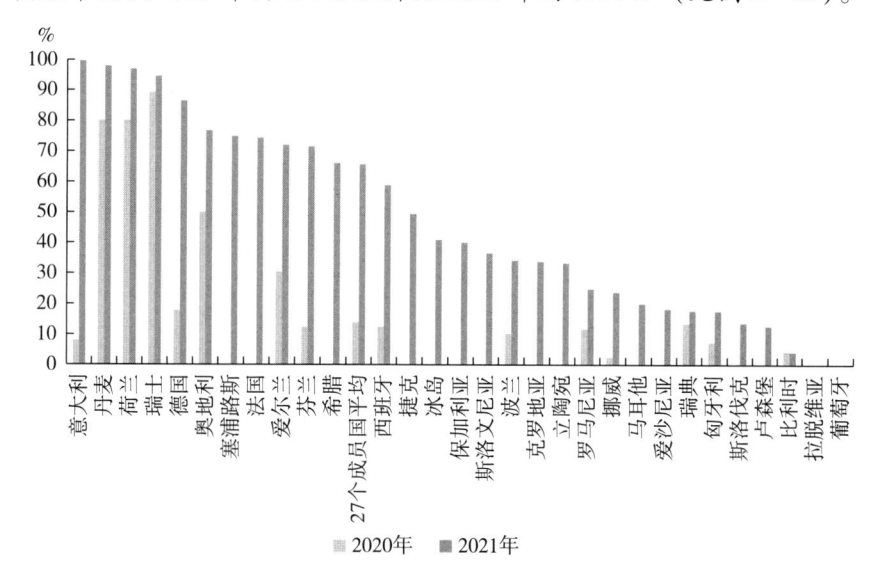

注：部分国家数据不完整。

图2-13 2020—2021年欧盟5G移动网络覆盖率（占居住区域人口的百分比）

[资料来源：欧盟统计局（Eurostat），作者根据原始数据绘制]

二、产业数字化发展现状

（一）企业数字化和电子商务

欧盟在数字十年规划中，对数字技术在商业领域的应用设定了以下三方面的主要目标：（1）90%的中小企业达到最基本的数字技术密度水平；（2）75%的欧盟企业应用云计算、人工智能和大数据技术；（3）相关领域独角兽企业孵化数量翻倍。

欧盟提出"数字密度"（Digital Intensity）的概念用于衡量数字技术在企业的应用程度，在DESI指数系统中，数字密度的衡量指标为数字密度指数（Digital Intensity Index，DII），该指数包含12项数字技术指标，包括网络速度、云计算服务、使用计算机和互联网完成工作的员工人数超过50%，应用物联网（IoT）技术，通过电子商务实现至少1%的销售收入等。根据企业可以匹配的指标数量，DII将企业的数字密度分为四类：非常高（有10~12项指标达标），高（7~9项达标），低（4~6项达标），以及非常低（0~3项达标）。达标4项或以上即被认为达到了最基本的数字密度水平。

从各成员国的情况看，北欧国家包括瑞典、芬兰和丹麦的企业数字密度水平相对较高，这3个国家中超过了欧盟设置的最低数字密度标准的企业都超过80%。相较之下，保加利亚和罗马尼亚仅有不足30%的企业达到最低数字密度，是各成员国中数字密度最低的两个国家。

总体上，欧盟企业的数字化程度仍有很大的发展空间。2020年数据显示，欧盟范围内企业对先进数字技术的应用范围仍较低，仅有34%的企业使用了云计算，8%的企业应用了人工智能技术，14%的企业应用了大数据技术。数字密度在不同成员国和不同经济部门间的分布呈现较大差异。大企业在数据技术应用的广度和深度上都要显著优于中小企业。以云计算为例，60%的大型企业相较于33%的中小企业使用了云计算服务。瑞典、芬兰、丹麦3个数字技术相对较为发达的国家，有60%以上的企业使用云计算服务。而在数字技术发展相对落后的保加利亚和罗马尼亚，仅有15%的企业使用云计算服务。从经济部门来看，在使用云计算服务比率较高的ICT产业，以及出版和媒体行业，云计算技术在企业的覆盖率达到60%以上。相较之下，交通、存储和建筑等行业的企业云计算覆盖率较低，比率在30%以下。

图2-14绘制了2021年各成员国企业对人工智能（AI）和大数据（Big data）技术的应用情况。总体上，两项技术在欧盟应用范围仍然较低，27个成员国平均有14%和8%的企业采用大数据和人工智能技术。相对于电子商务、办公自动化等指标，这两项技术的门槛较高，因而，相关技术应用在不同企业规模和不同成员国间分布的差异性更为显著。

独角兽企业为估值超过10亿美元的初创企业，往往扮演着引领颠覆式创新，催化数字革命的重要角色。而一个地区孵化独角兽的数量和质量，在一定程度上反映了该区域的科技创新水平和新技术的发展水平。欧盟数字十年战略计划在2030年之前，将孵化独角兽的数量翻一番。截至2022年3月，德国、法国、瑞典和荷兰在独角兽数量上领先于其他欧洲国家。从新增数量上，波兰和捷克表现亮眼，波兰独角兽数量从2021年的2家增加至11家，捷克从0家增加至4家（见图2-15）。

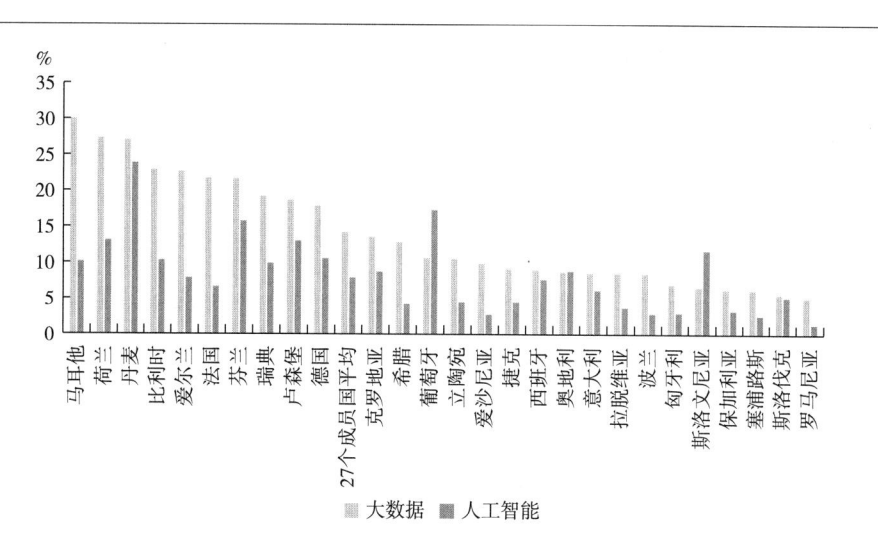

**图 2-14　2021年欧盟及各成员国企业大数据和
人工智能技术应用水平（以应用企业数量的百分比衡量）**

［资料来源：欧盟委员会，数字经济和社会指数2022，作者根据原始数据绘制］

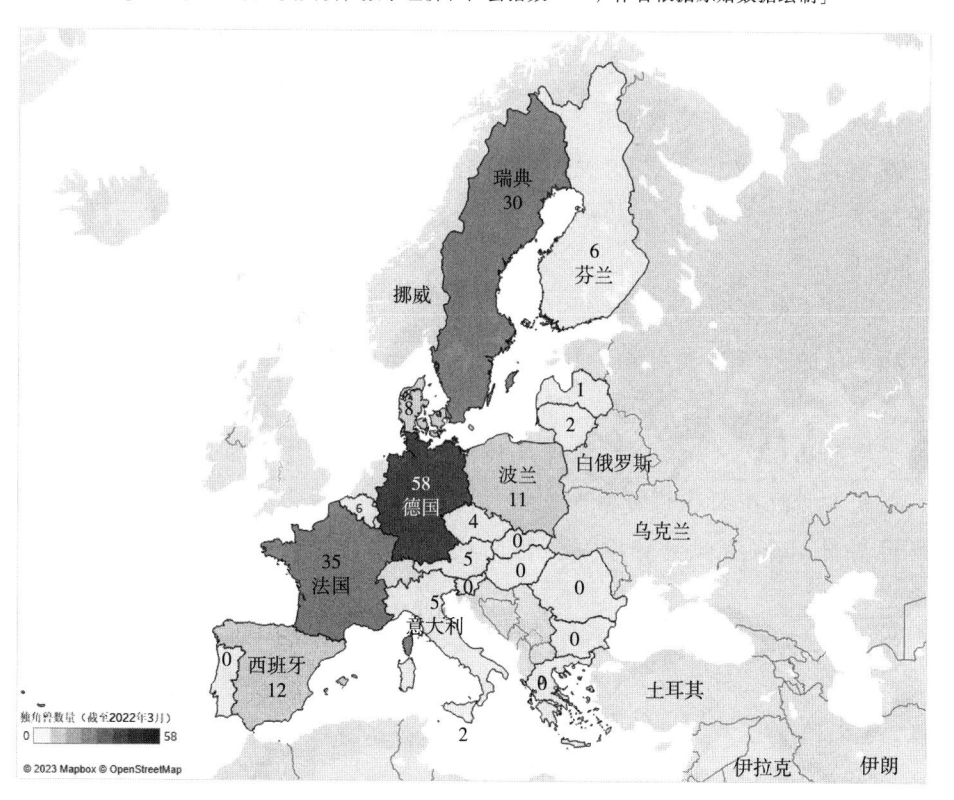

注：该图数据截至2022年3月，部分成员国数据缺失。

图 2-15　独角兽企业数量

（资料来源：欧盟委员会，数字经济和社会指数2022，作者根据原始数据绘制）

（二）公共服务数字化

欧盟十分重视公共服务数字化。疫情期间，线上公共服务更是得到加速发展。疫情后，欧盟预计将经济复苏基金中的460亿欧元投入公共服务数字化方面，用于提升公共健康、司法、交通和能源服务的数字化水平。数字十年战略计划在2030年之前将所有关键性公共服务百分百搬到线上。DESI指数中，以公共服务的关键步骤能否完全实现在线操作作为衡量公共服务数字化水平的标准。2021年，爱沙尼亚、芬兰、马耳他和荷兰的公共服务数字化指数得分较高，而罗马尼亚、希腊的得分较低。

（三）数字技能发展

数字技能方面，已有54%的欧洲公民拥有基本的数字技能，欧盟数字十年战略的目标是在2030年达到80%的人群拥有基本数字技能。2021年欧盟拥有数据专家890万人（约为总体劳动力的4.5%），数据专家相对短缺。2020年，有55%的企业报告很难找到所需的数字技术专家的人才。到2030年，欧盟计划将数据专家增加到2000万人以上（占劳动力总数的10%），且将致力于改善信息技术人才中男性比例远远高于女性的状况，逐步缩小性别差异。

在数字技能的普及程度上，芬兰和荷兰是领先国家，掌握基本数字技能的人群已接近80%。罗马尼亚和保加利亚相对落后，普及率分别为30%和30%以下。瑞典和芬兰拥有数据专家的比重相对领先，分别达到劳动力的8%和7%。

三、数字经济发展的不平衡性

从上面的介绍不难发现，欧盟各成员国数字经济的发展水平存在较大差异。总体上，北欧丹麦、芬兰、瑞典、荷兰4国领先于其他成员国，中东欧成员国发展起点相对较低，但发展速度较快。各项指标综合来看，罗马尼亚、保加利亚和希腊数字经济的发展水平相对比较落后。图2-16根据欧盟各成员国2021年综合DESI指数评分绘制，颜色越深，指数数值越大，代表综合数字化水平越高。

除了各成员国间发展不平衡，欧盟数字经济的发展不平衡还表现在其他方面，例如，欧盟《2030数字指南：欧洲数字十年之路》所划分的数字化转型的四个维度——数字技能、公共服务数字化、企业数字化和数字化基础设施，发展的进程有快有慢。从四个维度的指数随时间变化趋势来看，数字化基础设施（宽带、5G连接等）发展速度最快，其次为公共服务数字化，相比而言，企业数字化发展和人力资本数字技能的提升则相对缓慢（见图2-17）。

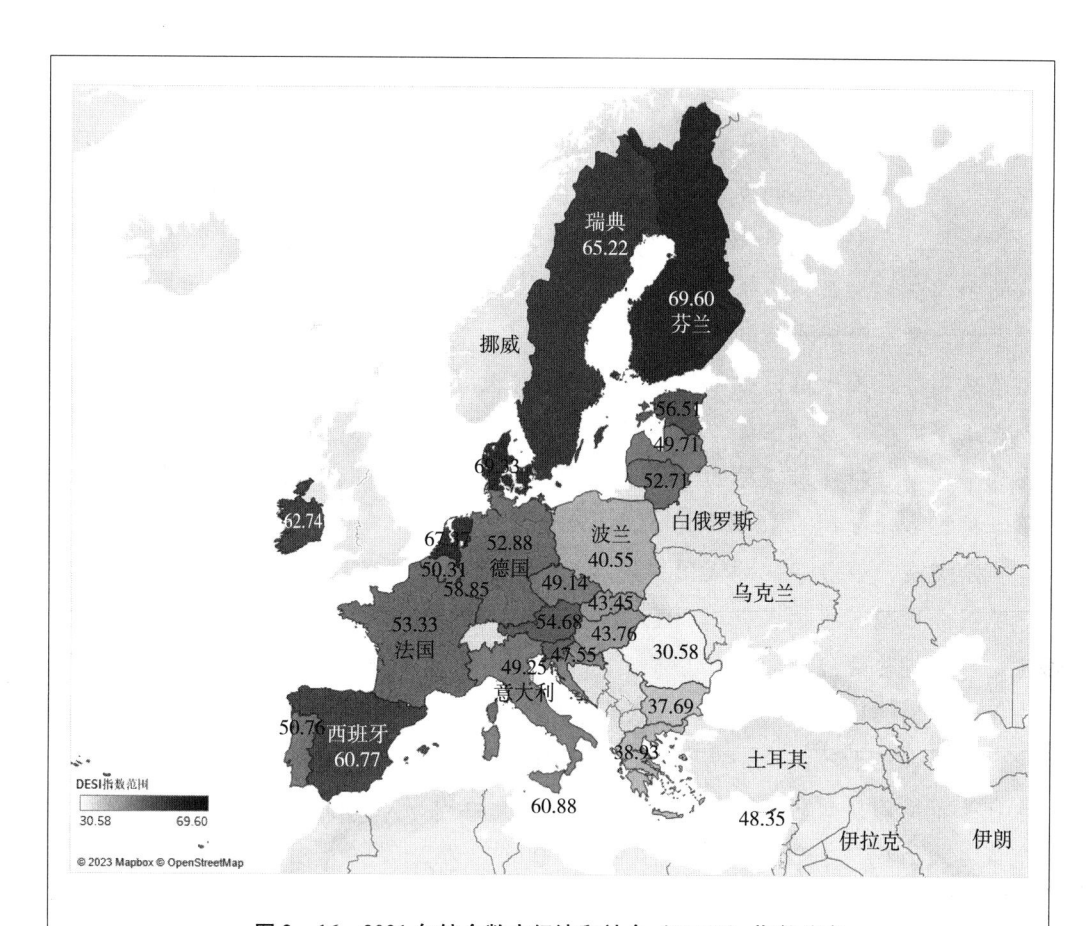

图 2-16 2021年综合数字经济和社会（DESI）指数分布

（资料来源：欧盟委员会，数字经济和社会指数 2022，作者根据原始数据绘制）

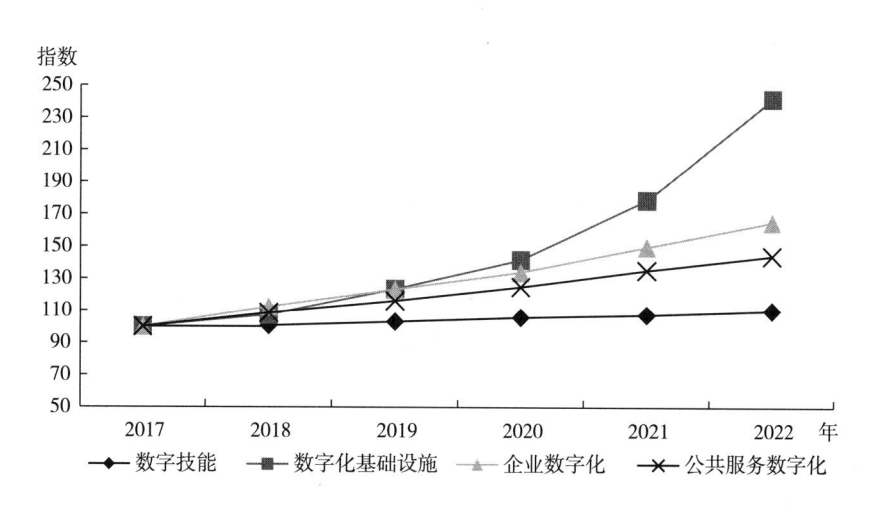

图 2-17 数字经济和社会（DESI）四个维度指数的增长（2017 年 =100）

（资料来源：欧盟委员会，数字经济和社会指数 2022，作者根据原始数据绘制）

此外，数字经济发展不平衡还体现在不同规模的企业间数字密度的差异、城市与乡村以及性别间的数字鸿沟方面。这一点在前文的第二部分已经有所介绍。大企业在数字化的发展水平方面，对于新技术的应用程度上远远高于中小企业；且仅有19%的数据专家和1/3的科学、技术、工程或数学（STEM）专业的毕业生为女性，男性在数字技能的专业人才组成上占绝对主导地位。

四、数字经济发展的国际比较

从国际范围来看，欧盟的ICT产业总体处于世界领先地位，拥有高度发达、高覆盖率的网络基础设施。国际ICT市场规模约为5.5万亿美元，2021年美国占到全球ICT市场份额的36%，欧洲（包括英国在内）和中国分别排在第二和第三位，占比分别为15%和11.3%。[①]

欧盟在产业数字化方面同样发展迅速，然而在某些领域，发展速度相对慢于美国和中国。根据联合国2019年的《数字经济报告》，全球数字经济的发展已不再遵循传统经济的南北分界，而是"由一个发达国家美国，以及一个发展中国家中国共同引领"。[②] 截至2021年5月，世界上估值前100大数字平台企业中，美国和亚太地区分别有41家和45家，而欧洲仅有12家。欧洲的12家平台企业市场价值仅占100家平台企业总价值的3%，同时期，美国平台企业的市值占比为67%，亚太地区平台企业市值占比为29%（见图2-18）。

人工智能技术领域方面，联合国最新的数字经济报告披露，2019年有59%的AI研究专家工作地在美国，11%工作地在中国，10%工作地在欧洲。但是，从AI研究专家取得学士学位的国家来看，在中国取得学位的占29%，在美国取得学位的占20%，在欧洲取得学位的占18%。[③] 也就是说，在人才的培养上，中国贡献的人才数量最多，美国和欧盟贡献人才的数量相差不大。而大多数欧洲和中国毕业的人才选择在美国市场就业，可能反映出，相对于中国和欧洲市场，美国为AI专业人才提供了更多或更有吸引力的学习和工作的机会。

同样的趋势也体现在科技独角兽企业的孵化上。根据Dealroom的统计，截至2022年3月，世界共有独角兽企业2282家，其中美国企业1243家，占比54%，中国企业309家，欧盟222家。按独角兽孵化数量，2021年具有最佳创

---

① 更多信息请参考：https://www.statista.com/statistics/263801/global-market-share-held-by-selected-countries-in-the-ict-market/。

② UNCTAD, Digital Economy Report 2019—Value Creation and Capture: Implications for Developing Countries, September 2019.

③ 更多信息请参考：The Global AI Talent Tracker, https://macropolo.org/digital-projects/the-global-ai-talent-tracker/。

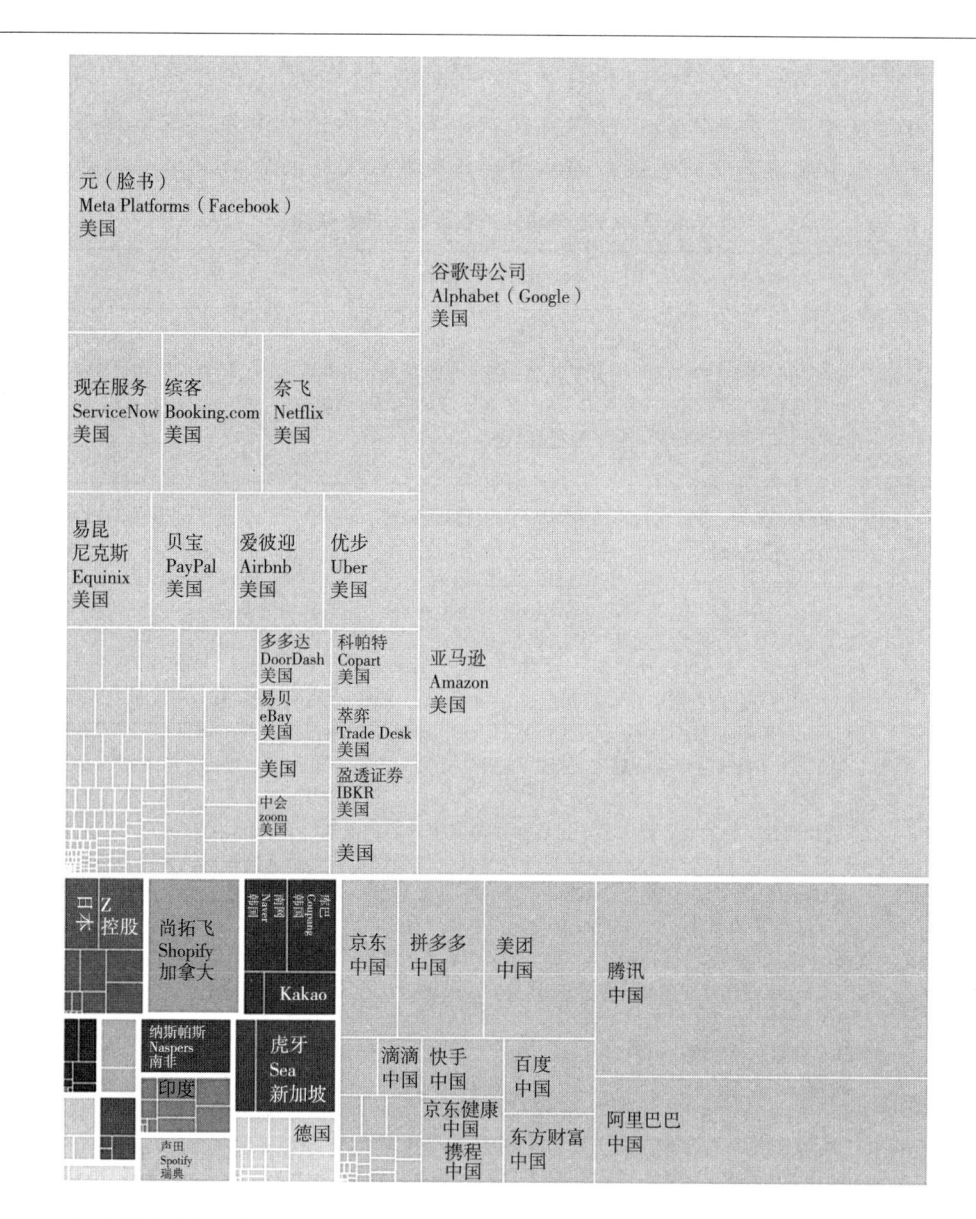

注：图中每个方格代表一个公司，方格面积代表公司市值大小，颜色的深浅不同代表不同的国家。公司市值数据截至时间为2023年5月12日。

图2-18　市值前100大互联网公司

[资料来源：公司市值（companiesmarketcap.com），作者根据原始数据绘制]

业生态的区域主要为美国的硅谷、纽约和伦敦。排名前30的最佳孵化城市中，近半数位于北美，亚洲城市占有8席。相对而言，欧洲大陆则仅有阿姆斯特丹、柏林、巴黎和斯德哥尔摩挤进了前30，且排名都不是很靠前，显示出欧盟整体的创新环境仍有很大的改善空间。

再以半导体行业为例来看欧盟数字化经济的基础地位。近年来，发展半导体行业成为数字经济战略的核心组成部分，主要经济体纷纷出台大规模激励措施刺激本土半导体产业的发展，国际竞争日趋激烈（见表 2-8）。

表 2-8　　　　　主要经济体支持芯片产业发展的政策法案

国别/地区	内容
美国	（a）芯片法案（The Creating Helpful Incentives to Produce Semiconductors and Science Act of 2022, The Chips Act），2022 年 8 月 9 日生效，提供 520 亿美元的芯片制造、研究投资和资金补助。 （b）支持"美国造"半导体产业法案（Facilitating American-Built Semiconductors Act, FABS），提供 25% 的芯片制造业税收抵扣。①
中国	国家战略重点支持方向，2015—2025 年的目标是实现半导体行业社会投资总规模在 1000 亿~1500 亿美元区间。②
日本	（a）半导体和数字经济战略（Strategy for Semiconductors and the Digital Industry），2020 年 6 月由日本经济、贸易和工业部（Ministry of Economy, Trade and Industry, METI）颁布，计划投资 5 万亿日元（约为 417 亿美元）支持相关产业发展。 （b）促进先进信息通信技术发展法案（Act on Promotion of Developing/Supplying and Introducing Systems/Making Use of Specified Advanced Information Communication Technologies），2022 年 3 月生效，为半导体生产设备的发展提供约 45 亿美元的政府资金。③
韩国	"特殊税收限制法案"修正案，也被称为韩国版的芯片法案（Korea Chips Act），2023 年 3 月 30 日通过，对于大型企业，投资半导体及其他战略性相关产业，税收减免从此前的 8% 提高至 15%，对于中小型企业，税收减免从 16% 提高至 25%。④在税收减免激励下，韩国私人部门预计将在 2030 年前，投资 4500 亿美元用于芯片制造和研究。
欧盟	（a）将 9170 亿美元的经济复苏基金中的 20% 用于投入发展数字基础设施，其中可观的一部分投入了微电子行业。 （b）欧盟芯片法案（The European Chips Act）（立法倡议），计划带动公共和私人部门对相关领域的投资增加 150 亿欧元，加上此前数字欧洲项目（Digital Europe Programme）规划的投资基金，以及成员国的支持性资金，在 2030 年前，实现相关领域政策性投资规模 430 亿欧元。 （c）法国于 2022 年 11 月宣布将向欧盟的半导体投资项目注资 19 亿欧元。 （d）德国于 2022 年 5 月宣布投资 120 亿欧元基金，支持微电子行业发展，其中包括资助 32 项半导体材料、设计和制造项目。⑤

①更多信息请参考：Semiconductor Industry Association，https：//www. semiconductors. org/chips/。
②麦肯锡. 建设中的新世界：中国与半导体［EB/OL］. https：//www. mckinsey. com. cn/% E5% BB% BA%E8% AE% BE% E4% B8% AD% E7% 9A% 84% E6% 96% B0% E4% B8% 96% E7% 95% 8C% EF% BC% 9A% E4% B8% AD% E5% 9B% BD% E4% B8% 8E% E5% 8D% 8A% E5% AF% BC% E4% BD% 93/。
③International Trade Administration U. S. Department of Commerce, International Trade Administration, Country Commercial Guides, Japan - Semiconductors, 22-11-21. 更多信息请参考：https：//www. trade. gov/country-commercial-guides/japan-semiconductors。
④Jo He-rim, Korean Chips Act Aims to Extend Tax Cuts for Local Chipmakers, 2023-03-30, The Korea Herald. 更多信息请参考：https：//www. koreaherald. com/view. php？ud=20230330000782。
⑤Semiconductor Industry Association（SIA）, Global Semiconductor Incentives, Feb 2022.
资料来源：欧盟数据中心、美国半导体协会、美国国际贸易部，作者整理。

根据相关统计，2021年世界半导体市场规模为5559亿美元，① 相较于2020年增长了26.2%。预计未来几年，世界半导体市场将以年均7.1%的复合增长率增长，到2030年规模将超过1万亿美元。欧盟的半导体产业收入占全球份额的10%，位于美、日、韩三国之后（见图2-19）。在数字十年规划中，欧盟计划在2030年实现半导体市场份额翻倍增长。

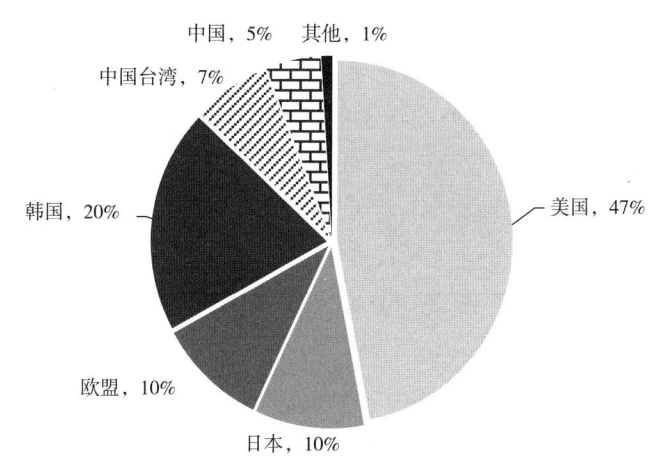

注：由于半导体产业链的全球分布和复杂性，不同统计口径导致对各区域所占市场份额数据差异较大，图中的数据统计依据总部位于所在国家或地区的半导体生产企业的销售收入加总，再除以全球销售收入得出。

图2-19　2020年半导体工业全球市场份额

[资料来源：欧盟统计局（Eurostat），作者整理]

在细分市场上，欧盟企业在汽车工业和工业自动化所需的芯片市场上拥有相对领先地位，但在终端需求最大的通信和计算机领域相对薄弱（见图2-20）。

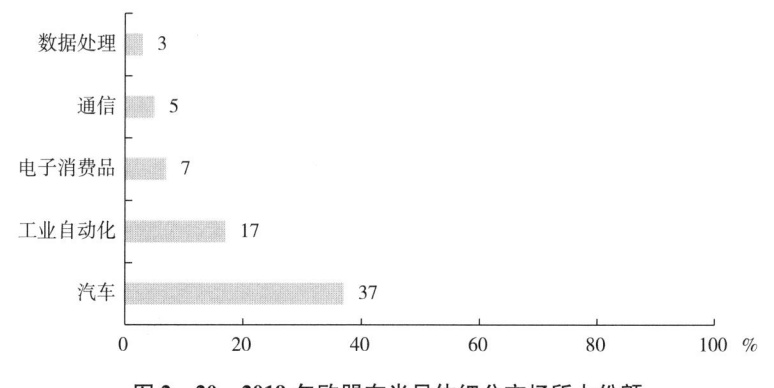

图2-20　2019年欧盟在半导体细分市场所占份额

[资料来源：欧盟统计局（Eurostat），作者整理]

---

① 更多信息请参考：World Semiconductor Trade Statistics (WSTS)。

五、疫情影响及未来趋势

疫情加速了世界范围远程工作、电子商务、自动化的发展。欧盟地区也不例外。根据咨询公司麦肯锡（Mc Kinsey）的调查，2019年12月到2020年7月，企业与客户互动中在线互动的份额从32%增长到55%，企业提供的产品中部分数字化或全部数字化产品所占的份额从平均34%提高至50%。[①] 欧盟方面的统计数据发现，约有100万的ICT专家在疫情期间进入欧洲市场，41%的企业在这一期间购买了更多的云计算服务。[②]

结合数字欧洲战略，支持疫情后经济恢复的"复苏和弹性基金"（The Recovery and Resillience Facility）要求成员国将至少20%的基金款用于数字化转型，截至2022年中，欧盟共投入1270亿欧元支持数字化转型。[③] 从复苏基金的流向来看，公共服务数字化是投入最多的领域，占总体计划资金的37%，其次为企业数字化和数字技能领域，分别占计划资金总量的19%和17%（见图2-21）。

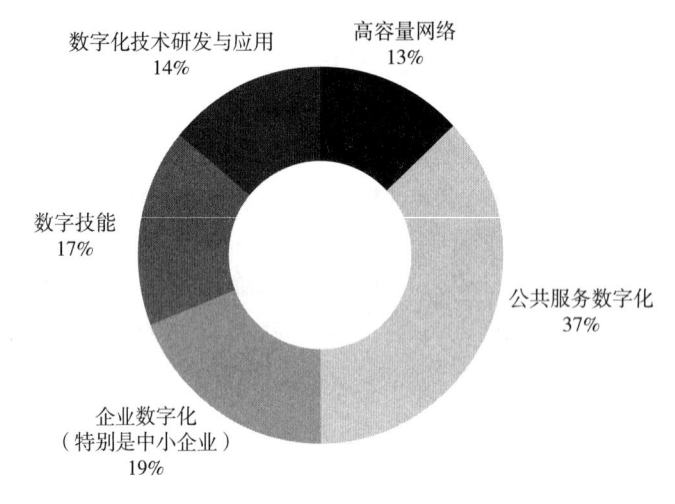

图2-21　用于支持数字化发展的1270亿欧元"复苏和弹性基金"流向

（资料来源：欧盟委员会，数字经济和社会指数DESI 2022专题报告，作者整理）

[①] McKinsey&Company, How COVID-19 has pushed companies over the technology tipping point—and transformed business forever, October 5, 2020. 更多信息请参考：https://www.mckinsey.com/capabilities/strategy-and-corporate-finance/our-insights/how-covid-19-has-pushed-companies-over-the-technology-tipping-point-and-transformed-business-forever。

[②] 更多信息请参考：European Commission, Digital Economy and Society Overview, https://ec.europa.eu/eurostat/web/digital-economy-and-society。

[③] European Commission, Digital Economy and Society Index (DESI) 2022, 2022. 更多信息请参考：https://digital-strategy.ec.europa.eu/en/policies/desi。

着眼于未来，尽管目前欧盟数字经济在某些方面的发展速度暂时落后于美国和中国，但从总体上看，欧盟在制度规范、技术伦理和社会责任方面构筑的基础将为欧盟数字经济安全、稳定发展提供长期保障。在可持续发展方面，欧盟致力于数字战略和气候目标协调发展，战略规划具有前瞻性，随着未来绿色经济拐点的出现，其在相关领域的竞争力将日益凸显。然而，欧盟数字经济发展也面临诸多挑战，各成员国发展的不平衡，以及市场规模的限制成为制约欧盟数字经济发展的主要因素。也有不少观点认为，制度是一柄"双刃剑"，欧盟完善的数字监管体系一定程度上成为制约创新的藩篱。未来，欧盟要真正成为世界数字经济的领导者，还需着力优化创新环境，增强国际合作并拓展国际市场。

第二篇

欧盟绿色经济专题研究

第三章 欧盟绿色转型模式的形成

工业革命以来,随着科技进步以及生产力水平的不断提高,人类社会、经济得以迅速发展,但与此同时,人口、资源与环境问题却日渐突出,成为制约人类可持续发展的重要因素之一。当前,世界各大经济体对绿色转型和可持续发展目标及其实现路径正采取前所未有的行动。在全球发达经济体中,欧盟在绿色转型和可持续经济发展目标政策制定与实践领域均是公认的先行者和引领者。自20世纪70年代以来,经过几十年的发展,欧盟建立起了一套由三大支柱构成的绿色转型模式,分别是绿色转型政策顶层框架、研究创新与碳排放交易体系以及公共财政和可持续金融体系。

第一节 欧盟绿色转型政策顶层框架

一、欧盟绿色转型政策的缘起

欧盟践行绿色低碳发展40余年,在目标制定、顶层立法和综合性框架政策设计方面始终走在全球前列。欧盟开始重视环境问题大致可追溯到20世纪70年代。首届(1972年)联合国人类环境会议(United Nations Conference on the Human Environment)[①]召开之后,当时只有6个成员国的欧共体很快对此作出回应,同年10月,欧洲共同体的巴黎首脑会议明确提出要在地区开发、环境保护、能源政

[①] 1972年在斯德哥尔摩召开的联合国人类环境会议(United Nations Conference on the Human Environment),是首个将环境问题作为主要议题的世界会议,被视为世界各国政府共同商讨环境问题的开端。该会议建立了专责环境规划的常设部门——联合国环境规划署(UNEP),并通过了一系列环境管理原则,包括《斯德哥尔摩宣言》和《人类环境行动计划》,其中,《斯德哥尔摩宣言》载有26项原则,将环境问题置于国际关注的首要位置,标志着工业化国家与发展中国家开始就经济增长、空气、水和海洋的污染以及全世界人民福祉之间的关联展开对话。

策等方面开辟新的活动领域,并针对环境问题制定了一系列基本原则。[①] 不仅如此,为了从整体上应对环境问题,从1973年至今,欧盟连续出台了8轮跨年度《环境行动规划》(Environmental Action Programmes)[②](见表3-1)。

表3-1　　　　　　　　欧盟制定的8轮《环境行动规划》

时间区间	环境行动规划名称
1973—1976年	欧洲共同体环境行动纲领 (Programme of Action of the European Communities on the Environment)
1977—1981年	欧洲共同体环境行动纲领 (European Community Action Programme on the Environment)
1982—1986年	欧洲共同体环境问题行动纲领 (Action Programme of the European Communities on the Environment)
1987—1992年	第四轮欧洲共同体环境行动纲领 (EEC Fourth Environmental Action Programme)
1993—2000年	关于欧洲共同体环境和可持续发展的政策与行动方案 (Community programme of policy and action in relation to the environment and sustainable development)
2002—2012年	第六轮欧洲共同体环境行动纲领 (The Sixth Community Environment Action Programme)
2014—2020年	第七轮环境行动纲领 (The Seventh Environment Action Programme)
2021—2030年	第八轮环境行动纲领 (The Eighth Environment Action Programme)

资料来源:中欧环境与水资源合作平台(The EU - Central Asia Platform on Environment and Water Cooperation,WECOOP)。

1987年,《单一欧洲法案》(Single European Act,SEA)出台,欧洲一体化进入了一个新阶段。该法案专设了环境条款,确立了欧洲共同体层面制定环境政策的法律基础。其中,第100A条授权欧洲共同体为完善共同市场发布环境法规,第七编(130R-130T条)则具体规定了欧洲共同体的环境使命。此后,欧洲共同体能够进行旨在保护环境的立法,使其实施的共同环境政策和标准更具有合法性。[③] 通过该法案,欧盟成员国代表(欧盟理事会)可以和欧洲议会一起按照特定多数票的投票机制来决定环境法律,将环境相关政策的决定过程推到了欧洲层面。这是因为环境污染经常会延伸到国界之外,导致欧洲各个国家通常都会面临相似的问题。例如,

---

[①] 蒲傅.欧盟全球战略中的环境政策及其影响[J].国际论坛,2003(6):D7.
[②] 欧盟第8轮环境行动纲领于2022年5月2日生效。该行动纲领提出了一系列目标,包括监测到2030年欧盟环境和气候目标进展情况,以及2050年"在地球边界内过上美好生活"的长期愿景。
[③] 蒲傅.欧盟全球战略中的环境政策及其影响[J].国际论坛,2003(6):D7.

向莱茵河、默兹河或多瑙河倾倒的排放物可能会在下游的另一个国家造成污染。类似的情况同样适用于空气污染，例如20世纪80年代，英国燃煤发电站所引发的"酸雨"破坏了斯堪的纳维亚大量森林和湖泊。欧盟的这种做法可以制定一套综合性的全新环境法律，并促进政策对气候变化的平稳响应。[1]

二、欧盟构建综合性气候政策

20世纪90年代以来，欧盟始终对国际气候变化政策的发展发挥了主导作用，与此同时，欧盟也在其内部开始构建综合性气候政策，着手推动气候与能源政策的改革，促进绿色转型。[2] 90年代初期，经济全球化程度不断加深，环境问题全球化也随之加剧，为各国在环境领域的合作提供了全球范围的支持。1992年联合国通过并签署了《联合国气候变化框架公约》（*United Nations Framework Convention on Climate Change*，UNFCCC，以下简称《公约》）。《公约》于1994年3月21日生效，是世界上第一个为全面控制二氧化碳等温室气体排放，以应对全球气候变暖给人类经济和社会带来的不利影响的国际公约，也是国际社会在应对气候变化问题上进行国际合作的基本框架。截至2022年底，《公约》共有197个缔约方。其中，欧盟作为一个整体也是一个缔约方，其分别于1992年6月和1993年12月签署和批准了上述公约。通过签署《公约》，欧盟展示了其应对气候变化的承诺，并在全球减轻气候变化影响的努力中发挥领导作用。在应对气候变化统一的国际行动框架下，欧盟致力于向低碳经济过渡，要求其成员国与缔约的其他国家一道努力实现共同目标，即在2000年前将整个欧盟的二氧化碳排放量稳定在1990年的水平。

与此同时，欧洲一体化进程的日益加深也在一定程度上要求其环境政策条款进一步协调和统一。在签署《公约》的同年，欧盟正式签订了《马斯特里赫特条约》[3]。值得注意的是，《马斯特里赫特条约》进一步提升了欧洲环境保护的地位，明确规定欧盟的使命之一就是"注重环境保护的持续和非膨胀性的增长"，相关的具体条款也得到修改和更新，在推动欧盟气候和环境政策方面发挥了重要作用。首先，该条约将欧盟确立为一个超国家实体，拥有立法和执行环境政策的权力，使欧

---

[1] 欧洲联盟. 欧盟气候政策说明［Z］. 2016.
[2] 欧洲联盟. 欧盟气候政策说明［Z］. 2016.
[3] 《马斯特里赫特条约》（Maastricht Treaty）于1991年12月9日至10日在荷兰的马斯特里赫特举行的第46届欧洲共同体首脑会议中经过两天的辩论，最终通过并草签了《欧洲经济与货币联盟条约》和《政治联盟条约》，合称《欧洲联盟条约》，正式条约于1992年2月7日签订。这一条约是对《罗马条约》的修订，它为欧洲共同体建立政治联盟和经济与货币联盟确立了目标与步骤，是《罗马条约》成立的基础。1993年11月1日，《马斯特里赫特条约》正式生效，创立欧洲联盟及包含外交、内政和欧洲共同体的欧盟三支柱。

盟能够协调并调和成员国应对气候变化和环境退化的努力；其次，《马斯特里赫特条约》确立了将环境因素"一体化"纳入欧盟所有政策和决策过程的原则，由此确保了环境在欧盟的贸易、农业、能源和其他政策中得到考虑；最后，《马斯特里赫特条约》还为欧盟制定雄心勃勃的目标和政策以减少温室气体排放和应对气候变化的影响铺平了道路，包括建立欧盟碳排放交易体系（EU Emission Trading System，EU ETS）和实施欧盟"20—20—20"一揽子计划等重要气候政策。

总体来看，在20世纪90年代初期，欧盟分别参与和制定的《联合国气候变化框架公约》和《马斯特里赫特条约》已经为欧盟实施有效和全面的气候与环境政策提供了强有力的制度框架和政策方向，为其在争取全球环境主导权方面抢得了先机。自此，欧盟环境政策进入了一个新的发展阶段，欧盟开始把环境问题纳入其全球战略考虑之中，在全球环境问题上更加积极活跃。

1997年12月11日《京都议定书》[①] 在日本京都获得通过，欧盟当时15个正式成员国于2002年5月在联合国签署了相关文件。《京都议定书》是《联合国气候变化框架公约》下的补充条款，其目标是"将大气中的温室气体含量稳定在一个适当的水平，以保证生态系统的平滑适应、食物的安全生产和经济的可持续发展"。按照《京都议定书》的要求，欧盟同意到2012年实现温室气体排放量在20世纪90年代水平的基础上减少8%的目标。作为内部责任分担协议的部分内容，欧盟成员国承诺实现各自的减排目标，以此实现上述总目标。从绿色转型发展的整个进程来看，《京都议定书》的签署对欧盟意义重大，是推动欧盟环境和气候政策的重要动力，进一步稳定了欧盟在应对气候变化国际努力中的领导地位。《京都议定书》确立了旨在减排温室气体的三种基于市场的机制——国际排放交易机制（International Emissions Trading，IET）、清洁发展机制（Clean Development Mechanism，CDM）和联合履行机制（Joint Implementation，JI）。基于此，欧盟于1998年提出了在2005年建立"欧盟排放交易体系"。目前看来，经过十几年的发展，欧盟排放交易体系在推动创新、低碳技术投资以及电力行业和其他行业的减排中起到了十分积极的作用，成为欧盟绿色转型的重要推动力之一。[②]

1999年生效的《阿姆斯特丹条约》[③] 将"可持续发展"列为欧盟的优先目

[①] 更多信息请参考：https://zh.wikipedia.org/zh-hans/%E4%BA%AC%E9%83%BD%E8%AE%AE%E5%AE%9A%E4%B9%A6。

[②] 更多关于欧盟排放交易体系的介绍请参考本章第二节。

[③] 《阿姆斯特丹条约》签署于1997年10月2日，并于1999年5月1日生效。该条约主要对1951年签署的《巴黎条约》、1957年签署的《罗马条约》和1992年签署的《马斯特里赫特条约》进行了修订，并将民主、尊重人权、自由与法治等原则作为条约的基础。《阿姆斯特丹条约》包含15项条款、13条议定和59项声明，针对移民与难民政策、就业、环境、性别平等和消费者事务等方面制定了一系列的改善措施。条约也提出了环境保护在工业、农业以及运输业等行业的重要性并提出可持续发展的共同目标。

标，承诺可持续发展和更高水平的环境保护是欧盟未来发展所必须依据的原则，环境因素必须贯彻到欧盟的其他经济和社会政策中。此外，《阿姆斯特丹条约》还将欧盟的环境合作程序全部改为共同决策程序，这意味着欧洲议会这个民选机构能够在环境立法过程中行使否决权，为欧盟环境政策引入了更多的民主程序。

从20世纪70年代至2000年，经过近30年的发展，欧盟的环境政策及其实践均取得了巨大成就，具体表现在：（1）各种环境相关的条约（treaties）、条例（regulations）、指令（directives）、决定（decision）等从分散走向统一，有关环境管理的权力逐步向欧盟集中，使得欧盟作为一个整体在全球气候和环境政策的顶层设计过程中发挥了领军作用。（2）得益于环保政策的积极推进，欧盟环保观念已深入人心，欧盟各成员国在经济和社会领域均获得实质性的成果。通过颁布近300多项环境相关的法律文件，欧盟指导解决跨国界环境问题，提高了各成员国内部在治理污染、环境保护方面的功效。在实施环境政策时，欧盟将法律手段、财政支持与市场工具相结合，注重环境决策的民主性和透明性。（3）通过积极推动全球性环境合作，欧盟的国际影响力日益增强，"环境外交"成为欧盟对外关系中的新方式。由于欧盟是第一个在成员国之间就环境问题协调行动、统一规范的区域性组织，这在很大程度上促进了全球环境保护事业的发展，同时也为其他区域性组织提供了有益经验。总的来看，欧盟一直在气候变化、生物多样性、沙漠化、酸雨等全球环境合作进程中充当主要动力，不仅表现出积极的姿态，而且切实发挥了主导作用。可以说，全球环境领域已经成为当前欧盟强化其世界大国集团地位的重要舞台。[①]

进入2000年以后，为了进一步落实《京都议定书》所设定的目标，首先，欧盟在2005年1月1日正式启动了"欧盟排放交易体系"，同年4月，还推出了碳期货和期权交易。欧盟委员会根据《京都议定书》的减排目标和欧盟内部减排量分担协议来确定各成员国的温室气体排放量，再由各成员国根据国家分配计划将排放配额分配给国内企业。其次，为了能够尽快形成应对气候变化的共同立场，2007年3月，欧洲理事会提出了比《京都议定书》更具雄心的《2020年气候与能源一揽子计划》（2020 Climate and Energy Package）。该计划确定了欧盟2020年气候与能源发展目标，即著名的"20—20—20"一揽子目标。欧盟承诺到2020年将温室气体排放量在1990年基础上降低20%，将可再生能源占总能源消耗的比重增至20%，将煤、石油、天然气等化石能源的消费量在1990年的基础

[①] 蒲傅. 欧盟全球战略中的环境政策及其影响［J］. 国际论坛，2003（6）：D7.

上减少20%。①《2020年气候与能源一揽子计划》是欧盟在应对气候变化和向低碳经济转型方面迈出的重要一步，体现了欧盟在应对这一全球性挑战中走在前列的决心，为其他国家提供了重要借鉴。②

由于欧盟《2020年气候与能源一揽子计划》设定的目标为2020年，欧洲理事会在2014年通过了《2030年气候与能源政策框架》（2030 Climate and Energy Policy Framework），提出了"到2030年欧盟将温室气体排放量在1990年基础上降低40%，将可再生能源在最终能源消耗中的占比提升至27%，能效提高27%"的新目标。③

与此同时，一项针对2020年后全球气候治理的制度性协定也应运而生。2015年，在《联合国气候变化框架公约》第21次缔约方大会上196个缔约方（195个国家+欧盟）签署了《巴黎协定》，正式对2020年后全球气候治理进行了制度性安排，这是继1992年《联合国气候变化框架公约》、1997年《京都议定书》之后，人类历史上应对气候变化第三个里程碑式的国际法律文本，形成了2020年后的全球气候治理格局。《巴黎协定》采用"决议+协议"的形式，对国家自主贡献、减缓、适应、损失和伤害、资金、技术、能力建设、透明度、全球盘点等要素作出了安排。④ 2016年起，国际社会围绕协定的减排目标和实施细则持续进行磋商，2018年12月《联合国气候变化框架公约》的缔约方第24次大会通过了《巴黎协定》实施细则，基本对自主贡献、减缓、适应、资金、技术、透明度、全球盘点等内容涉及的机制、规则达成共识。⑤ 2016年10月5日，欧盟宣布批准《巴黎协定》，进一步为欧盟推动其绿色转型和实现可持续发展目标提供了路线图，欧盟继续发挥全球领导作用。该协议作为最新一轮驱动因素，刺激欧盟低碳经济和循环经济转型升级全面加速。

《巴黎协定》签署后，欧盟为履行其在协定中的承诺，出台并实施了多项重

---

① 《2020年气候与能源一揽子计划》含有6项立法（由指令和法规组成），它们最终于2009年4月被全部采纳。
② 欧盟实现"20—20—20"一揽子目标的详细信息请参考本书第四章第一节。
③ 2019年，欧盟对上述能源政策框架进行了修订。根据《全欧洲人共享清洁能源一揽子计划》（Clean Energy for All Europeans Package），这些目标进行了如下修订："到2030年欧盟将温室气体排放量在1990年基础上降低40%，将可再生能源在最终能源消耗中的占比提升至32%，能效提高32.5%。"此外，修订后框架还为能源联盟建立了强有力的治理体系，要求每个成员国起草2021年至2030年国家能源和气候综合计划，概述如何实现各自的目标。更多信息请参考：https://sdgresources.relx.com/legal-practical-guidance/2030-climate-and-energy-framework-snapshot。
④ UNFCCC，《巴黎协定》，更多信息请参考：https://unfccc.int/zh/guojiazizhugongxian-ndc-zixun/balixieding。
⑤ 刘焰真，李路路，张斌亮.《巴黎协定》的由来与发展[J]. 世界环境（World Environment），2019，176（1）.

要的气候和环境政策。其中最为重要的一项举措是新一届欧盟委员会于2019年12月发布的新增长战略计划《欧盟绿色新政》(European Green Deal)。该计划承诺欧盟将实现更高的减排目标，包括将2030年减排目标从相对1990年水平减排40%提高到至少减排55%[①]，到2050年欧洲成为首个实现碳中和大陆。在《欧盟绿色新政》出台后不久，2020年初新冠疫情全球暴发，为进一步刺激经济复苏，欧盟又推出了"欧盟下一代"(Next Generation EU, NGEU)复兴计划，明确将其中37%的资金投入到与绿色转型目标直接相关的领域。基于一系列立法和框架性综合气候政策，欧盟有力地推动了其成员国绿色转型政策与实践的趋同，凸显了欧盟进行绿色转型的雄心和力度。正如前文所述，《欧盟绿色新政》再次提高了此前设定的气候目标，包括"到2030年欧盟将温室气体排放量在1990年基础上降低55%"以及"2050年欧洲成为首个实现碳中和大陆"。对此，欧盟将气候中和的承诺以及2030年在1990年水平基础上实现温室气体净排放降低至少55%的中期目标纳入了约束性法律，并为实现这一目标建立了行动和投资框架。2021年6月24日和28日，欧洲议会和欧盟理事会先后通过《欧洲气候法》(European Climate Law)。最终，《欧洲气候法》于2021年7月9日在欧盟《官方公报》上公布，并于2021年7月29日生效。按照《欧洲气候法》的要求，欧盟将成立欧洲气候变化科学咨询委员会，负责监测欧盟气候变化治理进展、评估欧盟气候政策是否契合碳中和目标。

同样在2021年7月，欧盟委员会通过了针对"2030年实现温室气体减排55%"目标的"减碳55"(Fit for 55)一揽子立法提案。这份文件可谓是欧盟委员会就气候和能源问题制定的最为综合、全面的立法提案，不仅为增加就业和未来具有韧性且可持续的欧洲经济奠定了基础，而且还以公平、经济高效和有竞争力的方式为欧盟经济的彻底转型创造了条件。其中，能源领域的相关行动是该一揽子计划的关键组成部分。在所有领域开始脱碳之前，能源领域必须率先进行转型，包括提高可再生电力的渗透水平、以氢能等可再生气体替代天然气、确保生物能源的可持续供给以及降低经济活动的能源强度。[②]

[①] 作为欧盟对实现《巴黎协定》目标所作的贡献，2030年温室气体净排放降低至少55%的承诺已于2020年12月向联合国气候变化框架公约做了通报。更多信息请参考：https://www.eeas.europa.eu/delegations/china/european-green-deal-commission-proposes-transformation-eu-economy-and-society_en?s=166&page_lang=zh-hans。

[②] "减碳55"一揽子计划中包含两项对上述行动至关重要的能源提案，其能否有效实施基本上将决定欧盟整个能源系统的重塑进程。第一是对《可再生能源指令》(RED)的修订(2009年首次颁布，2018年修订)，第二是2012年出台的《能效指令》(EED)，在2018年经历修订后将被再次修订。更多信息请参考：http://www.ececp.eu/zh/fit-for-55-%E7%AC%A6%E5%90%88%E6%B0%94%E5%80%99%E7%9B%AE%E6%A0%87%E7%9A%84%E6%AC%A7%E7%9B%9F%E8%83%BD%E6%BA%90%E6%94%BF/。

三、欧盟总体框架性政策的特点

经过 50 多年的发展，欧盟已经建立起一套涵盖环境保护、可持续发展、生物多样性、能源和交通等多领域的全面性顶层气候和环境政策框架（见表 3-2），有力地推动了其成员国绿色转型政策与实践的趋同，成为欧盟绿色转型的重要支柱之一。总体来看，欧盟出台的总体框架性政策具有以下几个突出特点。

表 3-2　　　　　　欧盟发起和参与的总体框架性环境和气候政策

时间	政策框架	发布机构	说明
1972 年	《斯德哥尔摩宣言》、《人类环境行动计划》	联合国	首届（1972 年）联合国人类环境会议建立了专责环境规划的常设部门——联合国环境规划署（UNEP），并通过了一系列环境管理原则，包括《斯德哥尔摩宣言》和《人类环境行动计划》。其中，《斯德哥尔摩宣言》载有 26 项原则，将环境问题置于国际关注的首要位置，标志着工业化国家与发展中国家开始就经济增长、空气、水和海洋的污染以及全世界人民福祉之间的关联展开对话
1973 年至今	《环境行动规划》	欧洲共同体/欧盟	首届（1972 年）联合国人类环境会议召开之后，为了从整体上应对环境问题，从 1973 年至今，欧盟已连续出台了 8 轮跨年度《环境行动规划》。
1987 年	《单一欧洲法案》	欧洲共同体/欧盟	《单一欧洲法案》专设了环境条款，确立了欧洲共同体层面制定环境政策的法律基础。其中，第 100A 条授权共同体为完善共同市场发布环境法规，第七编（130R-130T 条）则具体规定了欧洲共同体的环境使命
1992 年	《联合国气候变化框架公约》	联合国	该公约于 1994 年 3 月 21 日生效，是世界上第一个为全面控制二氧化碳等温室气体排放，以应对全球气候变暖给人类经济和社会带来的不利影响的国际公约，也是国际社会在应对气候变化问题上进行国际合作的基本框架。截至 2022 年底，公约共有 197 个缔约方。其中，欧盟作为一个整体也是一个缔约方，其分别于 1992 年 6 月和 1993 年 12 月签署和批准了上述公约
1992 年	《马斯特里赫特条约》	欧盟	该条约又称《欧洲联盟条约》，是对《罗马条约》的修订，它为欧洲共同体建立政治联盟和经济与货币联盟确立了目标与步骤，"环境"术语首次被纳入欧盟条约关键条文
1997 年	《京都议定书》	联合国	《京都议定书》是《联合国气候变化框架公约》下的补充条款，其目标是"将大气中的温室气体含量稳定在一个适当的水平，以保证生态系统的平滑适应、食物的安全生产和经济的可持续发展"。欧盟当时 15 个正式成员国于 2002 年 5 月在联合国签署了相关文件

续表

时间	政策框架	发布机构	说明
1999年	《阿姆斯特丹条约》	欧盟	《阿姆斯特丹条约》主要对1951年签署的《巴黎条约》、1957年签署的《罗马条约》和1992年签署的《马斯特里赫特条约》进行了修订。该条约进一步完善了欧盟的环境政策,提出了环境保护在工业、农业以及运输业等行业的重要性并提出可持续发展的共同目标,将"可持续发展"列为欧盟的优先目标,承诺可持续发展和更高水平的环境保护是欧盟未来发展所必须依据的原则,环境因素必须贯彻到欧盟的其他经济和社会的政策中
2007年	《2020年气候与能源一揽子计划》	欧洲理事会	该计划确定欧盟2020年气候和能源发展目标,即著名的"20—20—20"一揽子目标:将欧盟温室气体排放量在1990年基础上降低20%,将可再生能源占总能源消耗的比重增至20%,将煤、石油、天然气等化石能源的消费量在1990年的基础上减少20%
2014年	《2030年气候与能源政策框架》	欧洲理事会	《2030年气候与能源政策框架》提出"到2030年欧盟将温室气体排放量在1990年基础上降低40%,将可再生能源在最终能源消耗中的占比提升至27%,能效提高27%"的新目标
2015年	《创新使命计划》	欧盟及其他24个国家	该计划旨在加速全球清洁能源创新,促进相关科技进展突破并降低清洁能源成本。主要举措包括:(1)在参与方层面上大力加强公共部门对清洁能源研发的投资;(2)增加私人部门对能源创新的参与和投资,尤其是在关键的技术创新方面;(3)进一步促进国际合作;(4)支持创新、评估关键清洁能源技术的进展
2015年通过2016年生效	《巴黎协定》	联合国	《巴黎协定》正式对2020年后全球气候治理进行了制度性安排,这是继1992年《联合国气候变化框架公约》、1997年《京都议定书》之后,人类历史上应对气候变化第三个里程碑式的国际法律文本,形成了2020年后的全球气候治理格局。2016年10月5日,欧盟宣布批准《巴黎协定》,进一步为欧盟推动其绿色转型和实现可持续发展目标提供了路线图,欧盟继续发挥全球领导作用
2019年	《欧盟绿色新政》	欧盟委员会	《欧盟绿色新政》承诺将实现更高的减排目标,包括将2030年减排目标从相对1990年水平减排40%提高到至少减排55%,到2050年欧洲成为首个实现碳中和大陆

续表

时间	政策框架	发布机构	说明
2021年7月	《欧洲气候法》	欧盟	欧盟将气候中和的承诺以及2030年在1990年水平基础上实现温室气体净排放降低至少55%的中期目标纳入了约束性法律，欧盟及其成员国将就此目标在欧盟层面以及国家层面采取必要措施，每5年审查一次进展情况；采用2030—2050年欧盟范围内的温室气体减排轨迹，以衡量减排进展；2023年9月，以及此后每5年，欧盟委员会将评估欧盟和各国在气候中和方面的措施
2021年7月	"减碳55"一揽子立法提案	欧盟委员会	"减碳55"一揽子立法提案，旨在确保使欧盟经济和社会走上到2030年实现温室气体减排55%的正确轨道。欧盟提出了包括能源、工业、交通、建筑等在内的12项更为积极的系列举措

资料来源：笔者根据公开资料整理。

第一，欧盟主要通过"边做边学"（learning by doing）的方式逐步建立其气候政策体系，并且其政策重点较早地从事后治理逐步转向事前预防，着力点由污染控制为主，转向积极主动的环境保护。[①] 气候问题复杂多变，包括消费者、生产者、政策制定和监管者在内的所有参与者均需要通过主动学习的方式来改变生活、生产习惯并建立相适应的气候政策。[②]

第二，欧盟的气候和环境政策具有较强的协调性和统一性。随着欧洲一体化程度日益加深，欧盟针对气候和环境的政策一方面能够和欧盟其他区域性政策（如聚合政策、共同农业政策等）相互配合，确保环境在欧盟的贸易、农业、能源和其他政策中得到考虑，另一方面还激励欧盟各成员国为实现欧盟制定的统一的气候目标而采取更为积极的行动。

第三，欧盟的气候和环境政策始终以可持续发展为目标，将可持续发展理念纳入所有欧盟政策，以确保未来的社会、经济和环境的可持续性。其主要行动包括：出台《欧盟绿色新政可持续投资计划》（Sustainable Europe Investment Plan）；积极筛检欧盟及其成员国在绿色预算上的执行情况；为实现欧洲绿色新政目标，将所有欧盟委员会的倡议提上改革日程；为提高欧洲绿色新政的执行效率，利益相关方识别并修订其他相关立法；等等。

[①] 孙彦红. 欧盟绿色转型的实践与经验 [J]. 人民论坛，2022（5）. 更多信息请参考：http://www.rmlt.com.cn/2022/0526/648000.shtml.

[②] 欧洲联盟. 欧盟气候政策说明 [Z]. 2016.

第二节 欧盟绿色转型的推动力

一、研究与创新对欧盟绿色转型的支持

研究与创新为克服社会、生态和经济的挑战提供了新的知识和突破性的解决方案，因此，长期以来欧盟将研究与创新视为全球的核心竞争力，高度重视研究与创新的建设和发展，这对推动欧盟的绿色转型起到了至关重要的作用。近些年，为了实现《欧盟绿色新政》提出的 2030 年至少减排 55%，2050 年欧洲成为首个实现碳中和大陆的目标，低碳转型成为欧盟所有部门和社会各领域发展的首要任务，这就要求研究和创新在这些努力中发挥关键作用，为未来欧洲可持续发展与社会生态转型提供科技和技术支持框架。一方面，欧盟通过资助和支持各种研究项目与示范项目，推动绿色技术的转化和商业化，促进了绿色经济的发展；另一方面，欧盟还通过投资绿色技术研究、开发和创新，以及支持创新型企业和绿色创业，推动了许多新兴领域的发展，如可再生能源、储能、碳捕捉和封存、可持续交通、资源回收和气候适应技术等。[①]

（一）欧盟科技框架计划

自 20 世纪 80 年代以来，欧盟主要通过"科技框架计划"（Framework Programme for Research and Technological Development，FP）来持续引导和支持研究与技术创新。该框架计划是由欧盟成员国和联系国共同参与的重大科技计划，是当今世界上最大的官方科技计划之一，也是欧盟投资最多、内容最丰富的全球性科研与技术开发计划。"科技框架计划"以研究国际科技前沿主题和竞争性科技难点为重点，支持整个欧洲的合作研究和创新、促进跨境伙伴关系和知识共享以及前沿技术和解决方案的发展，在应对气候变化、公共卫生和能源转型等全球性挑战方面发挥了重要作用。

自 1984 年第一轮科技框架计划启动以来，欧盟共计制订了 9 轮方案（见

---

① 欧盟近年来一直积极推动低碳技术的开发和应用，作为其减少温室气体排放和向更可持续的低碳经济转型努力的一部分。欧盟正在开发和部署的一些关键低碳技术包括：（1）可再生能源技术。欧盟在太阳能和风能等可再生能源技术的开发和应用方面处于全球领先地位。欧盟设定了到 2030 年可再生能源占总能源的 32% 的目标，许多成员国的目标甚至更远大。（2）储能技术。随着间歇性可再生能源所占份额的增加，对储能技术的需求越来越大，以确保稳定可靠的能源供应。欧盟正在投资开发新的能源储存技术，如电池和氢气。（3）碳捕捉与封存（Carbon capture and storage，CCS）技术。CCS 技术旨在捕捉发电厂和其他工业排放的二氧化碳，并将其储存在地下。欧盟正在投资发展 CCS 技术，该技术可以在减少温室气体排放方面发挥重要作用。（4）能源效率技术。提高能源效率是欧盟减少温室气体排放战略的关键部分。欧盟正在推动节能技术的开发和部署，如高效建筑和电器，以及可以优化能源使用的智能电网技术。

表3-3），最近3轮覆盖的时间跨度均为7年，第9轮框架计划即"地平线欧洲"（Horizon European）正在实施中。在过去30多年间，欧盟的科技框架计划经历了多次调整。

表3-3 欧盟科技框架计划

代号	时间区间	预算总额/亿欧元	说明
FP1	1984—1987年	37.5	FP1涵盖的领域包括能源（主要是核裂变），占预算的50%；信息和通信技术（ICT），占预算的25%；工业和材料，占预算的11%；生命科学与环境，占预算的10%；流动计划和奖学金，占预算的4%
FP2	1987—1991年	54	随着1987年《单一欧洲法案》的通过，欧洲共同体首次负责制订了科技计划，并为此后的FP打下了坚实的法律基础。FP2支持的研究领域较上一轮有较大的变化：信息和通信技术获得总预算的40%；能源领域的预算下降至20%；工业和材料的份额提升至20%左右，并增加了新的具体计划，如支持中小企业和国际合作；其余占预算的20%
FP3	1991—1994年	66	在FP3期间，信息通信技术仍然是获得投资最多的研究领域，但与FP2相比，其占总预算的份额下降至35%；能源领域资金也继续下降；而生命科学（健康和食品）的相对份额有所增加。FP3继续关注精确科学和自然科学，并细分为四个主题计划：使能技术（ICT以及工业和材料）、自然资源管理（环境、能源和生命科学）、智力资源管理以及传播和利用具体方案产生的知识的集中行动
FP4	1994—1998年	132	FP4相对于FP3在数量和质量上都有了重大飞跃，具体表现在：（1）FP4的预算总额为132亿欧元，几乎是上一轮的2倍；（2）除了现有的研究领域（信息通信技术、工业技术、环境、生命科学、能源和交通，占总预算的87%）之外，还增加了3个横向项目，包括国际合作、成果的传播和利用以及促进研究人员的培训和流动
FP5	1998—2002年	150	FP5相对于FP4变化不大，预算略高，总计为150亿欧元。然而，在FP4实施期间，一些项目规模开始扩张，在某些情况下超过80个合作伙伴，由此导致项目发展的不平衡（预算不平衡）
FP6	2002—2006年	175	FP6总预算为175亿欧元，其结构基本与FP5一致。FP6额外设置了2个新工具，分别是综合项目和卓越网络。其中，综合项目是由众多研究小组组成，其预算高达3000万欧元

第三章 欧盟绿色转型模式的形成

续表

代号	时间区间	预算总额/亿欧元	说明
FP7	2007—2013 年	550	FP7 的结构与 FP6 相比有较多的变化。首先，FP7 涵盖的期限为 7 年，其预算总额与欧盟总体预算相挂钩，总计获得了 550 亿欧元的预算拨款，即相对 FP6 实际增长了 70%，凸显了《里斯本战略》对研究的重视。其次，FP7 的主要特点之一是欧盟委员会明确表示要将成员国、联系国和私营部门的研究活动纳入欧洲研究区（ERA）。因此，欧盟委员会越来越多地支持联合项目资金，例如协调 ERA-NET 和 ERA-NET+（欧洲研究区域网络）中来自不同成员国的研究资助组织。最后，FP7 还与私营部门合作制定了新的工具。例如，欧洲技术平台（ETP）被转变为联合技术计划（JTI），在此基础上，欧盟委员会能够在成员国和相关国家建立涉及工业、研究人员和政府机构的公私伙伴关系
FP8"地平线 2020"（Horizon 2020）	2014—2020 年	816	FP8"地平线 2020"预算总额为 816 亿欧元，主要用于社会挑战（297 亿欧元）、卓越科学（244 亿欧元）和产业领导力（170 亿欧元）三大领域，此外该预算还支持欧洲创新与技术研究院（27 亿欧元）、欧洲原子能共同体（16 亿欧元）和其他领域（32 亿欧元）。PF8 将之前为各独立项目设立的专项研发创新资金归总起来，为创新项目从实验研究到商业利用提供全程支持①
FP9"地平线欧洲"（Horizon European）	2021—2027 年	955	FP9"地平线欧洲"是欧盟继"地平线 2020"之后提出的新研究与创新框架计划，将为打造绿色、健康、数字化、包容性的欧洲提供支持，持续期为 2021—2027 年，总预算为 955 亿欧元。该预算主要用于全球挑战和欧洲工业竞争力、卓越科学、创新欧洲和扩大参与及其他领域，上述 4 个领域的预算分别为 535.16 亿欧元、250 亿欧元、136 亿欧元和 34 亿欧元②

注：①EU Delegations and Offices, Delegation to China, 面向全世界开放：欧盟科研创新框架计划, Publications Office, 2014. 更多信息请参考：https://data.europa.eu/doi/10.2871/85395。

②European Commission, Directorate-General for Research and Innovation, 欧盟研究与创新框架计划, 2021-2027：中国实用指南, Publications Office of the European Union, 2021, https://data.europa.eu/doi/10.2777/675187。

资料来源：欧盟委员会。

首先，欧盟不断加大对科技框架的资金支持，总预算从最初的 37.5 亿欧元增加至目前的 955 亿欧元，增幅达 25 倍。在制订第 4 轮框架计划的时候，为了解决社会挑战并支持创新过程中更广泛的活动，欧盟扩大了框架的支持范围，首次将预算总额进行了较大幅度的上调，使其总额几乎是第 3 轮框架计划的 2 倍。2007 年，欧盟实施的第 7 轮框架计划获得了 550 亿欧元的总预算。不过，考虑到第 7

轮计划覆盖的时间跨度从此前的 5 年增至 7 年，相对第 6 轮计划，此轮预算实际增长了 70%。目前正在实施的第 9 轮计划"地平线欧洲"总预算已高达 955 亿欧元，较第 8 轮计划"地平线 2020"增长了 17%。

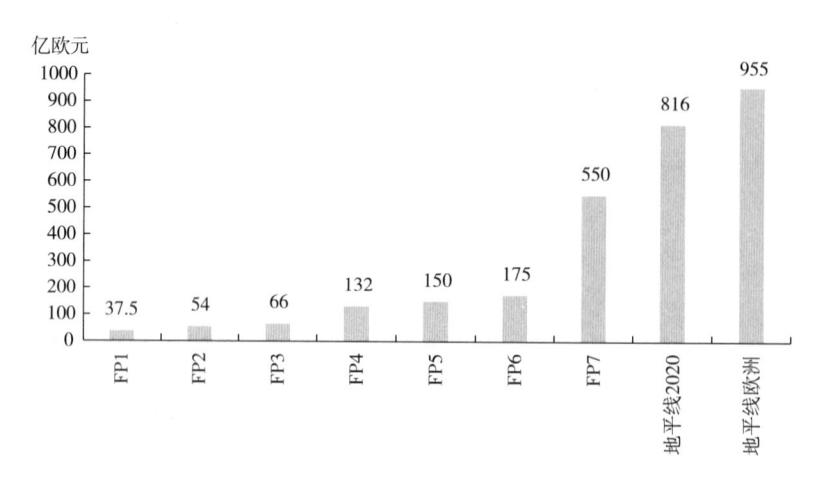

图 3-1　1984—2021 年欧盟框架计划预算

（资料来源：欧盟委员会）

其次，欧盟不断调整科技框架计划支持的主题领域（Thematic Activites）和水平领域（Horizontal Activities）的资金比例，以应对世界发展带来的诸多挑战。整体来看，欧盟对主题领域研发资金的投入比例在逐年降低，从 1984 年接近 90% 下降到 2020 年的略高于 60%。其中，欧盟在核能领域投入的研发和创新资金占总预算的比重从 1984 年的约 25% 逐渐降低至 2020 年的 10% 左右；信息和通信领域投入的研发资金占比也出现了较大的降幅，从 1987 年大约 35% 的峰值下降至 2020 年的 14% 左右。与之形成对比的是，欧盟对交通、航空和航天领域的研发资金投入占比从最初的不及 1% 上升至 2020 年的近 10%；此外，自第 6 轮科技框架计划开始欧盟在安全领域投入研究和创新的资金，其占比基本维持在 5% 以内。欧盟水平领域的项目主要包括国际合作与发展、装备和基础设施、人力资源和流动性、科学与社会等，该领域在过去 30 年获得的研发和创新资金占总预算的比重呈现逐年增加的趋势，从第 1 轮的 10% 上升至"地平线 2020"的 40%。其中，人力资源和流动性项目，即玛丽·居里行动计划（MSCA）使用的研发预算占比变化最大，从第 1 轮的 1.9% 增加到"地平线 2020"的 7.7%，凸显出欧盟意在鼓励越来越多的年轻人开启研究生涯，壮大欧洲的科研人力资源基础。[①]

---

① 更多信息请参考：European Parliament, Directorate – General for Parliamentary Research Services, Reillon, V., EU framework programmes for research and innovation: evolution and key data from FP1 to Horizon 2020 in view of FP9: in-depth analysis, Publications Office, 2018, https://data.europa.eu/doi/10.2861/60724.

分图1 主题领域

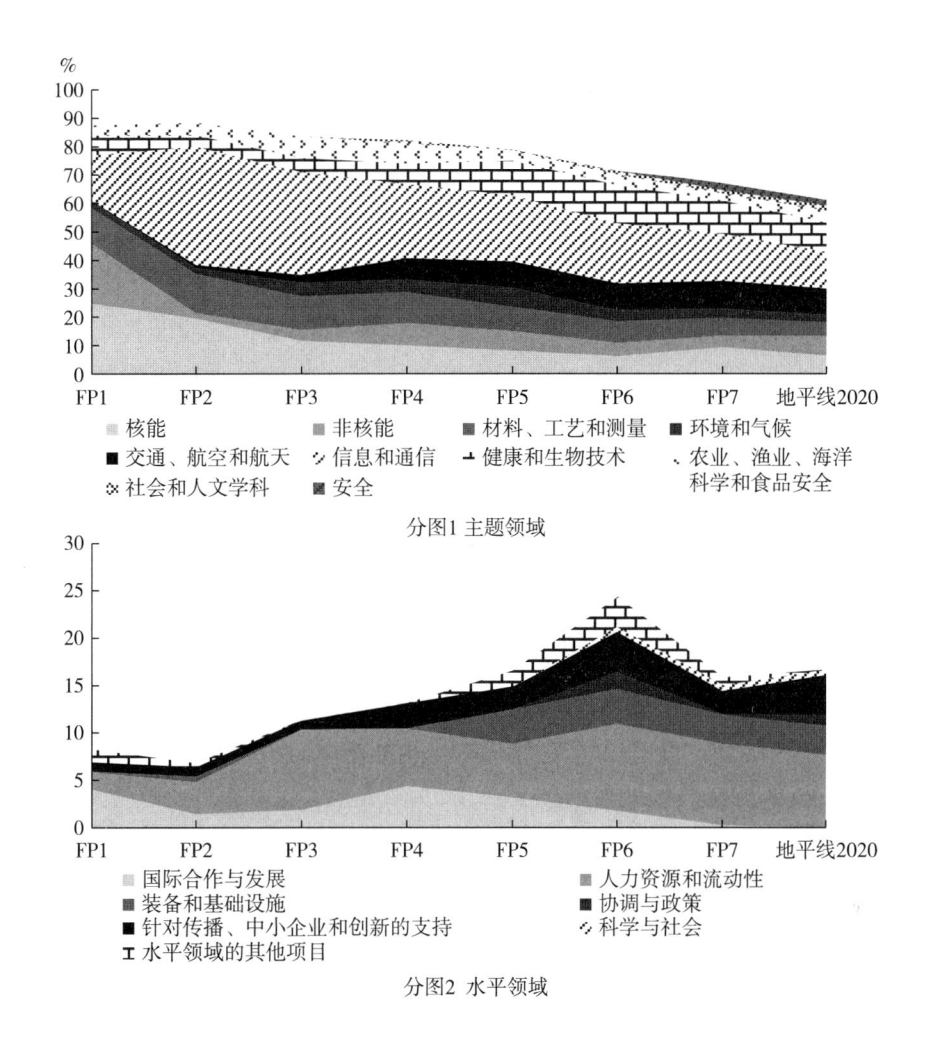

分图2 水平领域

图 3-2　1984—2020 年欧盟科技框架计划各领域研究和创新资金占总预算比重

（资料来源：欧盟委员会）

（二）"地平线欧洲"计划

自欧盟科技框架计划实施以来，每一轮计划都不同程度地为欧洲气候环境问题以及绿色转型作出了贡献。据统计，欧盟在节能环保、发展可再生能源等领域投入的研究和创新资金占当期总预算的比重由 1984 年第 1 轮科技框架计划的 7% 上升至 2007 年第 7 轮的 15% 左右；在"地平线 2020"计划下，欧盟通过可持续农业、安全清洁高效能源、智慧与绿色交通运输、气候行动、环境资源效率、可持续材料等多个专项计划为绿色转型相关技术研发及应用提供了约 190 亿欧元的资金支持，占预算总额的比重高达 23%；在"地平线欧洲"科技框架计划中，欧盟计划 2021—2027 年将 35% 的资金（约 334 亿欧元）用于实现与气候环保相关的项目，较"地平线2020"时期增加了144亿欧元。[①]

值得我们关注的是，欧盟目前正在实施的"地平线欧洲"对于欧盟绿色转型具有特别的意义。"地平线欧洲"是欧盟继"地平线2020"之后提出的新研究与创新框架计划，持续期为2021—2027年，总预算高达955亿欧元。该计划将为打造绿色、健康、数字化和包容性的欧洲提供支持，确保欧盟始终保持在全球研究与创新的前列，因此，落实复兴、绿色和数字转型等欧盟战略成为"地平线欧洲"的优先事项。根据"地平线欧洲"分配方案，大约334亿欧元将用于实现与气候环保相关的项目，84%的项目将聚焦于可持续发展目标。欧盟将与气候和环保相关的项目主要设置在框架计划第二支柱"全球挑战和欧洲工业竞争力"下的集群5"气候、能源和交通"（见图3-3）。[②]

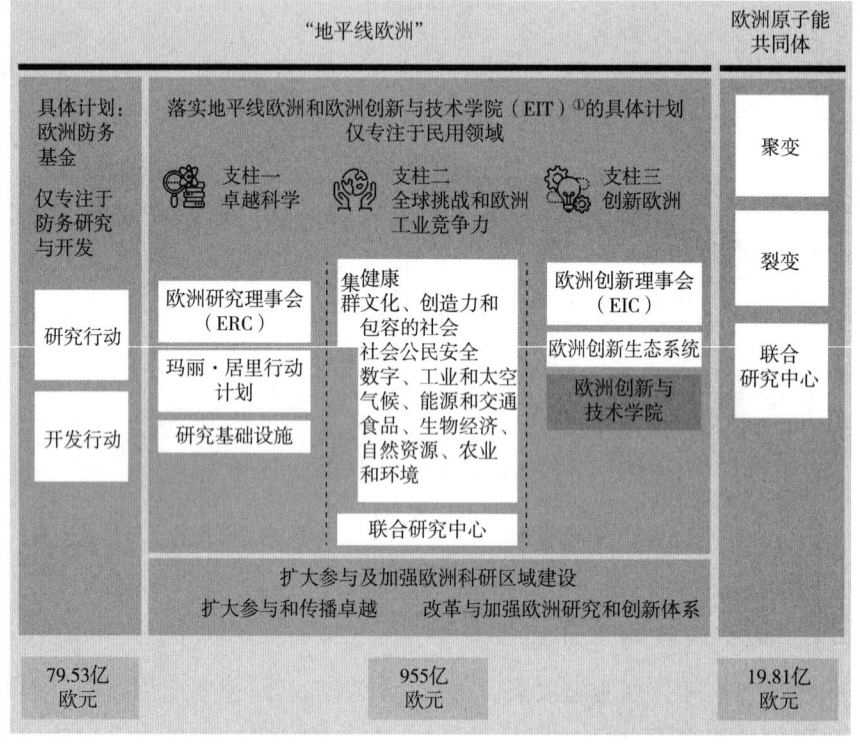

①具体计划中不包括欧洲创新与技术学院。

图3-3 2021—2027年"地平线欧洲"框架计划结构

（资料来源：欧盟委员会）

[①] European Union, Horizon Europe – THE MOST AMBITIOUS EU RESEARCH & INNOVATION PROGRAMME EVER, April 2021.

[②] European Commission, Directorate – General for Research and Innovation，欧盟研究与创新框架计划，2021–2027：中国实用指南，Publications Office of the European Union, 2021, https：//data. europa. eu/doi/10. 2777/675187。

集群5在2021—2027年获得的预先分配资金总额约为151亿欧元，占总预算的比重约为16%，其主要目标是通过更好地了解气候变化的原因、演变、风险、影响和机遇，以及通过使能源和交通部门更加气候和环境友好，更高效和更具竞争力，在未来可以更智能、更安全、更有弹性地应对气候变化（见表3-4）。该集群支持的具体领域包括气候科学和解决方案，能源供应，能源系统和电网，能源转型中的建筑和工业设施，社区和城市，交通运输领域工业竞争力，清洁、安全和便捷的交通，智能移动以及能源储存。

表3-4　　　　2021—2027年"地平线欧洲"预算结构　　　　单位：亿欧元

主要领域及其子领域			预算	
卓越科学	欧洲研究理事会		160	250
	玛丽·居里行动计划		66	
	世界级基础设施		24	
全球挑战和欧洲工业竞争力	健康		82	535
	文化、创造力和包容的社会		23	
	社会公民安全		16	
	数字、工业和太空		153	
	气候、能源和交通		151	
	食品、生物经济、自然资源、农业和环境		90	
	联合研究中心（非核直接行动）		20	
创新欧洲	欧洲创新理事会和欧洲创新生态系统		106	136
	欧洲创新与技术学院		30	
其他领域	扩大参与及加强欧洲科研区域建设	扩大参与和传播卓越	29.6	34
		改革与加强欧洲研究和创新体系	4.4	
	核研究——欧洲原子能共同体研究与培训计划（2021—2025）		19.81*	

总计：955

注：*标注的19.81亿欧元未纳入"地平线欧洲"总预算中。
资料来源：欧盟委员会。

欧盟科技框架计划的一个关键特征是其国际维度，有意"向世界开放"，以创造欧洲与世界各地其他研究区之间的研究合作机会。欧盟和中国是世界上研究与创新领域的两大领军地区，要实现各自制定的气候变化目标、为联合国可持续发展目标作出贡献，欧盟和中国之间的合作是不可或缺的。在"地平线2020"计划实施期间，中国就有590家机构参与了268个研究与创新项目。其中，约有44%的中方机构参与了旨在加强科研人力资源和流动性的玛丽·居里行动计划，15%的中方机构参与了食品安全、可持续农林业、海洋海事和内陆水资源研究以及生物经济领域的科研项目，10%的中方机构参与了气候行动、环境、资源效率和原材料领域的科研项目，7%的中方机构参与了智能、绿色与综合交通领域的科研项目，5%的中方机构参与了安全、清洁、高效的能源领域的科研项目，这使得欧盟与中国在气候、绿色转型和可持续发展领域的研究与创新合作项目占比达到37%。[①] 2020年暴发的新冠疫情给全球可持续发展带来了严峻的冲击，因此，为了在2030年和2050年实现气候目标，欧盟的"地平线欧洲"计划加强了在绿色转型和可持续发展方面的国际合作，尤其是和中国的合作。在2021—2022年的工作计划中，欧盟特别标记出了多个与中国开展针对性合作的主题，更以旗舰计划的形式特别标记了强烈鼓励中国合作伙伴参与、认为中方参与会增加项目提案价值的几个主题，包括支柱二"食品、生物经济、自然资源、农业和环境"以及气候变化和生物多样性。

除了科技框架计划，欧盟还通过其他计划来布局绿色转型领域的研究和创新，包括创新基金（Innovation Fund）、《欧盟绿色新政》研发招标等。具体来看，欧盟的创新基金主要目标是支持具有高度创新性和市场导向的项目，以实现欧盟的气候变化和可持续发展目标，支持领域包括可再生能源、能源储存、碳捕捉和利用、能源效率、低碳交通和可持续生产等。此外，创新基金还通过资助欧洲各国的创新项目，支持具有潜力的先进技术和解决方案的发展，并提供贷款、资助和股权融资等不同类型的支持。总的来看，欧盟创新基金旨在通过资助具有前瞻性的项目来推动欧洲经济的可持续发展，同时也提供了一种为具有创新性的创业公司提供资金支持的机会，以推动欧洲的经济增长和创新力量的提升。另外，在《欧盟绿色新政》框架下，欧盟也采取了一系列措施来支持欧洲的科研和创新资本，以应对气候变化和实现可持续发展的行动计划。自《欧盟绿色新政》发布以来，欧盟委员会调动10亿欧元资金为能源、建筑、交通等11个领域的创新研发项目进行招标。这些项目将为欧盟应对气候危机作出贡献，并帮助保护欧洲独特的生态系统和生物多样性，包括清洁能源技术，如太阳能、风能和生物能的技术研究，新型燃料电池和电动汽车的技术研究和开发，可持续的城市解决方案等。[②]

二、排放交易体系对欧盟绿色转型的推动

（一）欧盟排放交易体系发展的背景

本章第一节提及，欧盟排放交易体系（EU ETS）源自于1997年通过的《京都议定书》，它是推动欧盟绿色转型主要驱动力之一。《京都议定书》设立了全球二氧化碳等温室气体的排放总量控制目标，即2008—2012年，发达国家/地区的温室气体排放总量要在1990年的基础上平均减少5.2%；不同的发达国家/地区设定了不

[①] European Commission, Directorate-General for Research and Innovation，欧盟研究与创新框架计划，2021—2027：中国实用指南, Publications Office of the European Union, 2021, https://data.europa.eu/doi/10.2777/675187.

[②] 更多信息请参考：https://research-and-innovation.ec.europa.eu/strategy/strategy-2020-2024/environment-and-climate/european-green-deal_en#research-and-innovation-driving-transformative-change。

同的目标，例如欧盟设定了 8% 的减排目标。此外，《京都议定书》的另一个重要内容是建立了旨在减排温室气体的三种基于市场的机制，分别为国际排放交易机制（International Emissions Trading，IET）、清洁发展机制（Clean Development Mechanism，CDM）和联合履行机制（Joint Implementation，JI）。[①] 其中，国际排放交易机制允许包括欧盟在内的发达地区/国家为了履行减排义务，将其超额完成的减排义务指标，以交易的方式转让给另一个未能完成减排义务的发达国家，并同时允许排放限额（Assigned Amount Unit，AAU）上扣减相应的转让额度。清洁发展机制是指发达国家通过提供资金和技术，与发展中国家开展项目级合作，将项目所实现的"经核证的减排量"（Certified Emission Reduction，CER），用于发达国家缔约方完成在议定书下的减排承诺。联合履行机制是指发达国家之间通过项目级的合作，将其所实现的减排单位转让给另一发达国家缔约方，同时在转让方的允许排放限额（AAU）上扣减相应的额度。[②] 基于《京都议定书》设计的全球碳排放总量控制目标以及这三种机制，企业可以更好地规划中长期资本投资和气候行动，世界各国建立越来越多的碳排放交易市场，其中最著名的就是欧盟排放交易体系。

在签署《京都议定书》的次年（1998 年）7 月，欧盟委员会发布了题为《气候变化：后京都议定书的欧盟策略》（*Climate Change: Towards an EU Post-Kyoto Strategy*）的报告，提出在 2005 年前建立欧盟的排放交易体系。2001 年，欧盟委员会提交了建立排放交易体系意见稿；2003 年 7 月，经修改的意见稿获得了欧洲议会和部长理事会的通过，10 月 13 日，2003/87/EC 排放交易指令正式生效，该指令规定欧盟排放交易体系于 2005 年 1 月 1 日正式启动。

截至 2020 年，欧盟建成了世界上第一个多国参与的、全球最大的碳排放总量控制与交易体系。欧盟排放交易体系已在 30 个国家/地区实施，包括 27 个欧盟成员国、冰岛、列支敦士登和挪威；2020 年 1 月 31 日英国正式脱欧之后，其在 2021 年 1 月 1 日退出了欧盟排放交易体系，取而代之的是新建立的碳排放交易体系——英国排放交易体系（UK ETS）。此外，瑞士排放交易体系于 2020 年 1 月 1 日正式挂钩欧盟排放交易体系，由此形成了一个规模更大的碳市场，这使得整体合规成本下降，市场流动性增强，进一步夯实了欧洲碳市场的稳定性。此外，欧盟排放交易体系覆盖了欧盟机场之间的所有航班以及 12000 座工业工厂及其他工业设施，集中在大规模固定排放源，包括发电厂和高于 20 兆瓦的燃烧装置、炼油厂、钢铁制造以及有色金属、水泥、石灰、纸浆和造纸、玻璃、陶瓷、砖、石膏、矿棉和氨生产。覆

[①] 更多信息请参考：https://unfccc.int/zh/kyoto_protocol。
[②] 蓝虹. 碳交易市场发展及其制度体系的构建 [J/OL]. 改革，2022（1）（2022-05-24）. http://www.tanjiaoyi.com/article-38016-1.html.

盖的温室气体最初只限于二氧化碳，但是从2013年开始，化工行业中的铝生产排放出的全氟化碳，以及已二酸和硝酸生产排放出的一氧化二氮也会被包括在内，从而将体系覆盖的温室气体范围扩大到每年约1亿吨二氧化碳等价物。①

（二）欧盟排放交易体系发展的阶段

欧盟排放交易体系的发展历程可大致分为四个阶段（见表3-5）。总体来看，在过去17年间，欧盟排放交易体系主要呈现出覆盖行业逐步扩大、配额总量逐步收紧、减排承诺也愈加严格的主要趋势。其中，欧盟的配额分配制度从最初的祖父法免费分配制度（Grandfather），进化到基于历史产出和实际产出的免费分配制度（Benchmark），再进化到效率更高的以拍卖为主的市场分配制度。②此外，欧盟还运用长期的总量控制制度和政策，明确远期减排目标，以保护市场对碳资产价值稳定的预期。针对碳交易市场的流动性，欧盟通过法律确定碳资产的合法有效性，引导金融机构投资碳交易市场和碳配额交易，以金融手段提升了排放交易体系的流动性。③

表3-5　　　　　　　　欧盟排放交易体系发展四阶段

阶段	覆盖范围	期间配额总量	制度文件	减排承诺
第一阶段 （2005—2007年）	能源与工业：20兆瓦（MW）以上的电厂、炼油、钢铁、水泥、制砖、造纸行业； 温室气体：二氧化碳	为每一欧盟成员国设定总量，每年欧盟排放总量为21.1亿吨二氧化碳当量	2003/87/EC	
第二阶段 （2008—2012年）	能源与工业、航空业（自2012年起）； 温室气体：二氧化碳、一氧化二氮	为每一欧盟成员国设定总量，每年欧盟排放总量为20.9亿吨	2008/101/EC	2020年比1990年减少20%
第三阶段 （2013—2020年）	能源与工业、航空业、新的工业领域（如制铝、石油化工、制氨、硝酸、乙二酸、乙醛酸生产等）； 温室气体：二氧化碳、一氧化二氮、全氟化碳	集中式欧盟总量管制：2013年排放总量为20.8亿吨二氧化碳当量，以每年1.74%的幅度递减	2015/1814	

---

① 欧洲联盟. 欧盟气候政策说明［Z］. 2016.
② 欧盟有两类配额分配的基本机制：免费分配与拍卖。免费排放配额又可根据"祖父制"（Grandfather）或"基准法"（Benchmark）进行免费分配。其中，"祖父制"是指以某一给定基准期的历史排放水平为主要考量的分配方式，"基准法"则是根据某一给定产品组或行业的绩效评价确定排放配额的分配方式。拍卖允许政府通过拍卖方式分配配额。该种分配方式提供了价格发现机制，并通过为政府创收提供政府额外资金，用于实施进一步气候保护措施或补偿消费者因碳价而产生的额外成本。在第一和第二阶段，欧盟成员国制订国家分配计划决定各成员国的排放总量和排放总量分配方式。第一阶段大部分是根据"祖父制"原则免费分配配额，拍卖为辅；第二阶段有部分配额根据基准法进行免费分配，还有一部分配额采用拍卖或销售方式进行分配；在第三阶段，拍卖为配额的主要分配方式（特别是电力行业），对生产基准线高的行业，采用免费分配方式并逐步增加拍卖使用率；第四阶段（从2021年起），拍卖仍然为主要配额分配方式，欧盟范围内57%的配额原则上将被拍卖。
③ 蓝虹. 碳交易市场发展及其制度体系的构建［J/OL］. 改革，2022（1）（2022-05-24）. http：//www.tanjiaoyi.com/article-38016-1.html.

续表

阶段	覆盖范围	期间配额总量	制度文件	减排承诺
第四阶段（2021—2030年）	行业和温室气体范围无变化	集中式欧盟总量管制：2021年排放总量为16.1亿吨二氧化碳当量，以每年2.2%的幅度递减	2020/1722"减碳55"	2030年底温室气体排放量较1990年减少55%

资料来源：建设银行风险管理部。

欧盟排放交易体系的第一阶段（2005—2007年）覆盖的主要领域是能源与工业，包括20兆瓦以上的电厂、炼油、钢铁、水泥、制砖、造纸等行业，覆盖的温室气体只有二氧化碳，每年的排放总量设定为21.1亿吨二氧化碳当量。在该阶段，欧盟排放交易体系的重要特点是建立了总量控制制度，实施限额设定，即欧盟各成员国分配的欧盟排放交易体系配额（EU ETS Allowances，EUA）。欧盟要求每个成员国制订各自的国家分配计划（National Allocation Plan，NAP），并以此确定提供给每个国家的配额数量。然而，由于监测、报告、验证和数据采集标准的不一致，以及缺乏历史核实的排放数据，当时大多数成员国只能根据估算值来分配配额，由此导致了过度分配、成员国之间的配额错配等问题。例如，过度分配曾经造成欧盟每年约21.1亿吨配额的二氧化碳超额分配高达9700万吨，占年度总配额的4.6%。另外，过度分权又增加了整个过程的复杂性、行政负担和交易成本，同时降低了透明度，还赋予了行业向政府施加压力的权利，要求其发放与其他政府一样多的配额。

在第二阶段（2008—2012年），欧盟对覆盖范围和配额的分配政策进行了调整，主要包括：（1）自2012年起，除了能源和工业领域，欧盟排放交易体系还覆盖了欧盟机场之间的所有航班。（2）欧盟在这一阶段解决了此前过度分配的问题，欧盟委员会采用相应公式来评估成员国的分配计划，削减了成员国10%的配额。（3）欧盟每年排放总量向下调整至20.9亿吨。（4）三个非欧盟国家加入了欧盟排放交易体系，分别为冰岛、列支敦士登和挪威。（5）温室气体的覆盖范围扩大，包括二氧化碳和一氧化二氮。然而，2008年经济危机给许多领域带来了严重的冲击，由于产能减少，更低的排放量需要更少的配额，甚至出现了配额过剩。[1]

第三阶段（2013—2020年）欧盟排放交易体系在第二阶段的基础上又一次地进行了改革。首先，欧盟改变了排放交易体系排放总量单一上限的规则，从2013

---

[1] 蓝虹．碳交易市场发展及其制度体系的构建［J/OL］．改革，2022（1）（2022-05-24）．http://www.tanjiaoyi.com/article-38016-1.html.

年的20.8亿吨开始每年以1.74%的幅度递减，到2020年达到18.4亿吨的排放总量。其次，该体系覆盖的行业范围在第二阶段基础上增加了新的工业，如制铝、石油化工、制氨、硝酸、乙二酸、乙醛酸生产等。再次，排放交易体系覆盖了更多的温室气体，包括二氧化碳、一氧化二氮、全氟化碳。目前来看，欧盟排放交易体系所处的第四发展阶段（2021—2030年）已是相对稳定的阶段。该阶段的一个重要特点是实施了更有针对性的碳泄漏规则。对于风险较小的行业，欧盟将在2026年后逐步取消免费分配的配额。同时，欧盟将为密集型工业部门和电力部门建立低碳融资基金，主要包括创新基金和现代化基金。①

在全球温室气体减排实践中，欧盟排放交易体系与碳价机制被认为是推动低碳绿色转型最有效的市场经济手段。从上文梳理的四个发展阶段来看，欧盟排放交易体系主要具有以下几个特点。第一，欧盟碳市场交易范围在不断拓宽。市场参与主体从欧盟成员国，到新增列支敦士登、挪威、冰岛以及建立与瑞士碳市场的联系；纳入排放交易体系的控排企业从电力、工业延伸到化工、石化、航空等企业；交易的温室气体从单一的二氧化碳，到一氧化二氮、全氟化碳。第二，欧盟排放交易体系中的配额总量在不断收缩。欧盟的配额总量从前两阶段的自下而上确认，转为集中式欧盟总量管制，并且在第三阶段和第四阶段分别按照年均下降1.74%和2.2%的幅度来收缩，同时设定市场稳定机制（MSR），对流通中的配额总量进行调控。② 第三，欧盟逐步提高了配额有偿分配比例。在第一阶段，多数成员国均采用100%的免费配额分配方式。进入第二阶段后，德国等少部分成员国允许配额拍卖方式，占比仅为总配额的3%。从第三阶段开始，欧盟力推配额拍卖方式。到了第四阶段，欧盟碳市场拍卖配额占比继续增加，约57%的配额采用拍卖方式，其中部分行业（如电力）的拍卖比例高达100%。与此同时，欧盟继续为碳泄漏风险极高的行业保留免费配额，采取"基准线法"并结合行业进步每5年更新基准线，以提高免费配额的针对性。第四，欧盟碳市场交易品种不断丰富，激励绿色项目融资。欧盟碳市场交易产品主要包括欧盟内部通过免费和有偿方式分配的碳排放权配额现货和碳金融衍生品、核证减排量（CER）、自愿减排量（VER）等。进入第四阶段以后，欧盟修正碳市场立法框架，建立低碳融资机制，引入碳基金等金融产品，推动市场向低碳经济转型。③ 总的来看，欧盟

---

① 创新基金用于产业内技术创新和突破，扩充NER300计划资金数额，相当于至少4.5亿欧元排放津贴的市场价值。现代化基金用于投资电力部门的现代化能源系统升级改造，并帮助低收入成员国的碳密集部门实现公平过渡。更多信息请参考：蓝虹. 碳交易市场发展及其制度体系的构建［J/OL］. 改革，2022（1）（2022 - 05 - 24）. http://www.tanjiaoyi.com/article - 38016 - 1. html.

② 更多信息请参考：http://www.tanjiaoyi.com/article - 33323 - 6. html。

③ 更多信息请参考：https://www.allbrightlaw.com/CN/10475/3eea57250bfd2f74.aspx。

碳排放交易体系是一种采取市场机制促进碳减排的方法，通过供求关系和价格信号来引导企业采取更多的减排措施，从而达到减少温室气体排放的目的。

第三节 欧盟绿色转型的资金来源

一、欧盟公共财政政策

欧盟应对气候变化政策的基本模式是协同运用各类经济政策手段，利用市场机制，构建低成本的温室气体减排体系，实现各项减排目标。欧盟的公共财政政策[①]是其应对气候变化的重要工具，其中，欧盟多年期财政框架（Multiannual Financial Framework，MFF）/欧盟财政预算[②]是欧盟层面应对气候变化的最重要资金来源。

（一）欧盟多年期财政框架简介

正如《中东欧经济研究报告 2018—2019》[③] 中所介绍的，自 20 世纪 80 年代以来，欧盟以 5~7 年的长期预算模式运作，为年度财政预算提供了稳定的框架。近些年，欧盟的长期预算又被称为多年期财政框架，它规定了财政资金的优先使用领域，并设置了欧盟年度支出的限额。在每个欧盟的年度预算中，实际预算通常低于多年期财政框架所设置的上限，以便应对危机和紧急情况的发生。除此之外，欧盟年度财政预算的收入和支出必须保持平衡。到目前为止，欧盟委员会已先后制定了 6 轮长期预算框架，并在每轮计划周期制定了阶段性目标，辅之以相应的资金支持（见表 3-6）。欧盟长期预算资金的主要来源包括自有资金、盈余

[①] 欧盟的财政政策是由欧盟成员国的财政政策和欧盟机构制定的政策共同组成，其主要财政政策包括欧盟预算（欧盟每年都会制定一项预算，以资助各种项目，包括科研、教育、社会援助和农业等）、欧洲投资银行（欧盟的金融机构，旨在促进欧洲经济的发展。它为欧盟成员国提供贷款、融资和技术援助）、稳定机制（旨在通过协调财政政策，为成员国提供援助，以缓解债务危机和经济衰退的影响）、税收政策（欧盟成员国的税收政策在很大程度上是独立的，但欧盟机构也会就某些税收问题提出建议，并协调一些税收政策以消除不公平的竞争）以及财政监管（监督成员国的财政政策，以确保各国的财政政策符合欧盟的规定，并且避免财政赤字和债务问题）。

[②] 欧盟预算是欧盟为实现其政策目标而制订的财政计划，通常是一年一度的。预算中包括欧盟收入和支出，用于支持欧盟政策的实施，例如农业、环境、交通、研究、教育等。欧盟预算是由欧盟委员会和欧盟成员国共同制定和批准的。欧盟多年期财政框架是一项长期财政计划，用于规划和管理欧盟的财政支出，通常为 7 年。多年期财政框架的制定是为了提高欧盟财政预算的稳定性和可预见性，使欧盟能够更好地规划和实施其政策。在多年期财政框架中，欧盟确定了其在未来 7 年内的支出和收入预算，以及财政支出的优先事项和分配方式。因此，欧盟预算和欧盟多年期财政框架是相互关联的。欧盟多年期财政框架提供了一个长期的财政规划框架，而欧盟预算则是在该框架下实施的具体财政计划。欧盟预算的制定和执行必须符合欧盟多年期财政框架的要求和规定。

[③] 姜建清. 中东欧经济研究报告 2018—2019［M］. 北京：中国金融出版社，2019.

资金及其他来源。其中，自有资金占欧盟收入的绝大部分，包括关税、来自成员国基于增值税和国民总收入的捐款等。①

表3–6　　　　　　　　　　　欧盟6轮多年期财政框架

序号	时间区间	内容	预算总额
第1轮	1988—1992年	欧盟1988—1992年财政展望（德洛尔Ⅰ一揽子计划）主要为《单一欧洲法案》的预算实施提供所需的资金	920亿欧洲货币单位
第2轮	1994—1999年	欧盟1994—1999年财政展望（德洛尔Ⅱ一揽子计划）主要目的是推动欧洲共同体的经济和货币一体化进程，以便为欧盟成员国提供更加稳定和繁荣的经济环境	5500亿欧洲货币单位
第3轮	2000—2006年	2000—2006年的7年期财政计划，即《2000年议程》，旨在通过推动一系列政策和措施，使欧盟在经济、社会和环境方面更加稳定、更具竞争力和更加可持续	5400亿欧元
第4轮	2007—2013年	在2007—2013年多年期财政框架周期，欧盟的发展重心集中在三个优先事项和两大关键改革。重点投资领域为研究和创新（25%）、环境基础设施和应对气候变化的措施（30%）	9760亿欧元
第5轮	2014—2020年	2014—2020年多年期财政框架主要目的是支持《欧洲2020战略》所提出的智能型、可持续性和包容性增长，以确保欧洲在全球竞争中的地位	10826亿欧元
第6轮	2021—2027年	2020年11月10日，欧洲议会和欧盟理事会成员国最终就2021—2027年欧盟多年期财政框架预算以及"欧盟下一代"复兴计划（抗击新冠疫情的临时复苏工具）达成历史性协议。这项欧盟有史以来最大的一揽子计划预算总额高达18243亿欧元，旨在重建新冠疫情后的欧洲，使其更加绿色和数字化、更具韧性、更能够应对当前和未来的挑战	18243亿欧元

资料来源：笔者根据欧盟委员会官网资料整理。

1988—1992年的5年期财政展望，又称"德洛尔Ⅰ一揽子计划"（Delors Ⅰ package），其主要目的是为《单一欧洲法案》的预算实施提供所需的资金。② 该计划是欧盟成立后的首个全面性计划，由以下三大要素组成。第一，《单一欧洲法案》：该法案于1986年通过，旨在建立欧洲单一市场，消除内部贸易壁垒，实现货物、服务、资本和劳动力的自由流动。第二，欧洲货币体系（European Monetary System）：该体系于1979年启动，旨在协调欧洲货币政策，稳定欧洲货币市场。第三，区域和社会基金（Regional and Social Funds）：该基金旨在降低欧

---

① 更多信息请参考：https://app.cibresearch.com/shareUrl?name=000000007ae2490e017b9a5b257751a8。
② 更多信息请参考欧洲议会官网：https://www.europarl.europa.eu/factsheets/en/sheet/29/multiannual-financial-framework。

洲不同地区经济不平衡的程度，为经济相对落后地区提供资金支持和技术援助，以促进欧洲经济和社会的协调发展。

1994—1999年的6年期财政展望，又称"德洛尔Ⅱ一揽子计划"（Delors Ⅱ package），其主要目的是推动欧洲共同体的经济和货币一体化进程，以便为欧盟成员国提供更加稳定和繁荣的经济环境。德洛尔Ⅱ一揽子计划主要包括三方面内容：（1）在经济一体化方面，该计划聚焦于消除欧盟成员国之间的贸易壁垒和促进自由贸易；（2）在货币一体化方面，德洛尔Ⅱ一揽子计划致力于推动欧洲货币联盟的建立，为欧洲提供一个共同的货币和货币政策框架；（3）在社会一体化方面，德洛尔Ⅱ一揽子计划旨在推动欧盟成员国之间的社会政策协调，以确保所有欧盟公民都能够享受到公正和可持续的社会保障。①

2000—2006年的7年期财政计划（即《2000年议程》，*Agenda* 2000）旨在通过推动一系列政策和措施，使欧盟在经济、社会和环境方面更加稳定、更具竞争力和更加可持续。该计划涉及了欧盟经济改革、社会改革、环境可持续性、欧盟扩大②和外交政策五大领域。其中，环境可持续性被明确列入此轮财政规划之中，展现了欧盟致力于保护环境和可持续发展的决心。

欧盟第4轮2007—2013年多年期财政框架（2007—2013 Multiannual Financial Framework，MFF）支持的发展重心集中在三个优先事项和两大关键改革。三个优先事项分别为促进可持续发展（确保欧盟成为一个以知识为基础、以增长为导向的经济体）、确保欧洲民众获得基本公共产品和服务以及促进欧盟作为全球伙伴的作用；两大关键改革分别为增长和就业。③

第5轮是2014—2020年多年期财政框架（2014—2020 Multiannual Financial Framework，MFF），目的是支持《欧洲2020战略》（*Europe* 2020 *Strategy*）中所提出的智能型、可持续性和包容性增长，以确保欧洲在全球竞争中的地位。在上述战略文件中，欧盟设定了五大目标，分别为增加就业、提高研发和创新能力、促进欧洲向低碳经济转型、提高教育水平以及减贫和社会包容。为实现这些目标，欧盟提出了一系列具体的政策措施，如推动数字化转型、鼓励可再生能源的使用和发展、加强教育领域的投资和改革、提高社会保障体系的可持续性等。

---

① 德洛尔Ⅱ一揽子计划是欧盟历史上的重要里程碑，它为欧盟经济和货币一体化提供了一个强有力的框架，并加速了欧盟内部的整合进程。这一计划的成功也为欧盟未来的政策制定提供了宝贵的经验教训。

② 1999年5月，欧盟改革方案《2000年议程》达成最终协议，这是欧盟关于准备东扩的专门文件。根据该协议，欧盟将削减占欧盟基金份额最大的农业补贴，并将重新安排用于贫困地区的开支。协议的达成使欧盟可为接纳10个新成员国提供资金，从而为欧盟在今后10年里向东扩展铺平了道路。

③ 更多信息请参考欧洲议会官网：https：//eur-lex.europa.eu/EN/legal-content/summary/towards-a-new-financial-framework-2007-2013.html#document1。

2020年11月10日，欧洲议会（European Parliament）和欧盟理事会（Council of the European Union）成员国最终就2021—2027年欧盟多年期财政框架（2020—2027 Multiannual Financial Framework，MFF）预算以及"欧盟下一代"（Next Generation EU，NGEU）复兴计划（抗击新冠疫情的临时复苏工具）达成历史性协议。这项欧盟有史以来最大的一揽子计划将由欧盟预算支持，其总额高达18243亿欧元，旨在重建新冠疫情后的欧洲，使其更加绿色和数字化、更具韧性、更能够应对当前和未来的挑战。[1]

总体来看，在过去30多年，欧盟多年期财政计划长期为欧盟绿色项目的研究和创新，以及可再生能源、能源效率和可持续交通的发展提供资金支持，在欧洲的可持续发展和低碳绿色转型领域发挥了关键的作用。（1）欧盟第1轮多年期财政预算资助了专注于保护环境和生物多样性的环境与气候（LIFE）[2] 项目，以及支持可再生能源发展的环境能源技术（THERMIE）[3] 项目。（2）接下来的第2轮财政计划支持创建了欧洲投资银行的环境基金，并资助了欧盟能源、运输和环境领域的研究和发展项目。（3）1999年通过的《2000年议程》首次将"环境和可持续性"列为2000—2006年欧盟财政支持重点领域，展现了欧盟对绿色转型和可持续发展支持的决心。（4）在2007—2013年多年期财政框架下，欧盟将应对气候变化和促进可持续发展列入未来重点资助的三大优先事项之一，进一步凸显了欧盟发展绿色经济的迫切性。（5）第5轮多年期财政框架将"促进欧洲向低碳经济转型"设定为未来的五大目标之一，延续了欧盟对可持续发展的重视程度，特别是，此轮欧盟预算涵盖了"地平线2020"计划下支持能源转型、交通和环境领域研究与创新的众多项目。（6）目前正在实施的第6轮多年期财政框架更是将绿色转型视为欧盟经济现代化转型的驱动动力之一，承诺将本轮预算资金的37%用于解决气候变化问题，这也是欧盟有史以来最大的预算中的最高份额。

（二）2021—2027年多年期财政框架下欧盟绿色转型

正如上文所述，2021—2027年多年期财政框架以及"欧盟下一代"复兴计划是欧盟在新冠疫情全球暴发后通过的，其主要目的是重建疫情后的欧洲，通过支持绿色和数字化的投资及改革，使欧盟及其成员国经济更具韧性，更能够应对当前和未来的挑战。从欧盟委员会2020年11月11日发布的详细数据来看[4]，

---

[1] 姜建清. 中东欧经济研究报告2020—2021 [M]. 北京：中国金融出版社，2021.
[2] 更多信息请参考欧盟委员会官网：https://cinea.ec.europa.eu/programmes/life/history-life_en.
[3] 更多信息请参考欧盟委员会官网：https://cordis.europa.eu/article/id/8066-thermie-international-cooperation-in-energy-technology。
[4] European Comission. EU's Next Long-term Budget & NextGenerationEU: Key Facts and Figures. November 2020.

2021—2027年欧盟多年期财政最终确认的预算总额为10743亿欧元，虽然较2018年5月2日欧盟委员会发布的提案（12794亿欧元）减少了2051亿欧元，但欧盟却增加了因疫情而设立的2021—2023年复兴计划预算（7500亿欧元），使得此次一揽子计划预算总额达到18244亿欧元，远超2018年的预算提案。[①]

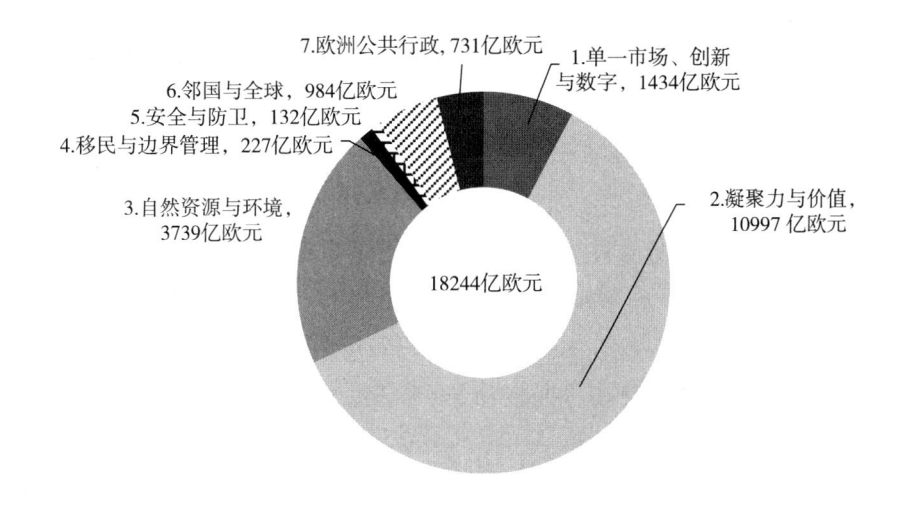

注：图中2021—2027年多年期财政框架包含了欧盟复兴计划的资金。

图 3-4 欧盟 2021—2027 年多年期财政框架最终方案

（资料来源：欧盟委员会）

此轮多年期财政框架主要涵盖了七大支出领域，分别为单一市场、创新与数字，凝聚力与价值，自然资源与环境，移民与边界管理，安全与防卫，邻国与全球以及欧洲公共行政，其重点支持的项目包括欧洲地区发展基金（ERDF）、欧洲社会基金（ESF）、聚合基金（CF）、欧洲农业保障基金（EAGF）、欧洲农业农村发展基金（EAFRD）等，全新及强化的优先项目包括欧盟健康计划（EU4Health）、公正过渡基金（JTF）等。对比来看，新增加的欧盟复兴计划重点涵盖了三大优先领域，分别为单一市场、创新与数字，凝聚力与价值以及自然资源与环境，其细分项目包括经济复苏和恢复社会秩序基金（RRF）、欧盟政策补助资金（REACT—EU）、地平线欧洲基金（Horizon Europe）、欧盟投资基金（InvestEU）、农村发展基金（Rural Development）、公正过渡基金以及欧盟委员会应急资金（rescEU）。[②]

整体来看，2021—2027年欧盟长期预算贯彻了欧洲气候治理行动，通过多个项目对欧洲绿色低碳转型提供了支持，积极推动了欧洲向气候中和过渡。第一，

[①] 姜建清. 中东欧经济研究报告 2020—2021 [M]. 北京：中国金融出版社，2021.
[②] 姜建清，汪泓. 欧洲区域经济研究报告 2021—2022（中东欧卷）[M]. 北京：中国金融出版社，2022.

在"欧盟下一代"复兴计划中，欧盟特别设定了欧盟成员国用于支持绿色转型的资金占比。复兴计划的核心项目为经济复苏和恢复社会秩序基金，占复兴计划预算总额的89.7%。为了能够获得经济复苏和恢复社会秩序资金，欧盟成员国须制订各自的国家复苏和恢复计划，其中必须包括一系列连续的，能在2026年以前得以实施的改革措施以及公共投资计划。同时，欧盟委员会特别指出，欧盟成员国制订的复苏计划须立足于中长期，聚焦于如何更有效地从数字和绿色转型中获益。因此，针对成员国提交的计划，欧盟委员会将重点评估该成员国是否将至少37%的资金支出用于支持气候目标。第二，除了经济复苏和恢复社会秩序基金，欧盟长期预算框架下的共同农业政策（Common Agricultural Policy，CAP）与欧盟绿色转型也息息相关。欧盟共同农业政策支持农业部门进一步向可持续发展转型，促进农村地区有活力、公平地发展，确保人们获得安全、高品质和价格适中的食品。欧盟共同农业政策主要由欧洲农业保障基金和欧洲农业农村发展基金支持，2021—2027年欧盟预算对其总拨款为3866亿欧元。欧盟2023年1月1日正式实施的共同农业战略计划（CAP strategic plans）允许上述两只基金之间有更大程度的灵活性，预计两者总额的40%在未来将用于欧洲农业绿色转型项目，特别是《欧盟绿色新政》提出的"从'农场到餐桌'计划"。[①] 第三，欧盟长期预算框架下的公正过渡基金有力地保障了欧盟绿色转型的公正性和转型效率。为了获得欧盟公正过渡专项资金，欧盟成员国需要制定并提交各自的"领土公正过渡计划"（TJTPs）并交与欧盟委员会进行评估。若计划书通过审核，欧盟成员国将获得来自长期预算划拨的总额为75亿欧元（2018年价格）的欧盟资金。这笔资金主要用于支持成员国碳密集型地区向气候中和经济的过渡。[②]

二、欧盟可持续金融体系

欧洲不仅是气候和环境问题的最早倡导者，也是可持续金融领域的全球引领者。正如上文介绍，欧盟多年期财政框架为欧盟应对气候和环境问题、推进绿色低碳转型提供了稳定的资金来源。然而，要实现《欧盟绿色新政》所设定的众多目标，欧盟需要将大量资金投入其中，仅靠欧盟财政划拨远远不够。据欧盟委员会测算，若想实现2030年的阶段性气候和能源目标，欧盟平均每年需要追加2600亿欧元的额外投资，约占欧盟2018年GDP的1.5%。这意味着在未来欧盟还需要通过可持续金融工具引导更大规模的资金来支持欧盟的绿色转型和可持续

[①] 更多信息请参考欧盟委员会官网：https：//agriculture.ec.europa.eu/common-agricultural-policy/financing-cap/cap_funds_en。

[②] 姜建清，汪泓. 欧洲区域经济研究报告2021—2022（中东欧卷）[M]. 北京：中国金融出版社，2022.

发展。目前来看，欧盟层面已逐步形成了系统的可持续金融政策框架，为欧盟绿色转型作出了巨大的贡献。

（一）欧盟可持续金融政策框架的形成

绿色金融和可持续金融概念出现的时间大致也在20世纪70年代，其政策体系框架主要是由国际组织逐步搭建起来的，在此过程中欧盟起到了至关重要的作用。早在1972年，联合国在斯德哥尔摩签署了《联合国人类环境会议宣言》，首次提出"应筹集资金来维护和改善环境"，鼓励世界各国加入环境保护和治理的阵营。在此之后，联合国环境规划署又于1992年在里约地球峰会上通过了《联合国气候变化框架公约》，并宣布成立"金融倡议"（UNEP FI），督促可持续金融的发展，同时发布了《银行界关于环境可持续的声明》[①]。2003年，世界银行下属的国际金融公司（IFC）与9家商业银行共同制定并发布了绿色金融领域最为著名的"赤道原则"（Equator Principles，EPs），进一步推进了绿色信贷的国际化。[②]

虽然可持续金融的概念出现得较早，但可持续金融发展获得真正的动力是在2015年9月联合国通过《2030年可持续发展议程》以及2016年的《巴黎协定》签署之后。其中，《巴黎协定》在气候融资方面取得了重大进展，提出"使资金流动符合温室气体低排放和气候适应型发展的路径"的要求。然而，实现可持续发展目标（SDG）、《巴黎协定》承诺和其他环境目标将需要大量投资，资金需求远远超出公共部门的支持范围。从全球范围来看，每年需要数千亿欧元的私人资本来应对气候变化，欧盟预计实现主要的气候和能源目标需要在未来几十年内每年增加1700亿~2900亿欧元的投资。因此，改革现有金融体系以调动和重新引导私人资本支持履行欧盟的气候、环境和可持续性承诺是所有气候和可持续发展目标成败的关键。[③]

在此背景下，为了应对转型带来的影响以及提高金融服务可持续增长的效率，欧盟委员会公布了改革欧盟金融体系的战略，并且基于欧盟高级专家组（High-Level Expert Group，HLEG）对可持续发展融资的建议，于2018年3月发布了《可持续发展融资行动计划》（Action Plan: Financing Sustainable Development）（见表3-7）。该计划详细说明了欧盟委员会将采取的可持续金融行动、实施计划

---

① 包括银行、保险公司和投资机构在内的200多家金融机构与联合国环境规划署合作，旨在了解当今的环境、社会和公司治理（ESG）挑战。

② 赤道原则为金融机构在全球矿业、石油气和林业等行业的项目融资提供了一个环境和社会风险管理框架与标准。采用赤道原则的金融机构承诺实施符合上述原则的环境和社会政策与控制程序。截至2022年底，全球39个国家的140个金融机构使用了赤道标准，赤道标准成为全球管理项目融资环境和社会风险的行业标准。

③ 气候债券倡议组织. 关于《绿色债券支持项目目录》和《绿色产业指导目录》与欧盟《可持续金融分类方案》的比较讨论（一）[Z]. 2019-09.

和时间表，被视为欧盟可持续金融发展的综合战略和实施路线图，目的是建立可持续金融综合体系，从而实现欧盟的可持续发展与应对气候变化目标。同年5月，欧盟委员会技术专家组（Technical Expert Group，TEG）成立，协助行动计划的推进。欧盟《可持续发展融资行动计划》的最显著要点包括建立一个新的欧盟可持续活动分类体系，即《欧盟可持续金融分类方案》（EU Taxonomy），将环境可持续性纳入机构投资人和资产管理人的受托责任，并采取措施改善企业非金融和气候相关信息的披露。《欧盟可持续金融分类方案》是对低碳经济活动重新定位的最大进步之一，有助于缩小自《巴黎协定》以来日益明显的气候行动和实体经济投资之间的差距。2019年6月，欧盟委员会技术专家组连续发布了《欧盟可持续金融分类方案》技术报告、《欧盟绿色债券标准》（EU Green Bond Standard）以及《自愿性低碳基准》（Voluntary Lowcarbon Benchmarks）三份报告。这些报告是欧盟《可持续发展融资行动计划》的重要组成部分，将成为欧洲金融领域新监管框架的制定基准，为欧盟应对气候变化、实现可持续发展目标迈出了重要一步。[①]

表3-7　　　　欧盟《可持续发展融资行动计划》10项行动要点

序号	行动要点
1	为可持续性的经济活动建立一个欧盟分类体系
2	为绿色金融产品建立标准和标签
3	促进对可持续性项目的投资
4	在提供融资建议时纳入可持续性因素
5	制定低碳和可持续性基准
6	更好地将可持续性纳入评级和市场研究
7	厘清机构投资人和资产管理人的职责
8	将可持续发展要求纳入审慎要求
9	加强可持续性信息披露和会计准则制定
10	提升企业可持续治理能力并规避资本市场的短期行为

资料来源：气候债券倡议组织（Climat Bonds Initiative）。

2020年3月，欧盟技术专家工作组向欧盟委员会提交了《欧盟可持续金融分类方案》的最终报告与政策建议，2020年7月该方案正式生效。为了进一步完善欧盟范围资金更顺利地投向可持续性的经济活动，2021年4月21日，欧盟委员会通过了囊括各种相关措施的"一揽子计划"，主要包括三个重要内容：（1）发布《欧盟可持续金融分类气候授权法案》（EU Taxonomy Climate Delegated Acts，

---

① 气候债券倡议组织. 关于《绿色债券支持项目目录》和《绿色产业指导目录》与欧盟《可持续金融分类方案》的比较讨论（一）[Z]. 2019-09.

简称《气候授权法案》);(2)建议订立《企业可持续发展报告指令》;(3)6个"授权法案"的修正案,包括信托义务、投资和保险顾问、金融产品监督和治理等。其中《气候授权法案》是欧盟在2019年12月出台的《欧盟绿色新政》和2020年生效的《欧盟可持续金融分类方案》下为实现欧洲2050年碳中和目标的重要举措。《气候授权法案》响应了《欧盟绿色新政》设立的六大环境目标中的两大目标,即减缓气候变化(Climate Change Mitigation)和适应气候变化(Climate Change Adaptation),阐明了技术筛选标准(TSC),以及哪些经济活动可为实现欧盟的环境目标作出最大贡献。该法案以欧盟委员会第(EU)2021/2139号授权规例发布,于2021年12月29日生效,并从2022年1月1日开始适用。

表3-8 欧盟可持续金融相关政策一览

日期	政府机构或监管部门	相关政策或行动
2016年12月	欧盟委员会	成立可持续金融高级专家组
2018年3月	欧盟委员会	《可持续发展融资行动计划》
2018年5月	欧盟委员会	成立可持续金融技术专家组,以协助开发欧盟分类系统(可确定经济活动在环境方面的可持续性)、欧盟绿色债券标准、欧盟气候基准及信息披露规范、企业气候相关信息披露指南等内容
2018年12月	欧洲银行管理局	加入了由中央银行和监管机构组成的绿色金融系统网络(NGFS)
2019年6月	欧盟委员会技术专家组	《欧盟可持续金融分类方案》;《欧盟绿色债券标准》;《自愿性低碳基准》
2019年12月	欧盟委员会	《欧盟绿色新政》及路线图
2019年12月	欧洲银行管理局	《可持续金融行动计划》
2020年7月	欧盟委员会	《分类法条例》(The Taxonomy Regulation)
2020年12月	欧盟委员会	《气候对标条例》
2021年3月	欧盟委员会	《可持续金融披露条例》(SFDR)正式生效;《转型金融报告》
2021年3月	欧盟委员会	《强制性供应链尽职调查倡议》
2021年4月	欧盟委员会	《欧盟可持续金融分类气候授权法案》;《企业可持续发展报告指令》(CSRD)征求意见稿;6项关于信托责任、投资和保险建议的修订授权法案
2021年7月	欧盟委员会	"减碳55"一揽子立法计划,包含13项立法提案
2022年2月	欧盟委员会	《气候授权补充法案》
2022年11月	欧洲理事会	《企业可持续发展报告指令》(CSRD)通过

资料来源:新华财经研报中心、笔者根据公开信息整理。

(二) 欧盟可持续金融政策体系的特点

从现有的规章制度来看，欧盟的可持续金融政策体系搭建有以下几个特点。

第一，欧盟可持续活动的分类标准界定详细且有参考案例，可操作性强。《欧盟可持续金融分类方案》提供了一个有效的分类清单，包含了关于 67 项经济活动的筛选标准，行业分类与欧盟成员国和国际统计框架相兼容，涵盖近乎所有经济领域和经济活动。在《欧盟可持续金融分类方案》标准的基础上，欧盟还制定了绿色债券的界定标准文件《欧盟绿色债券标准》，形成了政策之间的衔接和统一。例如《欧盟绿色债券标准》明确绿色项目应至少有助于实现《欧盟可持续金融分类方案》的六项环境目标中的一个或多个，并对其他五项没有重大损害，且满足最低限度的社会保障。[①]

《欧盟可持续金融分类方案》的出台，有助于全球各国政策制定者和监管机构加快可持续金融监管体系建设的进程。目前，马来西亚、印度、摩洛哥和日本等国也在其绿色债券指导文件中列入了符合条件的资产清单。例如东盟的绿色债券标准包含了绿色项目类别并明确排除化石燃料，日本环境部在其绿色债券指引中也提供了符合条件的项目清单。中国人民银行更是早在 2015 年便发布了《绿色债券支持项目目录》，提供适用绿债发行的项目清单。此外，其他国家也开始效仿欧盟的技术专家组模式，比如英国成立了绿色金融专家组，加拿大成立了可持续金融专家团。[②]

第二，针对金融机构和实体企业欧盟均制定了信息披露要求。欧盟在修订政策法规时，对上市公司、资产所有者、资产管理机构的非财务信息的披露与评估作出日渐明确和强制性的要求，并逐步完善了披露政策的操作细节，扩大了资本市场参与主体范围。金融机构的披露方面，2021 年 3 月正式生效的欧盟《可持续金融披露条例》要求机构投资者、资产管理公司和投资顾问公司必须披露他们如何在实体层面整合可持续发展风险和不利影响，并对其 ESG 产品的可持续发展风险和不利影响进行分类和报告。

上市公司披露方面，2022 年 11 月通过的《企业可持续发展报告指令》要求所有在欧盟的上市公司和大型非上市企业、在欧盟净营业额超过 1.5 亿欧元的非欧盟企业以及至少一个子公司或分支机构在欧盟的非欧盟企业提供可持续发展报告。欧盟《企业可持续发展报告指令》将可持续发展报告提升到与财务报告相同

[①] 更多信息请参考：平安证券. 绿色金融和可持续发展：构建系统化的总量指标体系 [Z]. 2021 – 05 – 30.

[②] 气候债券倡议组织. 关于《绿色债券支持项目目录》和《绿色产业指导目录》与欧盟《可持续金融分类方案》的比较讨论（一）[Z]. 2019 – 09.

的高度，目的是提高企业可持续发展信息披露的质量，使企业提供更为可靠、相关和可比较的环境、社会和治理信息，为管理部门、各相关方以及绿色经济发展提供更为真实、准确、全面的信息依据。[①]

第三，欧盟出台的可持续金融政策之间形成了较好的协同作用，有效发挥了可持续金融对于欧盟低碳转型的支持作用。例如，《可持续发展融资行动计划》和《欧盟绿色新政》两项指导性文件有助于社会形成低碳转型的共识，详细的分类标准和信息披露规则为识别节能减排项目提供参考，加大金融机构的参与度、推出多元化的绿色金融产品则有助于引导资本流向低碳转型和节能减排项目。

[①] 李雅婷. 探索碳管理｜欧盟 CSRD 即将落地，对推动中国 ESG 与碳管理发展有何启示？［EB/OL］. (2022－11－28). https：//wri. org. cn/insights/What－can－we－learn－from－CSRD。

第四章　欧盟绿色转型进展及面临的挑战

第一节　欧盟向绿色经济转型现状

一、欧盟绿色新政实施进展

如本篇第三章介绍，欧盟委员会 2019 年 12 月发布的《欧盟绿色新政》是欧盟当前最重要的绿色政策框架和增长战略。该计划旨在"将欧盟转变为一个公平、繁荣的社会和富有竞争力的资源节约型现代化经济体，到 2050 年欧盟温室气体达到净零排放，并且实现经济增长与资源消耗脱钩"，让欧洲走上可持续和包容性发展道路。《欧盟绿色新政》几乎覆盖了欧盟所有经济和社会领域，包括能源、工业、生产和消费、大型基础设施建设、交通运输、粮食和农业、建筑、税收和社会福利等，并计划制定与上述领域相对应的一系列变革措施。此外，为实现《欧盟绿色新政》设定的众多目标，欧盟还需要将大量资金投入其中。据欧盟委员会测算，若想实现 2030 年的阶段性气候和能源目标，欧盟平均每年需要追加 2600 亿欧元的额外投资，约占欧盟 2018 年 GDP 的 1.5%。因此，欧盟委员会于 2020 年 1 月提出了《欧盟绿色新政可持续投资计划》（Sustainable Europe Investment Plan）和"公正过渡机制"（Just Transition Mechanism），希望在未来 10 年，利用公共机构和私有资本进行 1 万亿欧元的投资，以协助欧盟绿色转型旗舰计划的顺利进行。[①]

自《欧盟绿色新政》发布以来，欧盟委员会在其框架下已出台了 40 多项政

---

① 更多信息请参考：姜建清，汪泓. 欧洲区域经济研究报告 2021—2022（中东欧卷）[M]. 北京：中国金融出版社，2022.

策、计划和行动方案（见表 4-1），其中，值得我们关注有以下几项里程碑事件[①]。

表 4-1　《欧盟绿色新政》框架下出台的重要政策、计划和行动方案

时间	政策名称
2019 年 12 月 11 日	《欧盟绿色新政》
2020 年 1 月 14 日	《欧盟绿色新政可持续投资计划》 "公正过渡机制"
2020 年 3 月 4 日	提议出台《欧洲气候法》
2020 年 3 月 10 日	《欧洲工业战略》（European Industrial Strategy）
2020 年 3 月 11 日	《循环经济行动计划提案》（Proposal of a Circular Economy Action Plan）
2020 年 5 月 20 日	《欧盟生物多样性战略 2030》（EU Biodiversity Strategy for 2030） 《从"农场到餐桌"的农业和粮食生产计划》
2020 年 7 月 8 日	《欧盟能源系统与氢战略》（EU Strategies for Energy System Integration and Hydrogen）
2020 年 9 月 17 日	《欧盟 2030 气候目标计划》（2030 Climate Target Plan）
2020 年 10 月 14 日	"翻新浪潮战略" "欧盟甲烷减排战略"（EU Strategy to Reduce Methane Emissions） "欧盟化学品可持续发展战略"（EU Chemicals Strategy for Sustainability）
2020 年 12 月 9 日	《欧洲气候公约》（European Climate Pact）
2021 年 2 月 24 日	《欧盟适应气候变化新战略》
2021 年 5 月 12 日	《零污染行动计划》（Zero pollution Action Plan）
2021 年 5 月 17 日	《可持续蓝色经济》（Sustainable blue economy）
2021 年 7 月 14 日	"减碳 55"减排一揽子方案
2021 年 7 月 29 日	《欧洲气候法》正式生效
2022 年 5 月 18 日	"欧盟能源重振计划"行动方案
2022 年 12 月 18 日	创建"社会气候基金"以加强和扩大排放交易市场
2023 年 2 月 13 日	《可再生氢能规则》（Rules for Renewable Hydrogen）
2023 年 3 月 10 日	欧盟同意制定更强有力的规则来提高能源效率

资料来源：欧盟委员会。

第一，欧盟出台了《欧洲气候法》。2020 年 3 月欧盟委员会提出将欧洲气候目标立法，经过一年多的准备工作，欧盟理事会于 2021 年 6 月 28 日通过了《欧洲气候法》，结束了该法案的立法程序，正式将《欧盟绿色新政》关于实现 2050 年碳中和的承诺转变为法律强制约束。此外，按照《欧洲气候法》的要求，欧盟

[①] World Economic Forum. What you need to know about the European Green Deal – and what comes next [EB/OL]. (2021-07). https://www.weforum.org/agenda/2021/07/what-you-need-to-know-about-the-european-green-deal-and-what-comes-next/.

成立了欧洲气候变化科学技术委员会（European Scientific Advisory Board on Climate Change），负责监测欧盟气候变化治理进展、评估欧盟气候政策是否契合碳中和目标。

第二，欧盟制定了"翻新浪潮战略"（Renovation Wave Strategy）。该战略旨在 2050 年对 2.2 亿栋建筑进行翻新，提高其环境性能，节约家庭能源成本。据欧盟委员会评估，欧盟内建筑物约占其能源消耗的 40%，占能源产生的温室气体排放的 36%。目前，欧盟每年只有 1% 的建筑物在进行节能翻新，若按此速度则难以实现 2050 年欧洲气候中性目标，因此，欧盟委员会建议采取更有效的措施来加快欧洲建筑物节能翻新的速度。此外，由于欧洲仍有近 3400 万居民无法承担家庭供暖费用，这使得促进能源高效翻新的公共政策成为应对能源贫困、支持人民健康和福祉以及降低能源费用的重要举措。

第三，欧盟为欧洲食品企业和市场负责任行为推出了《从"农场到餐桌"的农业和粮食生产计划》（Farm to fork strategy）。2021 年 7 月，65 家公司和协会①签署了《欧盟负责任食品商业和营销行为准则》（EU Code of Conduct on Responsible Food Business and Marketing Practices），旨在增加欧盟健康和可持续食品选择的可用性和负担能力，减少整体环境足迹。该行为准则是由欧盟协会和公司共同发起，吸纳了其他利益相关方的积极参与和意见，包括国际组织、非政府组织、工会和行业协会，以及与欧盟委员会。签署这一行为准则的协会和公司承诺加速其可持续转型的贡献，并通过鼓励其他公司参与，进一步强化对这些目标的认可。

第四，欧盟委员会通过了《欧盟绿色新政》的重要内容之一——《欧盟行动计划："走向零空气、水和土壤污染"》（EU Action Plan: "Towards Zero Pollution for Air, Water and Soil"）。该计划旨在到 2030 年将空气污染导致的早逝人数降低 55%，海洋塑料垃圾减少 50%，市政垃圾减少 50% 等，并为欧盟 2050 年设定了一个综合性愿景——一个对人类健康和自然生态系统不再有害的世界，以及实现这一目标的具体步骤。上述行动计划将所有相关的欧盟政策综合在一起，并特别强调如何利用数字解决方案来应对污染问题。

第五，欧盟委员会出台了《欧盟适应气候变化新战略》（New EU Strategy on Adaptation to Climate Change）。2021 年 2 月，欧盟委员会通过了一项新的欧盟气候变化适应战略，规划了为应对不可避免的气候影响的路径。

第六，欧盟委员会通过了就气候和能源问题制定的最为综合、全面的"减碳55"一揽子立法提案。该提案涵盖可再生能源、能源效率、建筑、土地使用和碳

---

① 65 家协会和公司包括 26 家食品制造商、14 家食品零售商、1 家食品服务部门和 24 家协会。更多信息请参考：https://ec.europa.eu/commission/presscorner/detail/en/IP_21_3385。

排放交易体系等多个领域，涉及具体立法提案13项。例如修订欧盟碳排放交易系统（ETS），将其扩展到海事部门；建立《碳边境调节机制》（CBAM），以确保与进口商品相关的温室气体排放的公平定价；修订《减排责任分担条例》（*Effort Sharing Regulation*，ESR），为成员国分配强化了的减排目标；修订《能源税指令》（ETD），扩大课税范围；修订《可再生能源指令》（RED）；修订《能源效率指令》（EED）；等等。

第七，欧盟出台了旨在摆脱对俄罗斯化石燃料依赖并加速欧洲绿色能源转型的"欧盟能源重振计划"行动方案（更多信息请参考信息专题2）。该行动方案计划在2030年前投资3000亿欧元，通过节能和提高能效、能源供应多元化及加快可再生能源产能部署来减少终端部门化石燃料消费，快速推动欧洲实现能源独立并构建更具韧性的能源系统。

二、欧盟实现2020年目标进展情况

整体来看，欧盟已实现了《2020年气候与能源一揽子计划》提出的"20—20—20"一揽子目标，即将欧盟温室气体排放量在1990年基础上降低20%，将可再生能源占总能源消耗的比重增至20%，将煤、石油、天然气等化石能源的消费量在1990年的基础上减少20%。根据欧洲环境署（EEA）发布的《2022年欧洲趋势和预测》（*Trends and Projections in Europe 2022*），截至2020年底，欧盟在实现2020年目标方面取得了实质性的成就，主要可以从温室气体排放量、能效（最终能源消费和初级能源消费）以及可再生能源占比三个方面来进行评估。

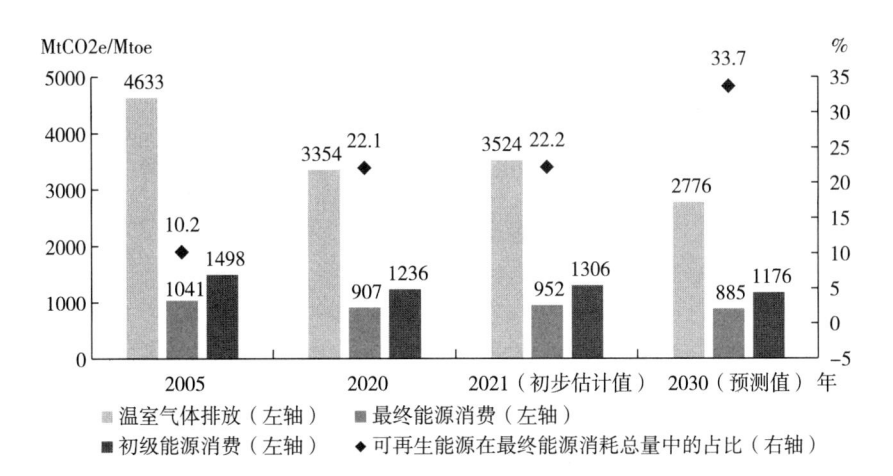

图4-1 欧盟实现2020年目标的进展

注：MtCO2e为百万吨二氧化碳当量，Mtoe为百万吨石油当量。

（资料来源：欧洲环境署）

(一) 温室气体排放量

近年来，欧盟温室气体排放量呈现急剧下降的趋势（见图4-2）。据欧洲环境署统计，欧盟2020年温室气体排放量已在1990年水平上降低了32%，这相当于在1990—2020年欧盟实现了温室气体平均每年52 MtCO2e的减排量。自2018年以来，欧盟的温室气体排放就已经低于2020年的目标值（3920 MtCO2e）。得益于可再生能源发电的扩大和燃煤发电向天然气发电的转变，2019年欧盟温室气体排放在2018年基础上又实现了显著的4%的下降。2020年，受新冠疫情影响，欧盟范围内实行了前所未有疫情防范措施，这使得欧洲环境在短期内出现了较大的改善，当年温室气体排放下降了近10%。然而，随着欧洲经济逐步复苏，欧盟2021年温室气体排放量较2020年有所增加，增幅达到了5%。尽管如此，从欧洲环境署预测的整体趋势来看，欧盟未来三年温室气体排放仍将保持稳定下降，到2025年排放量预计将为3357 MtCO2e。

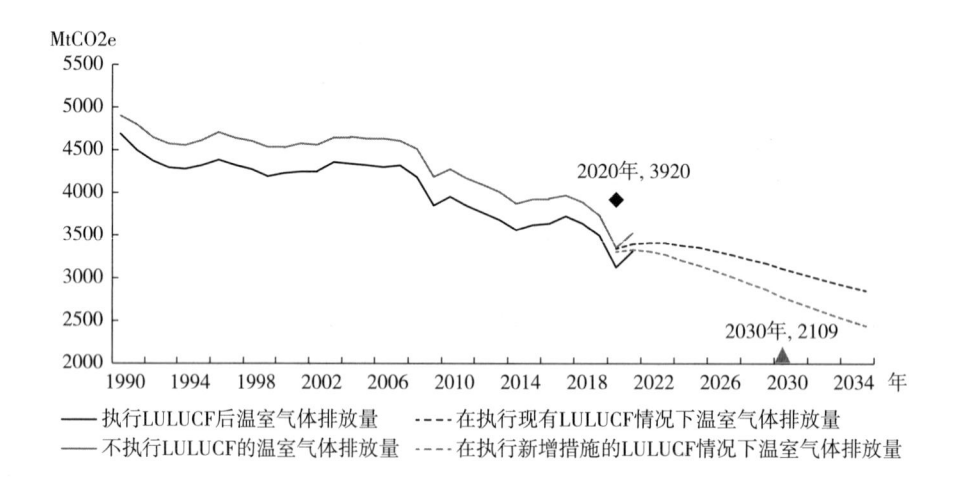

注：1. MtCO2e为百万吨二氧化碳当量。2. LULUCF为《土地利用、土地利用变化及林业战略条例》。

图4-2 欧盟温室气体排放量变化趋势

（资料来源：欧洲环境署）

当前，欧盟主要通过实施欧盟排放交易体系、《减排责任分担条例》和《土地利用、土地利用变化及林业战略条例》三项关键举措来支持其成员国继续减少温室气体排放。其中，欧盟排放交易体系为欧盟大型发电厂、工厂和航空公司的碳排放配额提供交易市场，《减排责任分担条例》通过在包括道路交通、建筑和农业等部门在内的领域设定年度国家减排目标，《土地利用、土地利用变化及林业战略条例》则为森林土地和森林产品的净温室气体排放与吸收以及农田、草地、湿地和定居点的净排放与吸收提供了会计框架。①

（二）能效

2005—2020年，欧盟最终能源消费和初级能源消费水平虽然有所波动，但是总体呈现下降趋势，其中，最终能源消费由2005年的1041Mtoe下降至2021年的952Mtoe，平均每年减少了8.93Mtoe（每年减少0.9%），初级能源消费由2005年的1498Mtoe下降至2021年的1306Mtoe，平均每年减少了17.40Mtoe（每年减少1.2%）。与温室气体排放目标不同，欧盟能效目标是在2007年基线情景（Baseline Scenario）和2020年参考情景（Reference Scenario）的基础上，由欧盟委员会对2020年和2030年的能源消费来设定。根据欧洲能源署的统计，2019年，欧盟最终能源消费和初级能源消费比2020年的目标（959Mtoe和1312Mtoe）分别高出2.7%和3.1%。在此之后，上述两个指标发生了显著变化：2020年欧盟最终能源消费和初级能源消费较2020年目标分别下降了5.7%和6.1%。出现这一趋势的主要原因是新冠疫情导致欧盟工业和交通部门的活动减缓甚至停滞数月，使得欧盟27个成员国最终在2020年超额完成了此前设定的目标。2021年的初步数据显示，与2020年相比，由于疫情后的经济复苏，欧盟最终能源消费和初级能源消费分别增长了5.0%和5.7%至952Mtoe和1306 Mtoe，尽管如此，上述两值仍然低于2020年的目标值，分别低0.7%和0.5%（见图4-3）。

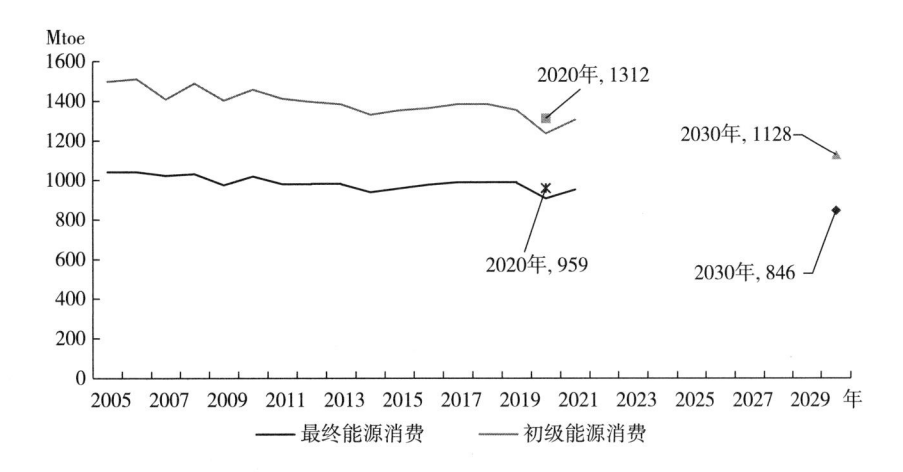

注：Mtoe为百万吨石油当量。

图4-3　欧盟初级能源消费与最终能源消费变化趋势

（资料来源：欧洲环境署）

---

① European Environment Agency, Trends and Projections in Europe 2022, October 2022.

（三）可再生能源占比

在可再生能源领域，欧盟同样表现出稳定的发展趋势（见图4-4）。自2005年以来，欧盟可再生能源在最终能源消耗中的占比保持了持续的提升，从2005年的10.18%增加至2021年的22.21%。2020年，欧盟27个成员国可再生能源占总能源消耗的比重达到了22.09%，实现了其2020年最低20%的可再生能源份额目标。欧盟的可再生能源在发电领域占据的份额最高，在供暖和制冷方面也有一定的份额，在交通领域，欧盟2020年实现了10.2%的可再生能源占比，超过了其设定的10%目标。然而，为了实现2030年55%的温室气体减排目标，2030年的可再生能源份额需要高于此前设定的32%。因此，欧盟委员会在其"减碳55"减排一揽子方案中提出将可再生能源占总能源消耗的比重提高至40%。针对当前由俄乌冲突引发的能源危机，"欧盟能源重振计划"行动方案又将可再生能源目标提高到了45%。[①]

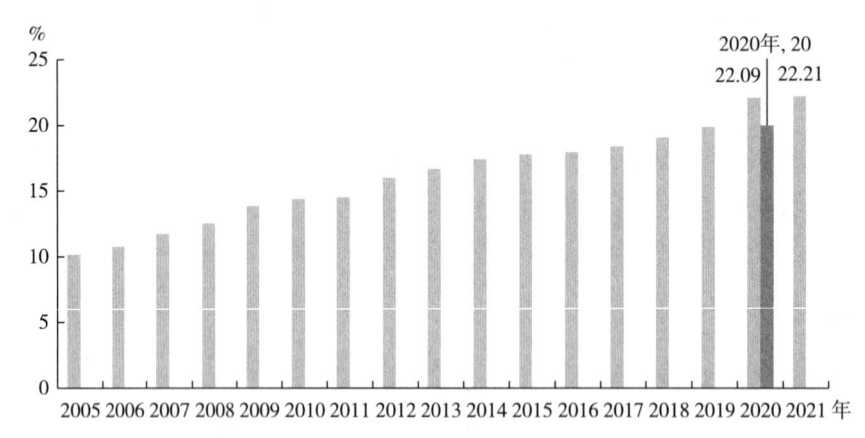

注：图中深灰色条状表示2020年欧盟可再生能源占最终能源消耗比重的目标值（20%）。

图4-4 欧盟可再生能源占最终能源消耗比重

（资料来源：欧洲环境署[②]）

三、欧盟实现2020年目标行业进展情况

欧盟27国在温室气体排放、能源效率和可再生能源方面的发展趋势是各种因素和复杂环境相互作用的结果，本小节将进一步梳理欧盟不同行业绿色转型进展情况（见图4-5）。

欧盟温室气体排放规模最大的领域是能源供应领域，包括电力和热力生产、石油和天然气开采与炼制以及煤矿开采等。欧洲环境署统计显示，自2005年以

---

① 更多信息请参考本章第一节。
② 更多信息请参考：https://www.eea.europa.eu/ims/share-of-energy-consumption-from。

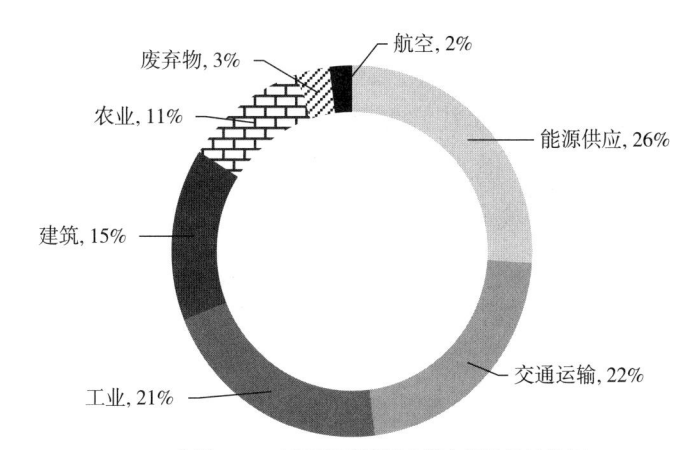

分图1 2021年欧盟不同行业温室气体排放份额

废弃物,3% 航空,2%
农业,11%
建筑,15%
工业,21%
交通运输,22%
能源供应,26%

分图2 2005—2021年欧盟不同行业温室气体排放量

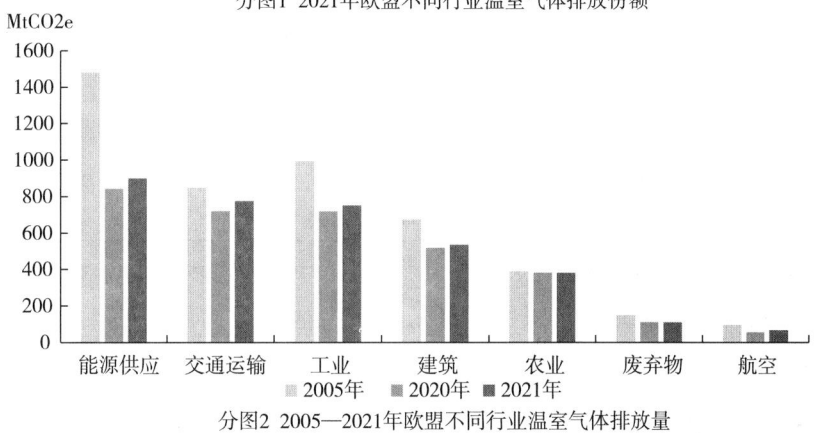

图4-5 2005—2021年欧盟不同行业实现2020年目标进展情况

（资料来源：欧洲环境署）

来，随着燃料碳强度的降低以及可再生能源的增加，欧盟能源供应领域的总排放从2005年的1480MtCO2e下降至2020年的843MtCO2e，降幅度约为43.04%。然而，由于疫情后欧洲经济复苏对能源需求激增，欧洲企业更多地选择了比天然气成本更低的化石燃料，这使得欧洲温室气体排放在2020—2021年增长了7%。

欧盟交通运输部门的温室气体排放规模仅次于能源供应，2021年该部门共计排放776MtCO2e，占欧盟总排放量的22%。另据欧洲环境署统计数据，2005—2020年，欧盟交通运输部门温室气体排放下降了15%。特别是，欧盟自2020年起开始实施更为严格的汽车二氧化碳排放标准之后，即95%的新车每公里排放的二氧化碳不应超过95克，2021年起所有新登记车的二氧化碳平均排放需低于95克/千米，欧盟、冰岛、挪威和英国2020年登记的新车和货车的平均二氧化碳排放量较2019年下降了12%。2021年，随着欧盟电动汽车在新注册车辆中的份额突破10%，其二氧化碳排放量在2020年基础上再次下降了12%。

2021年，欧盟工业温室气体排放量达到752MtCO2e，占欧盟排放总量的21%，工业是欧盟温室气体排放第三大行业。2005年，欧盟排放交易体系正式启动，至今已运行18年，被纳入其监管范围内的欧盟工业占比大约为75%，这使得该行业的减排成果显著。欧洲环境署数据显示，欧盟工业温室气体排放量从2005年的993MtCO2e下降至2020年的720MtCO2e，实现了27.49%的降幅。

四、欧盟成员国实现2020年目标进展情况

如上所述，欧盟虽然整体上已实现了2020年气候和能源目标，然而，从国别层面来看，27个欧盟成员国在气候和能源三个指标领域的表现却不尽相同。

欧盟委员会于2009年4月发布了《减排责任分担决议》(*Effort Sharing Decision*，ESD)，明确以人均GDP为主要依据，将2013—2020年欧盟排放交易体系未涉及部门（如建筑、交通、农业和废弃物等）的排放目标分配到27个成员国，各成员国被分配到的目标从丹麦、爱尔兰和卢森堡减排20%到保加利亚增排20%不等（见图4-6）。《减排责任分担决议》作为《减排责任分担条例》的前身，以2005年为基年，"自上而下"地分配未加入欧盟排放交易体系部门到2020年的减排目标。这些减排目标被转化为年度排放分配（Annual Emission Allocations，AEAs），成员国可以采用多种灵活方式来满足上述具有约束力的年度目标。与此同时，《减排责任分担决议》还与欧盟排放交易体系指令相互配合，以确保欧盟2020年气候和能源目标的顺利实现。①

根据欧洲环境署的统计数据，2020年，欧盟有24个成员国实现了《减排责任分担决议》设定的温室气体排放量国家目标，仅有3国未能实现，分别是塞浦路斯、爱尔兰和马耳他。3国未能达标的主要原因分别为：（1）2017—2020年，塞浦路斯温室气体排放量均超过了其年度排放分配；（2）2016—2019年，爱尔兰虽然能够通过自身积累的年度排放分配和国际信用来实现其年度排放目标，但由于该国在农业和交通领域的减排并未出现明显下降趋势，其2020年温室气体排放超过了其年度排放分配，从而未能实现预先设定的国家目标；（3）由于马耳他绝大部分工业部门尚未被欧盟排放交易体系所覆盖，该国2013—2020年的年度温室气体排放量均超过了年度排放分配。

在可再生能源领域，除法国的可再生能源占总能源消耗比重较其2020年目标值低0.8个百分点以外，其余26国都达到（约等于或超过）此前设定的国家目标。其中，以瑞典、芬兰和拉脱维亚为代表的欧盟北部国家可谓"遥遥领先"，

---

① 刘季熠，张旖尘，张东雨，等. 欧盟减排《责任分担条例》修正案分析与启示 [J]. 气候变化研究进展，2022，18（6）：756-763.

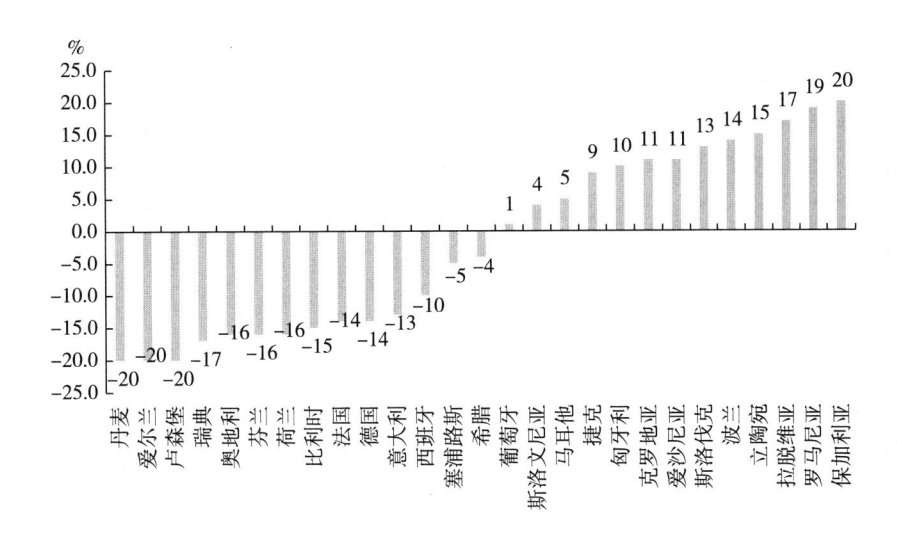

第四章 欧盟绿色转型进展及面临的挑战

注：基年为2005年。

图4-6 欧盟成员国2020年温室气体减排目标

（资料来源：欧洲环境署）

2005—2020年，3国可再生能源占比始终位列前茅；截至2020年底，该指标在上述3国分别高达60.1%、43.8%和42.1%，分别超过欧盟均值38个、21.7个和20个百分点（见表4-2）。[①]

表4-2　　　欧盟成员国2020年可再生能源目标及其实现情况　　　单位：%

国别/地区	2020年	2020年目标	国别/地区	2020年	2020年目标
比利时	13.0	13	立陶宛	26.8	23
保加利亚	23.3	16	卢森堡	11.7	11
捷克	17.3	13	匈牙利	13.9	13
丹麦	31.6	30	马耳他	10.7	10
德国	19.3	18	荷兰	14.0	14
爱沙尼亚	30.1	25	奥地利	36.5	34
爱尔兰	16.2	13	波兰	16.1	15
希腊	21.7	18	葡萄牙	34.0	31
西班牙	21.2	20	罗马尼亚	24.5	24
法国	19.1	20	斯洛文尼亚	25.0	25
克罗地亚	31.0	20	斯洛伐克	17.3	14
意大利	20.4	17	芬兰	43.8	38
塞浦路斯	16.9	13	瑞典	60.1	49
拉脱维亚	42.1	42	欧盟	22.1	20

注：表中国别按照各国英文名字母顺序排序。
资料来源：欧盟统计局。

[①] 姜建清.中东欧经济研究报告2020—2021[M].北京：中国金融出版社，2021.

在能源效率领域，欧盟27个成员国依据欧盟能效指令分别设定了本国基于初级能源消费和最终能源消费的2020年非约束性能效目标。其中，欧盟成员国对2020年最终能源消费设定的国家指示性目标从保加利亚的-14.8%到马耳他的36.5%不等，对初级能源消费设定的国家指示性目标从葡萄牙的-19.4%到斯洛文尼亚的23%不等（与2005年水平相比）。欧洲能源署统计显示，2020年，欧盟有21个成员国实现了最终能源消费的指示性目标，但仍有6国（奥地利、比利时、保加利亚、德国、立陶宛和瑞典）尚未将最终能源消耗降低到预先设定的程度。2005—2020年，希腊、意大利、西班牙和葡萄牙的最终能源消费下降最为明显，降幅分别达到了31%、25%、25%和21%，而立陶宛、马耳他和波兰由于在交通领域能源需求的强劲增长，3国的最终能源消费增长较快，增幅分别为14%、17%和22%。再从初级能源消费指标来看，欧盟有24个成员国已实现2020年目标，而比利时（0.35个百分点）、保加利亚（1.67个百分点）和波兰（0.52个百分点）与其国家目标仍存在着一定的差距（见图4-7）。

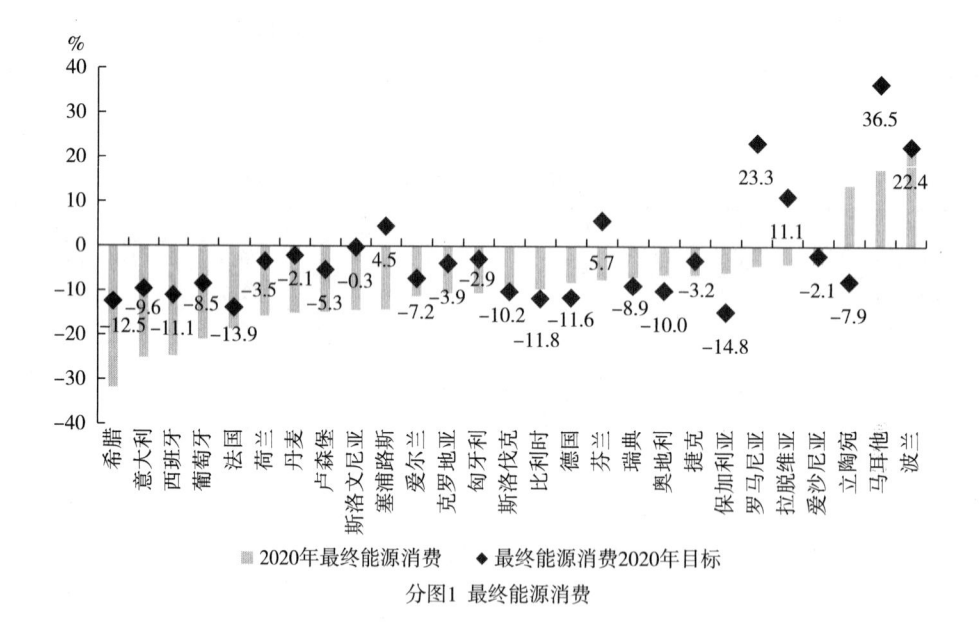

注：基年为2005年。

图4-7 欧盟成员国2020年能效目标实现情况

（资料来源：欧洲环境署）

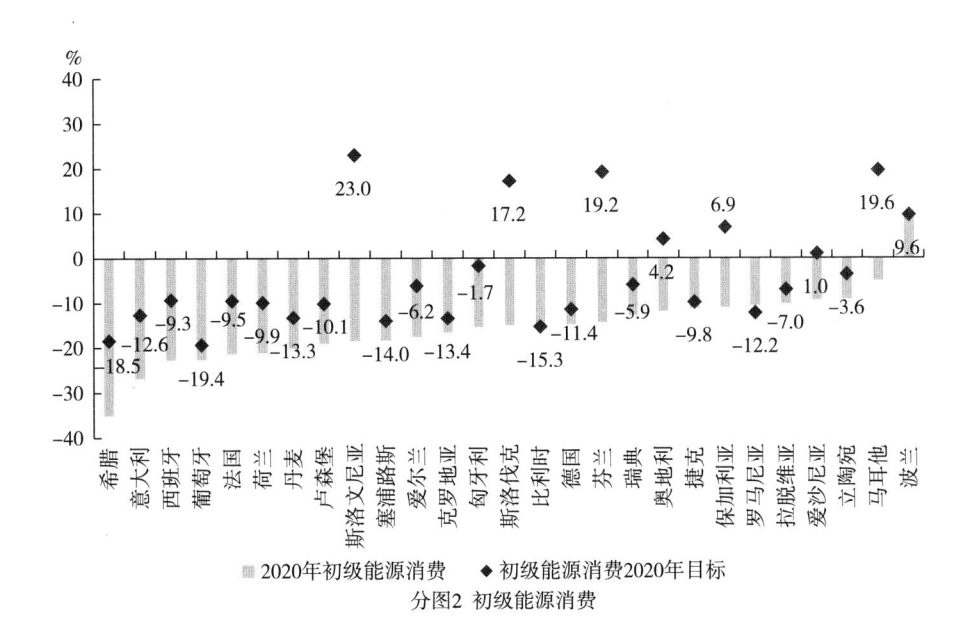

第四章 欧盟绿色转型进展及面临的挑战

2020年初级能源消费 ◆ 初级能源消费2020年目标

分图2 初级能源消费

注：基年为2005年。

图4-7 欧盟成员国2020年能效目标实现情况（续）

（资料来源：欧洲环境署）

第二节 欧盟能源转型面临的挑战

一、欧盟气候和能源政策的演变

能源是经济发展的根本因素之一，随着人们对气候变化的日益关注，各国也越来越多地将气候问题作为其能源政策的首要考量因素。长期以来，欧盟坚定履行《巴黎协定》承诺，始终致力于引领全球能源转型，成为应对气候变化和减少温室气体排放的有力倡导者。由于欧盟及其成员国在气候问题和绿色转型上已形成了普遍共识，凭借欧盟在不同发展阶段针对性设定的气候和能源目标以及对能源系统脱碳的长期承诺，欧盟制定了一整套雄心勃勃且综合全面的政策和法规，这些政策措施为其他国家制定和实施能源转型战略提供了启发和参照。①

从过去十几年欧盟气候和能源具体目标的变化历程来看，在基本实现2020年气

---

① EU-China Energy Cooperation Platform，COP26上的欧盟能源日：欧盟引领全球能源转型，2021年11月。更多信息请参考：http://www.ececp.eu/zh/cop26-%E4%B8%8A%E7%9A%84%E6%AC%A7%E7%9B%9F%E8%83%BD%E6%BA%90%E6%97%A5%EF%BC%9A%E6%AC%A7%E7%9B%9F%E5%BC%95%E9%A2%86%E5%85%A8%E7%90%83%E8%83%BD%E6%BA%90%E8%BD%AC%E5%9E%8B-%E8%A8%98%E8%A6%81%81/。

133

候和能源目标之后①，欧盟对其 2030 年可再生能源和能效目标②先后进行了 4 次修订，进一步凸显了欧盟追求能源安全和实现 2050 年碳中和的决心（见表 4-3）。

表 4-3　　　　　　　欧盟 2020 年和 2030 年气候与能源目标　　　　　单位：%

日期	政策框架	温室气体排放	可再生能源①占比	能效
2020 年目标				
2007 年 3 月	《2020 年气候与能源一揽子计划》	20	20	20
2030 年目标				
2014 年 10 月	《2030 年气候与能源政策框架》	40	27	27
2018 年 12 月	《全欧洲人共享清洁能源一揽子计划》	40	32	32.5
2021 年 7 月	"减碳 55" 一揽子立法提案	55	40	36
2022 年 5 月	"欧盟能源重振计划" 行动方案	55	45	40

①可再生能源包括风能、太阳能、水能、海洋能、地热能、生物质能和生物燃料。通过热泵和可再生电力生成的额外能量，如用于交通运输，也算作可再生能源范畴。可再生能源是矿物燃料（主要是进口矿物燃料）能源的重要替代方案。增加可再生能源的使用可以减少温室气体排放、加强能源供应安全性、促进创新和技术发展，同时提供就业机会。更多信息请参考 European Parliament 官网：https://www.europarl.europa.eu/factsheets/en/sheet/70/renewable-energy#_ftnref1。

资料来源：笔者根据公开资料整理。

2007 年 3 月，欧洲理事会提出了《2020 年气候与能源一揽子计划》（2020 Climate and Energy Package），确定了欧盟 2020 年气候与能源发展目标，也就是著名的 "20—20—20" 一揽子目标。欧盟承诺到 2020 年将温室气体排放量在 1990 年基础上降低 20%，将可再生能源占总能源消耗的比重增至 20%，将能效提高至 20%。2008 年 12 月，欧洲理事会正式批准了上述一揽子计划，使其成为一整套具有法律约束力的可持续能源发展目标，标志着欧盟在应对气候变化和能源低碳转型方面迈出了重要的一步。2011 年，欧盟公布了《2050 年能源路线图》（Energy Roadmap 2050）和《2050 年迈向具有竞争力的低碳经济路线图》（A Roadmap for Moving to a Competitive Low Carbon Economy in 2050），提出了欧盟在 2050 年实现更具竞争力的低碳经济路线图，并以此作为经济上和技术上的可行性框架，确保欧盟 2050 年实现在 1990 年基础上减排 80%~95% 的长远目标。

2014 年 10 月，欧洲理事会通过了《2030 年气候与能源政策框架》（2030 Climate and Energy Policy Framework），提出了欧盟气候和能源转型的新目标：到

---

① 更多信息请参考本书第三章第一节。
② 能源领域实现低成本脱碳的关键因素涵盖了五个方面，即可再生能源、能源效率、快速淘汰煤炭、对天然气进行脱碳处理以及各领域可持续解决方案的智能融合。因此，发展可再生能源始终是欧盟各国提升核心竞争力、保障能源安全以及应对气候变化的重要战略举措。更多信息请参考：姜建清，汪泓. 欧洲区域经济研究报告 2021—2022（中东欧卷）[M]. 北京：中国金融出版社，2022.

2030年将温室气体排放量在1990年基础上降低40%，将可再生能源在最终能耗中的占比提升至27%，能效提高至27%。上述框架包含了欧盟2021年至2030年范围内的气候和能源政策目标，然而，在2018年，欧盟对该政策框架再一次进行了修订。根据《全欧洲人共享清洁能源一揽子计划》(Clean Energy for All Europeans Package)[①]，这些目标修订如下："到2030年欧盟将温室气体排放量在1990年基础上降低40%，将可再生能源在最终能源消耗中的占比提升至32%，能效提高至32.5%。"此外，修订后的框架还为能源联盟建立了强有力的治理体系，要求每个成员国起草2021年至2030年国家能源和气候综合计划，概述如何实现各自的目标。[②]

2019年12月，欧盟发布了迄今为止最重要的气候政策框架和增长战略文件《欧盟绿色新政》。该计划承诺实现更高的气候和能源目标，包括将2030年减排目标从相对1990年水平减排40%提高到至少减排55%，到2050年欧洲成为首个实现碳中和大陆。从《欧盟绿色新政》发布的详细行动规划来看，能源系统进一步脱碳的目标被列在了首位，凸显了其在新一轮绿色政策框架中的核心地位。针对"2030年实现温室气体减排55%"的目标，欧盟委员会于2021年7月通过了就气候和能源问题制定的最为综合、全面的立法提案——"减碳55"一揽子立法提案。其中，能源领域的相关行动是该一揽子计划的关键组成部分。欧盟认为，在所有领域开始脱碳之前，能源领域必须率先进行转型，包括提高可再生电力的渗透水平、以氢能等可再生气体替代天然气、确保生物能源的可持续供给以及降低经济活动的能源强度。在此背景下，"减碳55"一揽子计划中包含两项对上述行动至关重要的能源提案，其能否有效实施基本上将决定欧盟整个能源系统的重塑进程。第一项是对2009年出台的《可再生能源指令》(Renewable Energy Directive，RED)的修订（2018年第一次修订），新版RED设定了更高目标，即2030年可再生能源占比需达40%。[③] 第二项是对2012年出台的《能效指令》(Energy Efficiency Directive，EED)的修订。2012年，为促进提升成员国在能源链各阶段的能源使用效率，达到欧盟制定的2020年节约一次能源20%的非强制性目标，欧盟27个成员国正式通过欧盟首个EED，规定了住宅能源效率、智能电

---

① 更多信息请参考：https://energy.ec.europa.eu/topics/energy-strategy/clean-energy-all-europeans-package_en。
② 更多信息请参考：https://sdgresources.relx.com/legal-practical-guidance/2030-climate-and-energy-framework-snapshot。
③ 更多信息请参考：http://www.ececp.eu/zh/fit-for-55-%E7%AC%A6%E5%90%88%E6%B0%94%E5%80%99%E7%9B%AE%E6%A0%87%E7%9A%84%E6%AC%A7%E7%9B%9F%E8%83%BD%E6%BA%90%E6%96%B0%E6%94%BF/。

表、家庭能源管理、商业部门的能源审计、公共建筑改造、区域供暖和需求响应等内容。2018 年欧盟对 EED 再次进行修正，设定了欧盟 2030 年能效提升 32.5% 的不具约束力的指标性目标（成员国每年实现能效节约需达到 0.8%）。在"减碳 55"计划中，新的 EED 要求欧盟成员国将其年度节能义务几乎翻倍，以实现到 2030 年欧盟初级能源消费（PEC）和最终能源消费（FEC）在 2020 年基础上降低 9% 的目标。[①] 此次修订的能源效率指令将能效第一原则纳入欧盟法律，使其在应用层面成为整个欧盟必须履行的法律义务。[②]

2022 年 2 月底，俄乌冲突的爆发引发了欧盟新一轮的能源转型政策调整。长期以来，俄罗斯是欧盟地区最重要的化石能源来源国。根据 Statista 数据库的统计，在乌克兰危机爆发前 12 年，欧盟从俄罗斯进口天然气价值占欧盟天然气进口（欧盟以外地区）总价值的平均比重高达 38.09%，其中，2019 年该比值达到了 45.5% 的峰值。即使在新冠疫情的冲击下，欧盟从俄罗斯进口的天然气占比仅微降低，2020 年和 2021 年仍然保持在 39% 以上的高位（见图 4-8）。然而，俄乌冲突迫使欧盟在短时间内重新寻求新的能源来源，以确保其能源供应的安全性。为此，欧盟委员会在 2022 年 5 月出台了旨在摆脱对俄罗斯的化石燃料依赖并加速欧洲绿色能源转型的"欧盟能源重振计划"行动方案（更多信息请参考信息专题 2）。该行动方案再一次提高了欧盟 2030 年能源目标，包括将"减碳 55"一揽子立法中设定 40% 的 2030 年可再生能源目标提高至 45%，将能效目标从 9% 提高至 13%[③]。为了能够顺利实现上述目标，欧盟委员会还发布了详细的行动计划，包括通过节能和提高能效、能源供应多样化及加快部署可再生能源三种方式来快速推动欧洲能源低碳转型，以降低欧盟化石能源对俄罗斯的依存度。其中，由于太阳能光伏具有稳定、高质量且低成本的明显优势，欧盟委员会将其视为加快可再生能源部署的重要手段，为此特别制定了《欧盟太阳能战略》（*EU Solar Strategy*）以及"太阳能屋顶计划"（Solar Rooftop Initiative），并将欧盟 2025 年和 2030 年太阳能光伏装机容量分别调整至 320GW 和 600GW。

[①] 9% 的目标相当于欧盟气候目标计划中（在 2007 年的基础上）初级能源消费效率到 2030 年为 39%，最终能源消费效率到 2030 年从 32.5% 提高至 36%。值得注意的是，欧盟 FEC 和 PEC 目标之间的区别在于，只有 FEC 目标在欧盟层面才具有约束力，而 PEC 目标是指示性的。更多信息请参考 Stefan Scheuer Consulting and Fraunhofer ISI, Will the Fit for 55 package deliver on energy efficiency targets? A high-level assessment, October, 2021: https://www.isi.fraunhofer.de/content/dam/isi/dokumente/ccx/2021/EED%20Target%20Governance%20-%20an%20assessment%20of%20the%2055%20package%20by%20Stefan%20Scheuer%20and%20Fraunhofer%20ISI.pdf.

[②] 中国化学与物理电源行业协会. 欧盟最新低碳发展政策"Fit for 55"一揽子计划解读 [Z]. 2022-05.

[③] 13% 的目标相当于欧盟气候目标计划中（在 2007 年的基础上）初级能源消费效率到 2030 年为 42.5%，最终能源消费效率到 2030 年为 40%。更多信息请参考：https://www.pubaffairsbruxelles.eu/eu-institution-news/meps-back-boost-for-renewables-use-and-energy-savings/。

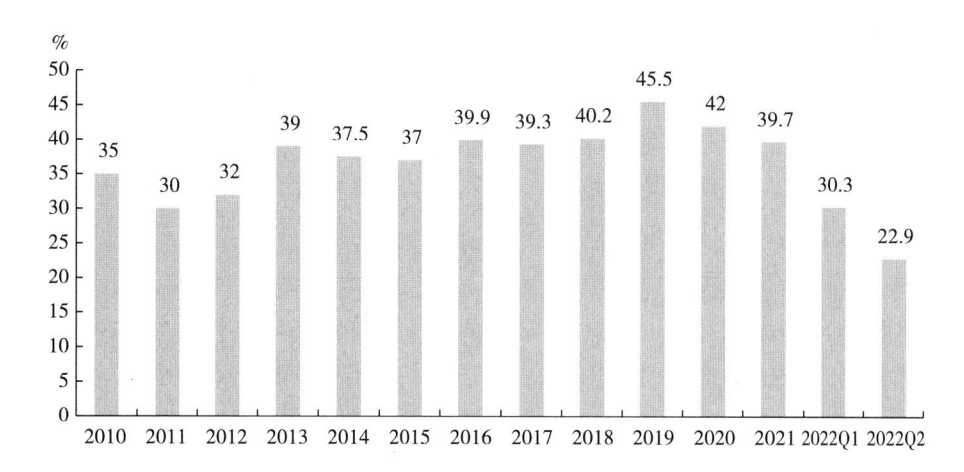

第四章 欧盟绿色转型进展及面临的挑战

图4-8 2010—2022年第二季度欧盟从俄罗斯
进口天然气价值占欧盟天然气进口（欧盟以外地区）总价值比重
（资料来源：Statista数据库）

信息专题2："欧盟能源重振计划"行动方案简介[①][②]

俄乌冲突爆发以后，为了摆脱对俄罗斯化石燃料的依赖并加速欧洲绿色能源转型，欧盟委员会在2022年3月8日提出一项名为"欧盟能源重振计划"（RePower EU）的行动方案，并于2022年5月18日公布了该行动方案的详细内容。基于欧盟"减碳55"一揽子计划，"欧盟能源重振计划"行动方案计划在2030年前投资3000亿欧元，通过节能和提高能效、能源供应多元化及加快可再生能源产能部署三方面来减少终端部门化石燃料消费，快速推动欧洲实现能源独立并构建更具韧性的能源系统。

一、节能和提高能效

节能和提高能效是解决当前欧洲能源危机和降低能源开支最安全、最快捷和成本最低的方式。短期内，欧盟提倡通过改变消费行为来快速节约能源。对此，欧盟委员会在2022年5月18日发布了《欧盟节能通讯》（*EU Save Energy Communication*），详细说明了短期内改变消费行为的措施。欧盟委员会初步预判，这些措施可以将欧盟天然气和石油需求降低5%。此外，上述文件还鼓励

[①] European Commission, REPowerEU: A plan to rapidly reduce dependence on Russian fossil fuels and fast forward the green transition, May 2022. 更多信息请参考：https://ec.europa.eu/commission/presscorner/detail/en/IP_22_3131。

[②] 先进能源科技战略情报研究中心. 欧盟REPowerEU能源计划推进加快能源转型和结束对俄依赖[EB/OL]. (2022-06-20). https://ricn.sjtu.edu.cn/Web/Show/431.

欧盟成员国制定面向家庭和工业的具体沟通计划。欧盟委员会认为财政措施同样可以促进节能，例如降低能效供暖系统、建筑绝缘及其相关产品的增值税税率，采取能源定价等。中长期内，欧盟委员会提议将"减碳55"一揽子立法中具有约束力的能效目标从9%提高至13%，并快速部署包括建筑等在内的一系列产品能效指令以实现额外的节能增效。

二、能源供应多元化

自俄乌危机爆发以来，欧盟通过保持与其国际伙伴的密切合作来实现多元化供应，并已获得创纪录的液化天然气（LNG）进口量和较高的管道天然气交付量。2022年3月，欧盟新设能源平台，通过汇集需求、优化基础设施使用、协调与供应商联系等方式，帮助各成员国联合购买天然气、液化天然气和氢气。除此之外，欧盟将建立"联合购买机制"，代表成员国谈判和签订天然气采购合同。在公布"欧盟能源重振计划"详细行动方案当天，欧盟委员会还通过了旨在促进欧盟能源多元化并与能源供应国建立氢能和其他绿色技术的长期合作伙伴关系的《欧盟外部能源战略》（*EU External Energy Strategy*）。该战略优先考虑欧盟对全球绿色和公正能源转型的承诺，促进节能和提高能源效率以减轻价格压力，推动可再生能源和氢能的发展，并加强能源外交。欧盟将在地中海和北海开发主要的氢走廊，支持乌克兰、摩尔多瓦、西巴尔干地区国家建立安全的能源供应网，确保能源部门正常运转，同时为未来的电力和可再生氢贸易铺平道路。

三、加快可再生能源产能部署

可再生能源在发电、工业、建筑和交通领域大规模使用将加速欧盟的能源独立，推动欧洲绿色转型。因此，欧盟委员会建议将"减碳55"一揽子立法中设定的40%可再生能源2030年目标提高至45%，可再生能源装机容量从1067GW提高至1236GW。具体来看，针对太阳能领域，欧盟制定了《欧盟太阳能战略》（*EU Solar Strategy*），其目标是到2025年太阳能光伏装机容量翻一番至320GW以上，到2030年实现600GW。此外，欧盟还推出了"太阳能屋顶计划"（Solar Rooftop Initiative），分阶段在新建公共和商业建筑、住宅安装太阳能电池板。在热泵领域，欧盟计划将其部署速度提高一倍，以实现未来5年累计部署1000万台的目标，并采取措施将地热、太阳能供热集成到现代公共供暖系统中。在优化监管许可方面，欧盟委员会建议解决重大可再生能源项目审批缓慢和复杂的问题，将可再生能源视为优先公共利益，并有针对性地修订《可再生能源指令》。欧盟各成员国应设立专门的可再生能源发展区域，对环境风险较低的区域实行简化的审批程序。为了快速定位这些"可再生能源发展区域",欧盟委员会还将提供与能源、工业和基础设施有关的地理数据的数字地图工具中的环境敏感区域数据。针对氢能领域,欧盟设立了到2030年实现可再生制氢产量1000万吨和1000万吨进口的目标,以取代难以脱碳工业和交通部门的天然气、煤炭和石油等化石燃料。为了加速氢能项目的推进,"地平线欧洲"科研框架计划将为"清洁氢能联合行动计划"(Clean Hydrogen JU)提供2亿欧元资助氢能项目,实现"氢谷"数量翻倍。欧盟还将支持在地中海、北海地区和乌克兰建立3个氢进口走廊,以推动欧洲跨境氢能基础设施部署。针对生物甲烷领域,欧盟设立了"生物甲烷行动计划"(Biomethane Action Plan),通过建立生物甲烷工业合作伙伴关系和实施财政激励措施来实现到2030年可持续生物甲烷产量350亿立方米的目标。

在加快可再生能源部署的同时,欧盟还提出应逐步减少工业和交通难脱碳部门的化石燃料消耗。在工业生产过程中替代煤炭、石油和天然气消耗将减少温室气体排放,增强能源安全性和竞争力。通过节能、提高能效、燃料替代、电气化以及工业领域对可再生氢气、沼气和生物甲烷的广泛采用,到2030年欧盟可额外节省350亿立方米的天然气,超出"减碳55"计划的预期目标。对此,"欧盟能源重振计划"行动方案针对工业部门提出以下具体措施:(1)欧盟委员会将推出碳价合同以支持工业部门采用绿氢;(2)在"创新基金"(Innovation Fund)框架下为"欧盟能源重振计划"提供专项融资渠道,重点支持工业电气化和氢能应用,清洁技术制造(如电解槽、燃料电池、创新可再生能源设备、工业用储能或热泵),验证、测试和优化高度创新解决方案的中型试点项目;(3)欧盟将向成员国发布关于可再生能源和电力采购协议的指导意见。针对交通部门的具体措施包括:(1)考虑立法措施,提高零排放车辆在一定规模以上公共和企业车队中的比例;(2)提出"绿色货运计划",显著提高其能效;(3)呼吁共同立法者迅速通过替代燃料和其他支持绿色交通的相关提案。

四、"欧盟能源重振计划"行动方案投资方向及资金来源[①]

欧盟委员会预计,到2027年和2030年"欧盟能源重振计划"行动方案分别需要额外投资2100亿欧元和2880亿欧元来逐步淘汰俄罗斯化石燃料进口,主要投资方向包括可再生能源和关键氢能基础设施1130亿欧元、能效和热泵

---

① 环球零碳. 揭秘欧盟3000亿欧元能源转型计划[EB/OL].(2022-05-23). https://m.thepaper.cn/newsDetail_forward_18241901.

560亿欧元、工业化石燃料替代410亿欧元、生物甲烷370亿欧元、电网扩容290亿欧元、液化天然气和管道天然气100亿欧元以及石油供应安全20亿欧元（见图4-9）。

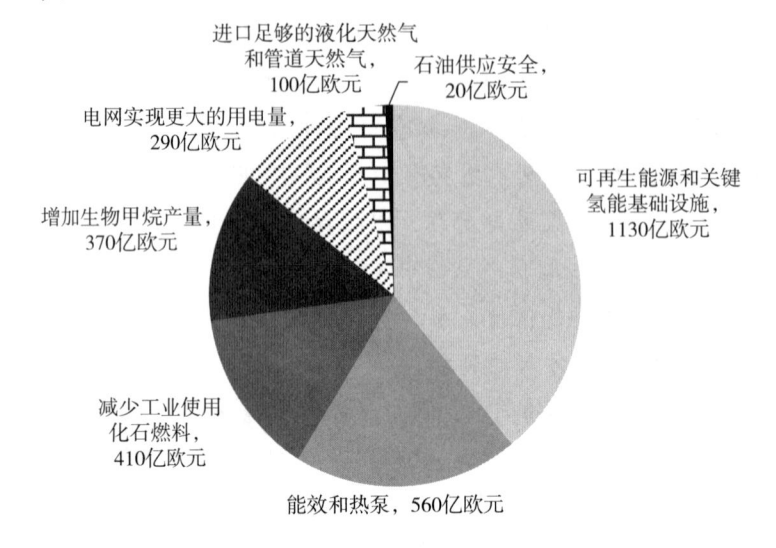

图4-9 2030年"欧盟能源重振计划"行动方案投资领域及资金需求

（资料来源：欧盟委员会[①]）

欧洲跨国能源网络（Trans-European Energy Networks，TEN-E）已帮助欧盟建立了一套具有韧性和互联性的天然气基础设施系统。同时，通过减少需求、增加生物甲烷和氢气的产量以及增加有限的天然气基础设施，可以完全补偿相当于俄罗斯进口的天然气需求。为了确保从其他国家进口足够的液化天然气和管道天然气，到2030年欧盟计划需投入100亿欧元建设天然气基础设施。同时，欧洲还需要进行针对性投资以确保石油供应安全，包括建设输油管道保证成员国供应安全、重组和升级石油产品精炼厂等，总投资预计为20亿欧元。到2030年，电网需要额外投资290亿欧元，以适应增加的电力使用和生产。欧盟委员会还鼓励关键的海上电网和跨境氢能基础设施的迅速发展。

对于资金的来源，欧盟委员会希望由私人和公共部门以及欧盟成员国和欧盟资金共同承担，其中欧盟"经济复苏和恢复社会秩序资金"（Recovery and Resilience Facility，RRF）是"欧盟能源重振计划"行动方案顺利实施的核心。

---

① European Commission. Financing REPowerEU [EB/OL]. (2022-05). https://ec.europa.eu/commission/presscorner/detail/en/FS_22_3135.

> 首先,"经济复苏和恢复社会秩序资金"框架将为"欧盟能源重振计划"提供2250亿欧元贷款。欧盟委员会在2022年5月18日还通过立法和指导,说明了在实施"欧盟能源重振计划"方案的背景下如何修改和补充成员国提交的国家复苏和恢复计划[1]。其次,欧盟委员会还建议以不影响市场的方式拍卖当前排放交易系统的配额来凑齐200亿欧元。最后,在当前2021—2027年欧盟多年期财政预算框架下,聚合政策(Cohesion Policy)已通过投资可再生能源、氢能和基础设施来支持脱碳和绿色转型项目,金额高达1000亿欧元。聚合政策基金中的269亿欧元和共同农业政策(Common Agricultural Policy)中的75亿欧元可通过自愿转移来支持"经济复苏和恢复社会秩序资金"。

二、欧盟太阳能光伏市场概况及面临的多重挑战

基于上文对欧盟气候和能源政策的梳理,我们看到,在最新制定的"欧盟能源重振计划"行动方案中,欧盟预计将投入1130亿欧元来支持《欧盟太阳能战略》、"太阳能屋顶计划"、"清洁氢能联合行动计划"等可再生能源的产能部署。上述资金占"欧盟能源重振计划"行动方案总投资的39.2%,这无疑为欧盟太阳能光伏市场未来保持高速增长提供了重要的支撑。然而,随着欧洲太阳能光伏装机容量持续的上升,以及对能源独立性和安全性要求的日益提升,欧盟太阳能市场的发展也面临着多重挑战。

(一)欧盟太阳能光伏行业现状和前景展望

近些年,欧盟积极的能源低碳转型政策促使欧洲太阳能光伏装机容量持续快速增长。特别是2022年俄乌冲突引发的能源危机再次加速了欧洲大规模发展可再生能源的步伐。作为清洁能源转型的重要支柱,欧盟太阳能光伏发电产业在2022年迎来了爆发式的增长,并创下了新的历史纪录。根据欧洲光伏产业协会(SolarPower Europe)发布的《欧洲太阳能市场展望2022—2026》报告,2022年欧盟光伏新增装机容量达到41.4GW,较2021年的28.1GW同比增长47%,这使得欧盟太阳能光伏装机总量从2021年的167.5GW上升至2022年的208.9GW,增幅高达25%(见图4-10)。

---

[1] 为了能够获得"经济复苏和恢复社会秩序"资金,欧盟成员国须制订各自的国家复苏和恢复计划,其中须包括一系列连续的、能在2026年以前得以实施的改革措施以及公共投资计划。更多信息请参考:姜建清,汪泓. 欧洲区域经济研究报告2021—2022(中东欧卷)[M]. 北京:中国金融出版社,2022.

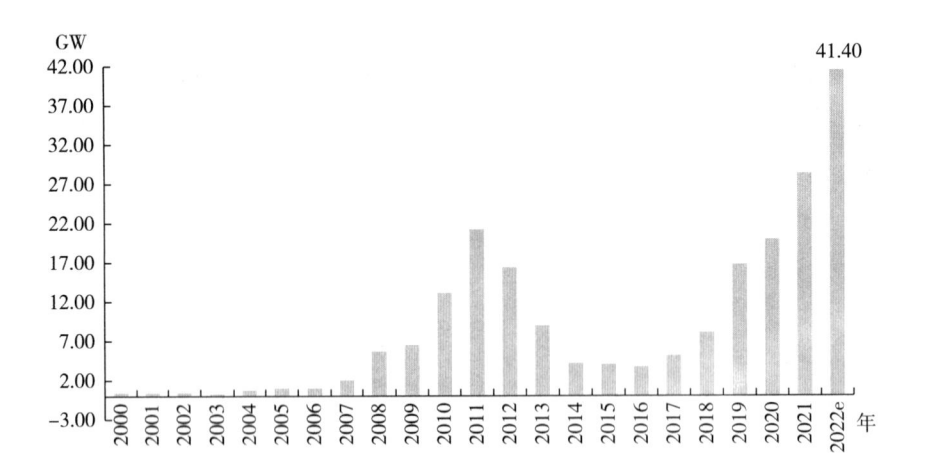

注：2022年数值为欧洲光伏产业协会的预测值，于2022年12月公布，最新修订值预计将于2023年底发布。

图 4-10　2000—2022 年欧盟太阳能发电新增装机容量变化趋势

（资料来源：欧洲光伏产业协会）

从国别来看，2022年欧盟太阳能光伏新增容量排名前十的国家分别是德国（7.9GW）、西班牙（7.5GW）、波兰（4.9GW）、荷兰（4GW）、法国（2.7GW）、意大利（2.6GW）、葡萄牙（2.5GW）、丹麦（1.5GW）、希腊（1.4GW）和瑞典（1.1GW）（见图4-11），这使得2022年欧洲新增装机容量排名前十的国家有史以来均成为了千兆瓦规模的市场。

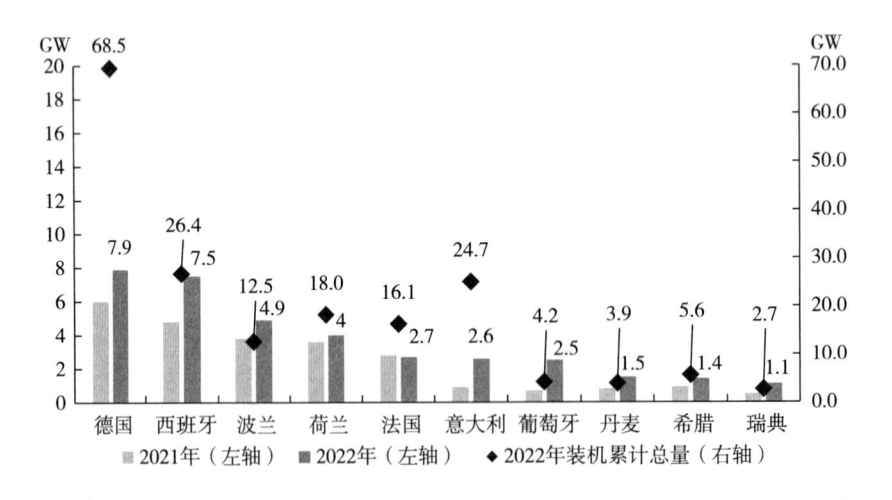

注：2022年数值为欧洲光伏产业协会的预测值，于2022年12月公布，最新修订值预计将于2023年底发布。

图 4-11　2021—2022 年欧盟太阳能发电新增装机容量排名前 10 的国家

（资料来源：欧洲光伏产业协会）

第四章　欧盟绿色转型进展及面临的挑战

延续此前的积极趋势，德国依然是欧盟最大的太阳能市场，截至2022年底，德国太阳能发电装机累计总量已高达68.5GW。作为欧盟最大的经济体，德国自21世纪初以来一直处于欧洲太阳能市场的领先地位。在第一次全面采用反向补贴制度的太阳能发展热潮之后，德国太阳能行业经历了一段整合期。此后，随着太阳能发电成本的逐渐下降，以及德国政府自2018年以来在太阳能光伏发电行业一系列激励措施的持续推进，德国太阳能行业在近些年再次进入了发展的加速通道。[①] 2022年7月7日，德国联邦议会通过了几十年来最大规模的一揽子能源转型法案（Energy Transition Law Package）修订，包括《可再生能源法》（EEG 2023）、《陆上风电法》、《替代电厂法》、《联邦自然保护法》等，旨在帮助德国实现到2045年碳中和的气候承诺。修订后的法案调整了德国可再生能源发展目标，其中，2030年太阳能光伏发电目标被上调至215GW。此外，《可再生能源法》也将给德国光伏行业带来一些变化，例如，德国的政府补贴第一次对部分并网和全部并网进行了区别，将农业光伏、漂浮光伏、沼泽光伏纳入招标体系，政府为其提供高额补贴，以促进市场化进程。[②] 西班牙太阳能光伏市场规模仅次于德国，2022年其太阳能发电新增装机量和累计装机总量分别为7.5GW和26.4GW，同比增速分别高达56.3%和47.5%。推动西班牙太阳能市场此轮增长的动力主要来自两方面，一是庞大的购电协议（PPA）[③]，二是快速增长的户用光伏（屋顶光伏系统）。作为中东欧地区最大的经济体，波兰在近些年持续推进其太阳能市场的发展，并在2022年取得了太阳能发电新增装机量欧盟第三的好成绩，证实了其作为欧盟成熟太阳能市场的地位。2022年4月波兰从净计量转向净计费，在高电价和快速增长的公用事业规模细分市场的推动下，波兰2022年太阳能发电新增装机达4.9GW，累计装机总量为12.5GW，同比大幅增长76.1%。

目前来看，在"欧盟能源重振计划"行动方案[④]以及解决当前高电价需求的背景下，欧盟太阳能光伏市场在未来将继续保持高速增长。第一，欧洲能源危机

[①] SolarPower Europe (2022): European Market Outlook for Solar Power 2022 – 2026.

[②] 屋顶光伏系统的业主现在可选择自用部分屋顶电力并接受较低电价，或是将100%屋顶电力并网，但在标准电价的基础上获得额外报酬。出台该计划是为了激励全面利用屋顶进行光伏发电。在此之前的激励机制鼓励房主和企业根据自己的用电情况来调整光伏系统，导致广大的屋顶区域没有得到利用。更多信息请参考：https://www.pv-magazine-china.com/2022/07/12/%E5%BE%B7%E5%9B%BD%E6%8F%90%E9%AB%98750-kw%E4%BB%A5%E4%B8%8B%E5%A4%AA%E9%98%B3%E8%83%BD%E7%94%B5%E4%BB%B7/。

[③] 根据瑞士咨询机构Pexapar公司发布的一份年度调查报告，2022年可再生能源开发商在欧洲签署了8.4GW的电力采购协议（PPA），装机容量与前一年相比减少了21%。然而，签署的161笔交易数量同比增长了4.5%，其中西班牙在欧盟成员国领先。更多信息请参考：http://www.nengyuanjie.net/article/69374.html。

[④] 更多信息请参考信息专题2。

和地缘政治环境促使欧盟政策制定者在很长一段时期内仍然将推进可再生能源的部署作为优先事项。因此，欧盟在未来几年仍将采取积极措施，以实现2030年太阳能发电装机总量750GW的目标。第二，欧盟的家庭和企业正试图利用太阳能来缓解不断上涨的能源费用，这在一定程度上推动了欧洲住宅以及商业和工业（C&I）太阳能光伏的蓬勃发展。第三，随着太阳能技术上的不断突破，光伏产品成本在未来将持续下降，越来越多的消费者开始关注太阳能的多场景应用，例如用于电动车充电的停车场屋顶太阳能[①]、浮动太阳能、农业光伏等，这将促使政府进一步推出相关领域的激励措施，推动太阳能产业的多元化发展。第四，欧盟委员会计划在2027年和2029年之前分别对所有商业、公共建筑和新建住宅实施"太阳能屋顶"的强制规定，随着将太阳能技术转化为新建筑的标准，欧洲的建筑集成光伏（BIPV）部署也将成为欧盟太阳能市场发展的新动力。[②]

根据欧洲光伏产业协会的预测模型，2023年欧盟太阳能发电新增装机量有望突破50GW，达到53.6GW，同比增长29.6%；2024年和2025年欧盟新增装机量将分别达到62.3GW和74.1GW，增速分别为16%和19%。从装机累计总量来看，欧盟2023—2026年仍将保持两位数的年增长率，其中，2023年增长最为强劲，增速预计将达到26.9%；随后该增长势头将逐渐趋于平稳，到2026年欧盟太阳能发电装机总量增速将降至21%（见图4-12）。

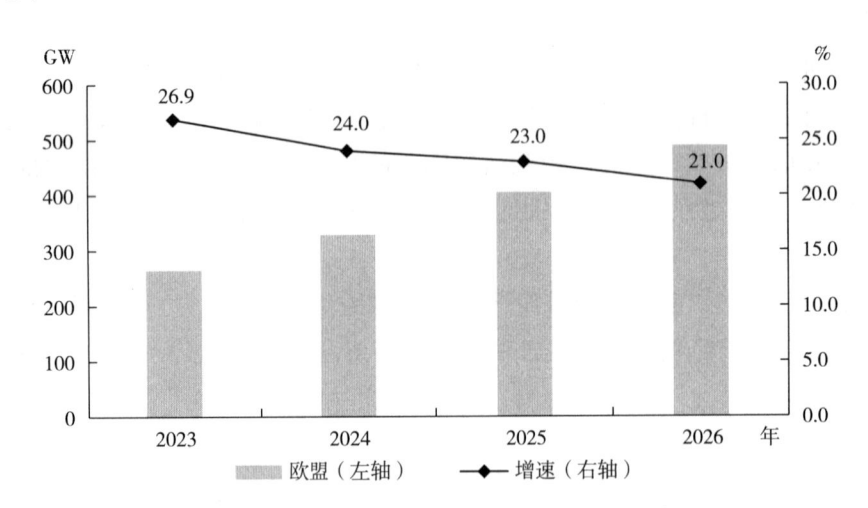

图4-12 2023—2026年欧盟太阳能发电装机累计总量发展趋势

（资料来源：欧洲光伏产业协会）

[①] 例如，法国新提出的措施要求在停车位超过80个的停车场上安装屋顶太阳能，仅这一措施就可以为该国新增11GW的太阳能光伏容量，实现直接电动汽车充电。

[②] SolarPower Europe（2022）：European Market Outlook for Solar Power 2022-2026.

再从国别来看，作为欧盟太阳能第一和第二大市场，德国和西班牙2023年新增装机量预计将首次超过10GW，这将打破欧洲单个国家年光伏并网连接的纪录。德国政府计划在2030年前安装215GW太阳能光伏装置，为了实现上述目标，欧洲光伏产业协会预计德国将在2023—2026年并网连接62.6GW的太阳能光伏发电装置。受此前积极因素的持续推动，如大规模的购电协议（PPA）和不断扩大的户用光伏，西班牙的太阳能市场将延续2022年的积极趋势，预计未来4年（2023—2026年）将新增51.2GW太阳能发电装机容量。得益于波兰小型屋顶太阳能电池板市场以及大型光伏电站项目的稳定增长，波兰在未来4年预计将并网连接21.8GW的太阳能装机容量，持续保持其欧盟第三大太阳能市场的地位（见图4-13）。

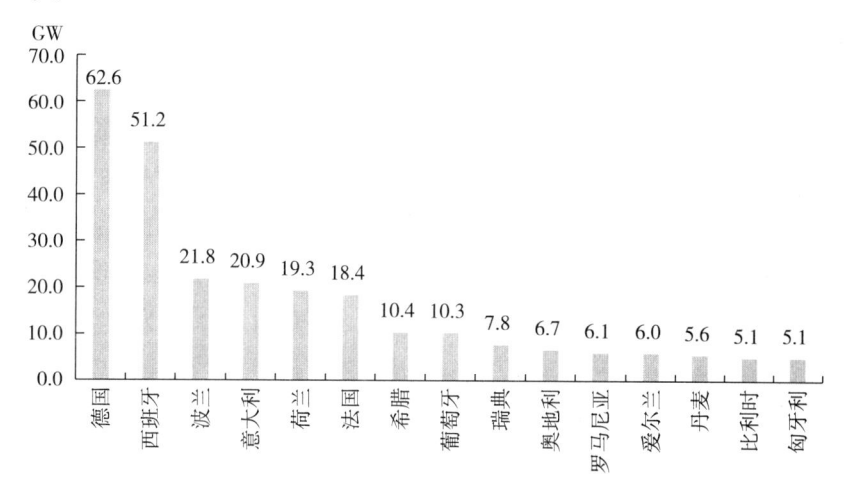

图4-13 2023—2026年欧盟太阳能发电新增装机容量排名前15的国家

（资料来源：欧洲光伏产业协会）

（二）欧盟太阳能光伏市场面临的挑战及应对措施

基于上文的梳理，我们看到，欧盟太阳能市场在近两年以及未来四年始终保持并将延续良好的发展势头。然而，随着欧洲太阳能光伏装机容量持续的上升，以及对能源独立性和安全性要求的日益提升，欧盟太阳能市场的发展也面临着多重挑战。

首先，欧盟尚未建立完整的太阳能光伏产业链，太阳能市场高度依赖进口。全球太阳能光伏产业供应格局长期由中国主导，近些年，特别是在欧洲加速能源转型的背景下，欧盟对中国光伏进口的依赖程度变得越来越高。中国光伏产业已形成全球最完整的产业配套环境和供应链体系，各生产环节产量在全球市场中的份额均超过80%。从产业规模来看，中国硅片产能占全球硅片总产能的比重高达

98%，电池片产能占比超过85%，组件产能占比约为77%。2022年中国生产光伏多晶硅总计80.6万吨，同比上涨59%，根据业内对多晶硅与组件间的转换比例测算，2022年中国可用多晶硅对应的组件产量约为332.5GW，较2021年增长82.9%。再从出口来看，中国2022年光伏产品（硅片、电池片、组件）出口总额超过512.5亿美元，较历史第二高的2021年同比增长80.3%；光伏组件出口超过153.6GW，同比增长55.8%。从出口区域分布看，2022年欧洲依然是中国最主要的出口市场，约占全年中国光伏组件出口额的54.8%，同比增速翻番；其中，荷兰、西班牙、德国和波兰分别位列中国光伏组件第一到第四大进口国，占2022年中国光伏组件出口额的比重分别为26.7%、6.8%、4.1%和2.8%（见图4-14）。①

其次，美国《通胀削减法案2022》（*Inflation Reduction Act of 2022*，IRA 2022）给欧盟能源转型带来了新的压力。2022年8月16日，美国总统拜登签署了国会两院通过的《通胀削减法案2022》。该法案涉及资金规模超过7000亿美元，其中3690亿美元将会投资在气候变化和能源安全领域，包括加大低收入社区光伏税收优惠规模，以及在光伏制造端增加税收抵免，对光伏全产业链的本土化建设予以支持，是美国历史上最重要的气候立法。《通胀削减法案2022》曾在国会僵持了数十年之久，如今其得以成功通过，这不仅反映了人们对气候变化日益增加的担忧，还反映了美国在战略层面上明确其支持本土清洁能源发展的产业政策的转变。该法案推出的措施有助于发展美国本国产业，但也存在因保护主义引发更广泛贸易和投资冲突的风险。② 例如，欧盟已经表示可能将挑战美国有关电动汽车的限制措施；包括德国大众汽车集团、意大利国家电力公司、比利时化工集团索尔维、西班牙能源公司伊维尔德罗拉在内的部分欧洲大型企业也都表现出对在美国投资感兴趣，开始重新考虑未来的投资计划。

在此背景下，为了确保可再生能源未来发展的独立性和安全性，欧盟开始积极地寻求太阳能光伏供应链本地化方案，并启动了一系列的促进计划和应对措施。2022年5月，欧盟通过的"欧盟能源重振计划"提及到2027年前欧盟需要在能源系统方面投资2100亿欧元；到2025年欧盟累计太阳能光伏装机总量将达到320GW，相比2021年接近翻倍，到2030年装机容量达600GW。2022年12月9日，欧盟委员会与行业参与者、研究机构、协会和其他相关方共同发起了欧洲太

---

① 中国光伏行业协会，赛迪能源电子产业发展研究中心.2022年光伏行业发展回顾与2023年形势展望［EB/OL］.（2023-03-10）.http：//www.gdsolar.org/uploads/file/20230310/20230310104441_7491.pdf.

② 杰森·博尔多夫.美国里程碑式的气候法案［EB/OL］.（2022-12）.https：//www.imf.org/zh/Publications/fandd/issues/2022/12/america-landmark-climate-law-bordoff#。

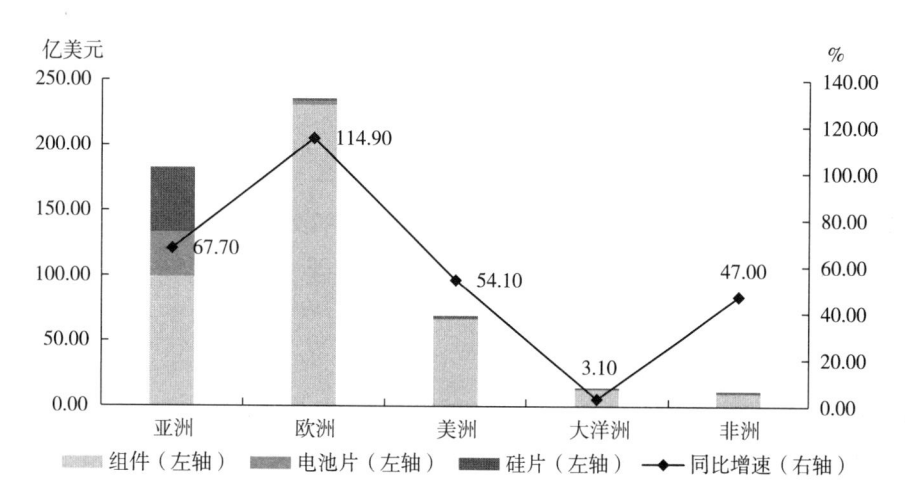

第四章 欧盟绿色转型进展及面临的挑战

分图1 2022年中国光伏产品出口各大洲总额及增速

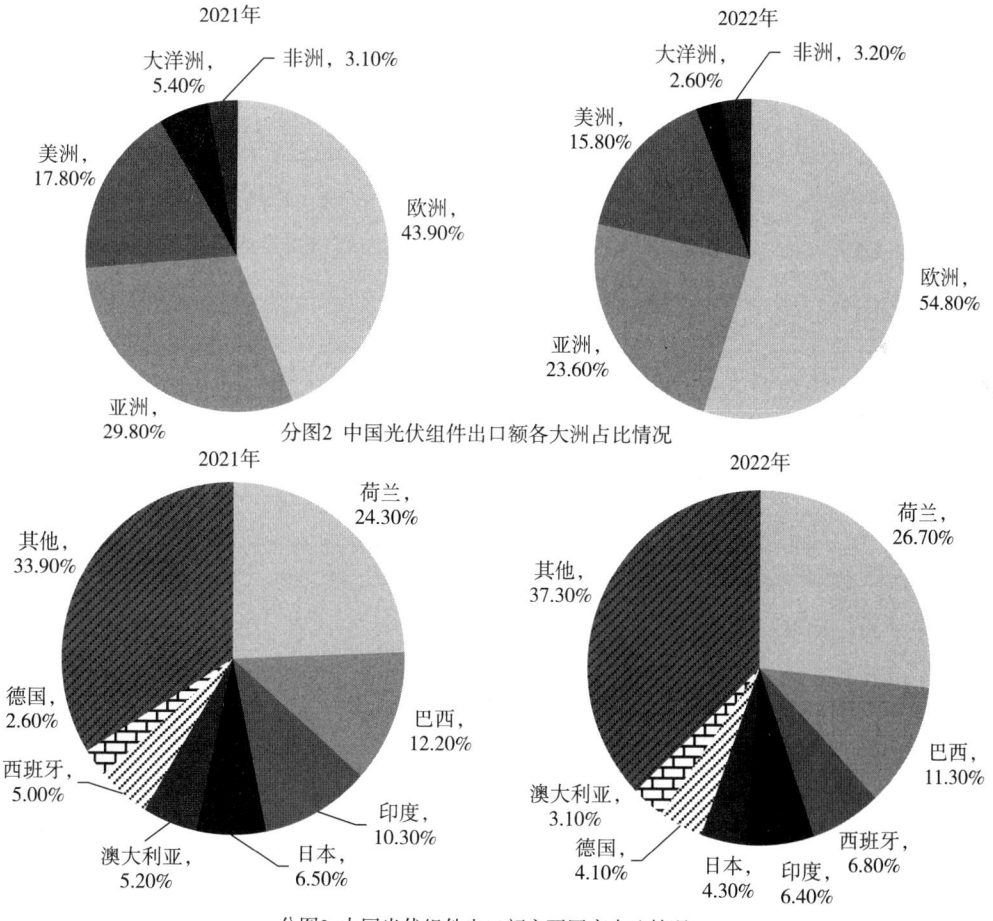

分图2 中国光伏组件出口额各大洲占比情况

分图3 中国光伏组件出口额主要国家占比情况

图4-14 2021—2022年中国光伏产品出口情况

（资料来源：中国光伏行业协会、赛迪能源电子产业发展研究中心）

阳能光伏产业联盟（European Solar PV Industry Alliance，ESIA），旨在通过更多样化的进口来确保供应多样化，并扩大欧盟创新和可持续的太阳能光伏发电的生产规模，从而帮助降低供应风险。新联盟将为欧洲太阳能光伏制造项目调动资源，充分利用所有现有和新的产能，扩大欧洲本土生产能力，使欧洲光伏价值链环节（多晶硅锭、硅片、电池、组件等）在2025年的承诺制造能力达到30GW。根据欧洲光伏产业协会的预测，以目前欧盟的装机速度，实现30GW年本土制造产能将满足欧洲每年所需光伏组件的约75%。这一目标也将促进欧洲太阳能光伏行业和经济的进一步发展，乐观估计它将为欧洲每年带来600亿欧元的新增GDP，并创造40多万个新就业岗位。[1]为了能够实现上述目标，欧洲太阳能光伏产业联盟将实施一个包含7项战略的行动计划（见表4-4），在这7项行动计划的基础上，联盟的优先事项将是为内部太阳能光伏制造项目调动私人和公共资金，从而扩大产能，确保可持续的公平竞争环境并刺激对可持续光伏产品的需求。[2]

表4-4　　　　　欧洲太阳能光伏产业联盟7项战略行动计划

序号	行动计划
1	确定扩大制造规模的瓶颈并提供建议
2	促进融资渠道，包括建立太阳能光伏制造的商业化途径
3	为发展和吸收提供一个合作框架
4	维持国际伙伴关系和有弹性的全球供应链
5	支持太阳能光伏研究和创新
6	促进循环性和可持续性措施
7	探索和培养光伏制造业的熟练人才队伍

资料来源：《环球零碳》。

除了启动欧洲太阳能光伏产业联盟，欧盟委员会还在2023年3月16日发布了旨在提高欧洲净零产业竞争力的《净零工业法案》（The Net Zero Industry Act）提案。该法案是"欧盟绿色协议工业计划"（The Green Deal Industrial Plan）的关键部分，其核心目标是，到2030年战略性净零技术，如风力涡轮机、电池、热泵、太阳能电池板、可再生氢等的本土制造能力达到欧盟年度部署需求的40%。其中，欧盟太阳能光伏本土制造的具体目标是，到2030年至少达到30GW。

---

[1] 中国国际贸易促进委员会．欧盟委员会发起欧洲太阳能光伏产业联盟［EB/OL］．（2022-12-16）．https://www.ccpit.org/belgium/a/20221216/20221216gghw.html.

[2] 更多信息请参考：https://m.thepaper.cn/newsDetail_forward_21339489。

研究专题4：全球气候变化协议框架下的中欧合作与新阶段挑战

一、概述

（一）全球应对气候变化合作框架

1992年《联合国气候变化框架公约》开启了应对气候变化的全球行动阶段。每年一次的缔约方大会成为各国共同协商应对气候危机、减少温室气体排放的核心平台。作为大会的核心议题，缔约方代表就气候行动的目标和基本原则，以及各国的减排责任等相关议题进行审议和谈判。由于国家间利益协调十分困难，相较于气候危机日益走向失控的紧迫性，气候协议经历多年漫长而艰难的谈判仍然裹足不前。直至2015第21次缔约方大会（COP21）才迎来了具有里程碑意义的《巴黎协定》。

2015年12月12日，196个国家参加的COP21最终通过《巴黎协定》，为未来几十年全球应对气候变化提供了一个持久框架，同时也标志着向净零排放世界转变的开始。《巴黎协定》于2016年11月4日正式生效，成为具有法律约束力的国际条约。截至2022年12月，共有195个国家签署加入，承诺共同致力于减少全球温室气体排放，旨在将21世纪全球气温升幅限制在2℃以内，同时寻求将气温升幅进一步限制在1.5℃以内的措施，提出在21世纪下半叶实现全球温室气体净零排放。《巴黎协定》的核心内容还包括国家自主贡献（NDC，即各国每5年提交一份最新的国家气候行动计划），以及明确发达国家为发展中国家提供气候融资。

然而，近年来全球化进程中收入不平等程度上升，极右翼思潮和单边主义对国际关系的影响加大，以及接踵而至的新冠世纪大疫情、俄乌冲突冲击，世界经济在衰退和高通胀中步履蹒跚，同时，地缘政治也在经历深刻调整和重塑。应对气候变化的合作进程无疑受到国际政治经济大环境的影响。2017年，时任美国总统特朗普宣布美国停止执行《巴黎协定》，是该协定签署以来遭遇的最大挫折。虽然2021年美国重返《巴黎协定》，但其造成的缔约方间的信任裂痕短期内难以完全弥合。

（二）促成和维系《巴黎协定》

中国和欧盟就气候议题的合作一直以来都是国际社会的典范。自2003年建立全面战略伙伴关系以来，双方共签署了十多项多边环境合作协议。双方明确就应对气候变化的合作始于2005年建立起的气候变化合作伙伴关系。当年双方发布"中欧气候变化联合声明"，明确了双方就清洁能源技术搭建高层对话机制和合作框架。在此框架下，中欧双方领导人峰会每年举行一次，双方合作议题也从能源逐步扩大到碳封存、温室气体排放、低碳经济转型等更多元的领域。

此后，中欧双方的合作成为全球应对气候变化的重要领军力量，和多方共同努力促成了《巴黎协定》的达成。2010年，在哥本哈根缔约国会议（COP15）谈判未能取得实质性进展的背景下，中欧双方再次签订"中欧气候变化对话与合作联合声明"（EU – China Joint Statement on Dialogue and Cooperation on Climate Change），宣布建立中欧领导层间的"气候热线"，以便在日后的国际多边气候谈判中协调双方的立场，并在国内政策、双方合作项目的运营和管理上保持更为密切的沟通。在2015年巴黎气候大会（COP21）前夕，中国和作为会议主席国的法国保持密切沟通，注重落实中国和欧盟共识，为巴黎会议做好了准备和铺垫。同时期，中国国家主席习近平和时任美国总统奥巴马共同签署了中美元首气候变化联合声明（US – China Joint Presidential Statement on Climate Change）。作为世界上排放量前三大经济体，以及国际地缘政治的决定性力量，中美欧三国的积极合作对于《巴黎协定》的签署起到了关键性作用。

针对2017年美国单方面宣布将退出《巴黎协定》，中欧双方均表示了加强合作，坚定不移履行《巴黎协定》承诺的意愿。法国总统马克龙专程到访中国，并表示："中国和欧盟之间的气候合作是至关紧要的。"[①] 2018年，中欧双方领导人签署新的合作协议，即"中欧领导人气候变化和清洁能源联合声明"（China – EU Leader's Statement on Climate Change and Clean Energy），重申了合作应对气候变化的重要性，以及共同推动全球温室气体减排、气候变化和可持续发展的合作意愿。在应对气候变化全球行动遭遇重大挫折的关键时期，中欧双方成为持续推动履行气候协定的稳定力量和支撑力量（见表4–5）。

表4–5　　　　　　　　　　中欧气候议题合作协议或声明一览

协议或声明	内容提要
中欧气候变化联合声明（Joint Declaration on Climate Change Between China and the European Union），2005年	建立气候变化合作伙伴关系
中欧气候变化对话与合作联合声明，2010年	加强在联合国气候谈判进程中的协同合作，建立定期气候变化对话和气候变化热线，促进交流和信息共享
中欧气候变化联合声明（EU – China Joint Statement on Climate Change），2015年	重申并肯定2005年以来双方气候伙伴关系上的合作，承诺共同努力在巴黎气候大会上促成有法律约束力的气候协议

---

① Paula Tamma and Kalina Oroschakoff, "US Withdrawal from Paris Climate Agreement Greeted with EU Shrug", POLITICO, (2019 – 11 – 05) [2023 – 03 – 20]. https：//www.politico.eu/article/donald – trump – us – withdrawal – from – paris – climate – agreement – greeted – with – eu – shrug/.

第四章 欧盟绿色转型进展及面临的挑战

续表

协议或声明	内容提要
中欧能源合作路线图（2016—2020），2016 年	突出能源合作在中欧战略合作关系中的核心地位，增强双方在能源领域的互信、合作，共同致力于推动能源系统的可持续转型
中欧循环经济合作谅解备忘录（Memorandum of Understanding on Circular Economy Cooperation），2018 年	建立循环经济领域部长级对话，加快双方合作，共同应对挑战并支持全球向符合可持续发展目标的资源节约型和循环经济模式过渡
中欧领导人气候变化和清洁能源联合声明，2018 年	双方确认了《巴黎协定》下所做的承诺，同意加强合作，落实和推动温室气体低排放、气候适应性和可持续发展，加强多个领域的双边合作
关于加强碳排放交易合作的谅解备忘录（Memorandum of Understanding on enhancing cooperation on emissions trading），2018 年	旨在通过对话、信息共享和能力建设，加强双方碳排放交易市场的合作
关于落实中欧能源合作的联合声明（Joint Statement on the Implementation of the EU – China Cooperation on Energy），2019 年	支持建立中欧能源合作平台（ECECP），支持双方能源对话和合作

资料来源：欧盟委员会，作者整理制表。

此后，中欧双方分别宣布了具有高度共识的国家自主贡献（NDC）目标。先是 2019 年上任的新一届欧盟委员会颁布《欧盟绿色新政》，设定了更为激进的碳中和目标进程，明确在 2030 年将温室气体排放在 1990 年的基础上减少 55%，在 2050 年实现碳中和。2020 年 9 月，中国国家主席习近平在第 75 届联合国大会上宣布中国力争 2030 年前实现碳达峰，2060 年前实现碳中和。中欧双方的表态产生了积极的多米诺骨牌效应，随后，韩国、日本等国也纷纷提升了自主贡献减排目标。在全球气候合作步履维艰的时刻，这一积极行动无疑为《巴黎协定》的维系和推进注入了一针强心剂。

2020 年，尽管受到新冠疫情冲击，中欧就气候议题的持续合作，体现了中欧合作的高度韧性。2021 年 2 月 1 日，欧盟委员会和中国国务院通过线上方式举行了第一次中欧环境与气候高级别对话，这一新的对话机制是迄今双方在气候和环境事务方面最高级别的合作。[1]

---

[1] 更多信息参见欧洲联盟驻华代表团官网：https：//www.eeas.europa.eu/delegations/china/%E7%BB%BF%E8%89%B2%E8%BD%AC%E5%9E%8B_zh – hans？s = 166.

虽然中欧双方在经济结构、发展阶段和减排路径上都有很大的差别，但双方可持续发展的目标是相同的，本质上都希望发展绿色经济，同步推进脱碳和经济的可持续增长。2023年，中欧迎来全面战略伙伴关系20周年。20年来，建立在这一符合双方长期利益基础上的合作促进了相关技术进步和普及，刺激了双方绿色经贸的增长，并产生了协同效应和放大效应，鼓励了绿色投资的增长，促进了双方各自的能源转型和绿色经济发展。

（三）新阶段的竞争与合作

进入后疫情时代，中欧间的气候合作迎来新的考验。全球新冠疫情、地区冲突等诸多因素开始冲击双方信任的基础。先是在新冠疫情期间，全球供应链的中断增强了欧盟对于一些核心技术和原材料依赖海外供应的危机感。特别是俄乌冲突触发能源危机，让欧盟更加紧迫地意识到能源转型过程中减少对能源、技术和原材料进口依赖的重要性。

此外，随着新能源技术的进步、生产应用规模的扩大，以及各国政府利用税收和补贴的推动，以化石能源为基础实现增长的模式可能出现拐点，减排不再是以经济增长为代价，相反将越来越成为经济发展的新动力。在这一背景下，欧盟和中国都在力争成为绿色技术和经济的领导力量，双方在绿色经济领域的竞争不可避免。

欧盟一直以来都走在世界绿色经济的前沿，是全球应对气候变化最为积极且坚定的领导者。欧盟建立起了世界上规模最大，也是相对最为完善的碳排放交易体系。欧盟在能源转型方面的步伐也领先于世界其他国家，在2020年上半年，欧盟可再生能源（包括风能、太阳能、水能、生物能）对电力的贡献已经达到40%。[1]欧盟也是较早开始搭建支持经济绿色转型的财政和金融政策、法规的经济体，至今已经形成了相对较为完善的制度框架。欧盟也一直致力于成为绿色技术和标准的制定者与领导者，在绿色经济领域奠定了竞争优势地位。[2]

中国近年来在低碳技术，特别是光伏、风能、电动汽车等领域的飞跃令世界瞩目。中国已经成为可再生能源投资规模最大和最为活跃的市场，贡献了世界新能源投资总额的30%，美国以20%、欧洲以19%排在第二和第三位。[3]中国还在风能和太阳能设备的安装与出口上占世界主导地位。世界上规模最大的

---

[1] Dave Jones and Charles Moore, "Renewables beat fossil fuels. A half-yearly analysis of Europe's electricity transition", EMBER, 22nd July 2020.

[2] 更多信息请参考本书第三章和第四章内容。

[3] REN21 (Renewable Energy Policy Network for the 21st Century), Renewables 2020: Global Status Report.

10家风力涡轮机生产企业中，有5家来自中国；中国生产的太阳能光伏板约占全球市场份额的70%；在电动汽车方面，2019年中国拥有的电动汽车数量占到世界总量的约47%。[1]

中国在低碳技术领域的崛起，欧洲也从中受益，增强了其绿色技术的可替代性。由于中国市场提供了廉价且高质量的设备和原材料，欧洲的能源转型才得以低成本快速发展。2022年，为了尽快降低对于俄罗斯天然气的依赖，欧盟历史性地在一年内安装了40GW的太阳能板，其中绝大部分从中国进口。当年，欧盟从中国进口的太阳能板数量翻倍增长，从而实现了能源转型进程的加速。

然而，另一方面，中国的崛起引起了欧洲的警觉，越来越多的声音开始强调在关键技术和原材料上减少对中国的依赖。欧洲寻求保护自身的竞争力，并希望在绿色原材料和技术标准的国际竞争中获得更高的市场份额。加之新冠疫情和俄乌冲突加剧了地缘政治矛盾，欧盟选择对中欧间的合作关系进行重新定义，将中国视为经济领域的竞争者、制度模式的竞争对手，以及协商伙伴。这一"三重定位"的提出，标志着中欧关系进入新的历史时期，而在气候议题上，中欧也不再可能是简单的合作伙伴关系。

随着绿色新政进一步重塑欧盟经济，中欧双方在相关问题上的经济利益将日益凸显，在技术、市场份额，以及标准制定方面成为竞争对手。2023年初，为了应对来自美国的大规模绿色补贴，以及来自其他国家包括中国在绿色经济领域的挑战，欧盟出台了《净零工业法案》，提出要在2030年前实现40%的清洁能源完全由欧盟内部供给。并且，该法案还规定参与公共招标或申请获得绿色补贴的公司，必须保证所使用的设备中至少有40%在欧洲生产；如果供应链涉及有市场支配地位的第三方国家材料，例如使用中国进口的太阳能板，该公司将很可能无法成功获得竞标或补贴。从欧盟的角度，限制绿色进口虽然出于保护本国绿色经济并创造就业的目的，但当前拒绝质量更好且成本更低的技术和材料，无疑将减缓欧盟向清洁能源转型的进程，也将提高转型的成本。从世界范围来看，这也不利于全球绿色经济转型的发展。

在当前的国际关系格局下，气候议题也无法避免受到地缘政治和逆全球化等因素的影响，导致中欧的合作领域收窄。尽管如此，中欧双方都充分意识到双方合作对于全球应对气候变化起着举足轻重的作用，因而在气候议题上，欧盟仍然寻求将中国作为协商伙伴，共同维系《巴黎协定》，敦促国际社会履行

---

[1] REN21 (Renewable Energy Policy Network for the 21st Centry), "Renewables 2020: Global Status Report".

气候承诺,并携手帮助第三世界国家实现绿色经济转型。未来如何构建建设性的竞争和合作关系,促进双方自身和全球可持续发展进程,将是对双方的一大考验。

二、重点合作领域的竞争与合作

(一) 能源转型

实现零碳能源转型是应对气候变化的核心议题。早在2005年,中欧双方就建立了政府间能源交流合作机制,并每年举办一次能源政策对话,讨论能源政策、能源安全、能源基础设施和可再生能源等广泛的议题。为了进一步增进双方相互信任和谅解,加强能源领域的合作,落实合作成果,中欧双方于2019年5月启动了中欧能源合作平台(EU-China Energy Cooperation Platform, ECECP)。此外,中国和欧盟多个成员国建立了双边能源对话交流机制,在能源转型、可再生能源、储能、能源技术创新等领域不断拓展与深化和欧盟成员国之间的合作。

政府间的对话和政策激励,极大地促进了双方企业层面的合作,促进了相关技术创新的进步、开发和实施。例如双方企业在电力领域的投资、基础设施升级改造、设备出口,在油气领域的勘探开发、油气资源贸易、油气产品销售,在核电站建设、开发和研究等领域都开展了广泛的合作,创造了硕果丰富的经济效益和社会效益。除了以上这些传统合作领域,近年来,双方企业在可再生能源领域开展了深入合作。目前,中国和丹麦、荷兰建立了海上风电领域的双边合作机制。在风电领域,多家中国企业和欧盟企业通过股权投资等合作方式,在中国和欧盟都有共同开发和运营的风电项目。在太阳能发电领域,双方贸易额持续增长,分别通过技术出口和低成本设备出口获得丰厚的回报。此外,在地热能、生物燃气、水电等方面,双方企业也建立了多种多样且互利共赢的合作。[1]

欧盟企业在清洁能源技术创新和服务方面长期处于世界领先地位,而中国的超大市场规模,以及相对较低的制造成本,有助于实现清洁能源技术的规模化生产,降低清洁能源技术的绿色溢价。因而,双方在能源领域有很强的互补性,增进双方合作,将极大促进双方自身零碳能源转型的进程,并且有潜力通过双方在能源投资和项目建设上的合作,帮助第三世界国家加快能源转型的步伐。

---

[1] "一带一路"能源合作网. 中国与欧盟国家能源领域合作情况[EB/OL]. (2022-04-24). https://obor.nea.gov.cn/pictureDetails.html?id=3071.

然而，随着绿色贸易领域合作的加深，双方同类企业也不可避免面临竞争关系，甚至发生贸易摩擦。一个最为典型的例子是2012年围绕光伏贸易的争端。2012年7月，欧洲光伏制造商联盟要求欧盟委员会对中国光伏产品展开反倾销调查，由于中国向欧盟出口的太阳能电池板和零部件价格低廉，占领了欧盟该产品约60%的市场份额，一些欧盟的光伏厂商甚至面临破产的危险。[①] 在这一背景下，2013年欧盟委员会宣布对产自中国的光伏产品征收11.8%的临时反倾销税，并且威胁反倾销税率将提高至47.6%。随后，中国对等启动了对欧洲多晶硅和葡萄酒的反倾销调查，并向WTO投诉欧盟的太阳能行业补贴行为。[②] 双方争端历时一年之久，最后以最低限价和出口限额协议达成和解。[③]

新冠疫情后，欧洲推出绿色复苏计划，进一步加大对风电、光伏等领域的投资，通过清洁能源行业发展拉动就业，加快经济复苏。随着清洁能源在欧盟经济中重要性的提升，经济利益在中欧双方气候议题合作中将更加凸显。欧盟计划在2030年之前实现40%的清洁能源自给自足，且通过《净零工业法案》限制绿色进口，中国具有优势的光伏产品以及新能源汽车厂商出口欧洲将受到限制，同时，欧盟相关产业也将面临成本上升的损失。

当前，作为可持续、低碳能源的关键性技术，绿氢领域已成为中欧双方相互争夺的新能源技术高地。欧盟将清洁氢能视为未来欧洲绿色经济竞争力的核心，致力于发展全球领先的绿氢技术，并在该技术应用出现爆发式增长时占据主导市场地位，为欧盟创造可观的就业和经济收益。[④] 中国是欧盟氢能技术的主要进口国，相较于具备技术优势的欧盟企业，中国的制造商目前在氢能设备的生产上具有很强的成本优势。以碱性电解槽（绿氢关键生产设备）为例，2019年，欧盟最低投资建造成本为500美元每千瓦，而同期中国的建造成本仅为200美元每千瓦。[⑤] 虽然欧盟的企业近些年也在加大投入扩大生产规模，以期降低应用成本，但源于劳动力成本差异、市场规模等因素，预计双方的成本

[①] 帕特里克·施罗德. 中欧太阳能光伏贸易争端解决之道 [EB/OL]. (2023-06-24). https://chinadialogue.net/zh/4/41933/.

[②] 路透社. 中国向WTO投诉欧盟的太阳能行业补贴行为 [EB/OL]. (2012-11-06). https://www.reuters.com/article/zhaesma02564-idCNSB208592920121106.

[③] 高珮菁. 中欧贸易争端化解，几家欢喜谁人愁？[N/OL]. 青年参考，2013-08-07. http://qnck.cyol.com/html/2013-08/07/nw.D110000qnck_20130807_1-26.htm.

[④] Soren Amelang, Europe vies with China for Clean hydrogen superpower status, 2020-07-24, Clean Energy Wire, https://www.cleanenergywire.org/news/europe-vies-china-clean-hydrogen-superpower-status.

[⑤] 高珮菁. 中欧贸易争端化解，几家欢喜谁人愁？[N/OL]. 青年参考，2013-08-07. http://qnck.cyol.com/html/2013-08/07/nw.D110000qnck_20130807_1-26.htm.

差异在未来10年可能会缩小，但不会显著改善。在这种情况下，发展双方氢能贸易具有很强的互惠性，也将带动绿氢产业的进一步快速发展。双方在绿氢领域有巨大的合作空间，然而在中欧关系被重新定义的条件下，双方合作也面临很大挑战。双方应当从务实的立场出发，加强高层对话，增进相互信任，共同致力于绿氢技术的发展和推广。

总的来说，技术领先的欧盟与具有规模和成本优势的中国在推动能源转型方面具有很强的互补性。一方面，双方公平竞争有利于促进新能源技术进步，降低绿色溢价，刺激市场的发育和应用规模的扩大，从这个意义上说，双方公平竞争对于全球应对气候变化具有积极促进作用。另一方面，在地缘政治重塑国际秩序的新阶段，保护主义影响双方在绿色能源领域的贸易与合作，将损害双方利益，且延缓全球能源转型进程。

（二）碳交易市场

欧盟于2005年推出碳排放交易系统，采用碳限额市场交易系统来降低温室气体排放，目前覆盖欧洲境内电力、工业企业和航空近万家企业，涉及欧盟40%的温室气体排放量。欧盟是迄今世界上交易量最大，也是发展相对最为成熟的碳交易市场。在过去十几年中，碳交易已经发展成为欧洲温室气体减排的关键性制度工具。

随着中欧气候伙伴关系的建立和合作范围的扩大，双方在碳排放交易方面的合作也逐步展开。2011年，中国在北京、上海、天津等8个地区开展碳排放交易试点。2014年到2017年，中欧双方开展了第一期为期3年的碳排放交易能力建设合作项目，为中国碳交易系统的设计和实施提供技术支持。

在2015年的"中欧气候变化联合声明"中，双方同意进一步加强碳市场的双边合作。同年签署的《巴黎协定》也强调了通过国际排放权交易体系达成温室气体减排的重要性。在这一背景下，中欧开启了第二期碳排放交易能力建设合作项目，新项目搭建了"中欧碳排放对话与合作平台"，实施周期为2017—2020年。

通过以上两期合作共建，中欧双方进行了持续定期的碳市场相关政策对话，为中国碳市场主管部门提供了诸多政策建议，为中国的监管者、企业和相关利益者提供了每年多次的能力建设培训、知识分享等活动，加强了中国各方对碳市场的理解，为中国碳市场的培育和发展奠定了良好基础。

2021年，在此前地区试点的基础上，中国启动了全国碳交易市场，目前主要覆盖发电行业的2162家企业每年45亿吨的二氧化碳排放，占中国每年二氧化碳排放量的40%，中国是迄今全球覆盖排放量最大的碳市场。全国碳交易市场的启动无论对中国还是对世界减少温室气体排放都具有里程碑意义，同时也是中欧气候合作最显著的成果之一。

由于欧盟和中国能源结构不同，碳市场的运行机制也存在差异。欧盟的碳交易系统设置了绝对的排放总量上限，以总量控制调节碳排放成本。中国的系统没有设置排放总量上限，而是以排放强度为基础，以单个企业相对于相关行业的平均强度计算并分配免费的排放额度。以碳强度为基础直接的激励作用于提高能效，能效高的企业可以出售多余的碳额度从而受益，能效低的企业则需要购买额度。发电行业能效整体提高后，则可以间接带来排放总量的降低。

虽然借鉴了欧盟碳市场的实践经验，中国碳市场的设计选择了兼顾自身能源安全和实现气候目标的减排路径。煤炭在中国的能源结构中占有主导地位。2022年煤电占中国发电量的44%，其次为水能、太阳能和风能。虽然可再生能源发电量近年来稳步上升，但由于可再生能源发电受天气变化和储能技术的限制，存在不稳定性，煤电还扮演起了各地保证供电稳定的重要补充的角色。因而，中国各省近年的经济规划在同步推进煤炭产业和可再生能源产业的发展，并且每年有可观规模的煤电站被批准投入建设。[1]

然而，中国对于煤炭的依赖，以及不断兴建新的煤电站，是长期以来欧盟关切并审视中国履行气候行动承诺的焦点。从欧盟的立场出发，其认为中国应该逐步淘汰煤电，并对中国不断扩大的煤炭行业表示担忧。甚至欧盟内部有部分声音由此质疑中国气候承诺的诚意。[2] 而对于中国，这是一个更加现实的挑战，可再生能源尚不能满足每年电力增长的需求，对于煤电的依赖短期内无法扭转。在这种情况下，通过技术改进实现煤炭的更加清洁和高效利用，在碳捕捉、储能等相关领域的技术进步成为关键，也是未来碳市场发挥减排作用的着力点所在。而无论是技术还是碳市场的不断完善，都离不开中欧双方建立在相互信任基础上的合作和共建。

在理想的情况下，连接中国和欧洲的碳市场，促成全球碳交易和碳排放全球定价，将产生巨大的协同效益。然而，双方监管机构和国家利益之间的鸿沟

---

[1] 尤晓莺. 两会前瞻：中国各省计划同时推进煤炭产业和清洁能源发展［EB/OL］.（2023-03-01）. https://chinadialogue.net/zh/4/98290/.

[2] Janka Oertel, Jennifer Tollmann, Byford Tsang, "Climate Superpowers: How the EU and China Can Compete and Cooperate for a Green Future", European Council on Foreign Relations, Policy Brief, December 2020.

难以协调,在可见的未来,中欧双方的 ETS 系统很难协调形成连接。作为一个替代方案,欧盟推出碳边境调节机制(CBAM)。这一机制本质上是对进口欧盟的产品征收碳税,避免欧盟企业将排放转移到排放控制较低的国家造成"碳泄漏"(Carbon leakage),同时对其他排放国,尤其是贸易伙伴形成减排的外部压力。

CBAM 将从 2026 年开始全面执行,第一阶段包括的行业有水泥、钢铁、电力、铝制品和化肥。届时这些行业出口到欧盟的产品需要基于欧盟碳排放交易定价和商品中包含的排放量,抵扣掉在生产所在国已经支付的碳价,来支付碳关税。中国是欧盟最大的贸易伙伴国,到 2026 年受 CBAM 影响的贸易额大概等同于 2019 年中国向欧盟出口额的 2%,约为 65 亿欧元。[①] 对于中国的低碳生产者来说,CBAM 将增加他们相对的市场竞争优势,而高排放企业将面临成本的大幅提升。中国的碳排放交易系统目前没有覆盖 CBAM 初始阶段涉及的行业,并且中国碳市场发展尚处于初级阶段,还没有形成碳价的有效发现机制,和欧盟碳价的差距较大,如何计入 CBAM 抵扣,需要中欧双方进一步沟通和协商。更为重要的是,中欧两大经济体和碳市场之间协商的碳边境调节规则,将为国际碳排放交易和贸易规则树立一个模板,成为国际标准制定的基础。而在这一问题上,如果处理不好,也很容易引起中欧双方的贸易争端。更糟糕的情况是,碳税变成贸易保护的工具,阻碍世界范围应对气候行动的进程。为了避免后面这种情况的出现,中欧双方保持沟通和合作显得尤为重要。

总的来说,欧盟和中国在碳市场的建设上进行了紧密而富有成果的合作,下一个阶段,中欧就碳交易的相互协调,特别是碳边境调节规则的制定方面的对话和合作预计将是一个富有挑战,但意义十分重大的过程。

(三)循环经济

依赖化石燃料的"开采—生产—废弃"的线性生产模式被认为是气候问题的根源,相应地以循环经济取代线性生产模式将是实现气候目标的关键。简单来说,循环经济是对原材料和产品进行回收、再利用和再修复的经济模式。发展可再生能源是循环经济的重要组成部分,此外,涉及人们日常生活物品在设计、生产和使用方式上的根本性改变。据估计,人们日常生活物品,包括建筑、车辆、电子产品、服装、食物、包装以及其他生产、生活资料的生产过程贡献

[①] 德勤. 欧盟碳边境调节机制(CBAM)对中国公司的影响[EB/OL]. (2022-10-10). https://www2.deloitte.com/cn/zh/pages/risk/articles/esg-cbam-china-implications.html.

了全球约45%的碳排放量。① 而通过构建循环经济，可以减少生产价值链各个环节的温室气体排放，将材料和产品循环利用可以减少资源消耗，提升土壤和产品的碳封存，从而最终实现净零排放的目标。

中国是最早进行循环经济立法的国家之一，早在2008年就通过了《中华人民共和国循环经济促进法》，特别是在废弃资源回收率等方面居世界领先地位。《中华人民共和国国民经济和社会发展第十四个五年规划和2035年远景目标纲要》将发展循环经济作为一项重大战略。保障资源安全，降低GDP能源消耗，以及推动碳达峰、碳中和是中国政府发展循环经济的主要政策驱动力。

欧盟在2015年提出了全面支持循环经济转型的政策框架，并在此后相继推出了54项具体行动方案②，成为了世界上循环经济制度基础设施建设的开拓者和全面转型实践的先行者。2019年的《欧盟绿色新政》将循环经济列为支柱政策之一，并于2020年初，在2015年行动计划的基础上，修改发布了全新的《循环经济行动方案》，以"制定面向未来的议程，让欧洲变得更加清洁、更具竞争力"作为新计划的目标。③

2018年，中欧签订关于循环经济合作的谅解备忘录，建立循环经济高级别政策对话，围绕循环经济宏观政策协调、制度创新，包括绿色设计、生态标识、生产者责任延伸、绿色供应链管理等，以及化工产品、塑料制品、废弃物等重点领域的最佳实践，投融资等方面开展交流和合作。

由于循环经济治理的核心是产品的生命周期，贸易的紧密联系决定了双方都不可避免受到各自循环经济政策的影响。例如，2018年1月，中国宣布禁止塑料等废弃物的进口，受此影响，马来西亚、泰国、越南等东南亚国家也对垃圾进口采取限制措施，这使得长期作为垃圾出口国的欧洲不得不面临国内废弃物的处理问题，倒逼欧盟对"获取—制造—废弃"的线性消费体系进行改革，在一定程度上推动欧盟讨论发布了全新的《循环经济行动计划》。④ 更新的欧盟《循环经济行动计划》引入了产品可回收成分的规定，并启动了可持续产品立

---

① 艾伦·麦克阿瑟基金会. 循环经济：应对气候变化的另一半蓝图 [Z]. 2019.
② European Chamber President Jorg Wuttke. China can learn from the European Union in achieving a circular economy [EB/OL]. (2020-02-17) https：//www.eurobiz.com.cn/china-can-learn-from-the-european-union-in-achieving-a-circular-economy/.
③ 帕特里克·施罗德. 欧洲循环经济行动计划对中国意味着什么？ [EB/OL]. (2020-03-16). https：//chinadialogue.net/zh/1/44381/.
④ European Chamber President Jorg Wuttke. China can learn from the European Union in achieving a circular economy [EB/OL]. (2020-02-17). https：//www.eurobiz.com.cn/china-can-learn-from-the-european-union-in-achieving-a-circular-economy/.

法议程，未来进入欧洲的产品将面临更高的可持续产品标准，以及更严格的产品耐用性、可维修性和产品成分安全标准。这样一来，该计划反过来将对最大的对欧商品出口国中国的产品制造产生深远影响，形成外部压力，促进中国循环经济标准立法以及管理体系的提高和完善。

中欧双方在改变线性消费方式、发展循环经济的政策上有广泛的共识和高度一致的目标，并且无论是过去还是未来，各自循环经济的发展都有紧密的联系和高度的相互依存的关系。未来中欧应密切合作，发挥国际领导作用，共同致力于全球循环经济转型的实现。

（四）可持续金融

为了实现《巴黎协定》的气候目标，每年全球需要数以万计的投资流入绿色经济部门。公共财政虽然发挥着重要的作用，但主要的投资将来自私人部门，全球资本市场在全球低碳经济转型中发挥着重要的资源调动和配置作用。在这个过程中，各国金融监管者肩负的一个重要责任是通过国际合作来促进信息透明和标准统一，协调不同制度框架和政策工具，引导全球投资者识别和获得绿色投资机会，同时，降低不同市场间进行投资交易的成本。

2019年10月，欧盟发起国际可持续金融平台（International Platform on Sustainable Finance，IPSF），中国和欧盟共同为平台的创始国之一，其他参与创立的还包括阿根廷、加拿大、智利、印度等7个国家。该平台创立的目标是为各国金融政策制定者提供多边对话平台，将更大规模的私人资本引入对环境有益的可持续投资领域。

2020年7月，IPSF平台促成中欧共同成立了工作小组，致力于评估和制定环境友好的《可持续投资活动分类目录》（Taxonomies for environmentally sustainable investment），包括评估中欧双方在分类目录上存在的共同点和差异点。2021年11月，双方发布了第一版的《可持续金融共同分类目录报告——减缓气候变化》（Common Ground Taxonomy，CGT，下文简称《可持续金融共同分类目录》），报告中包括了72类同时得到《欧盟可持续金融目录》（EU Sustainable Finance Taxonomy）以及《绿色债券支持项目目录》（Green Bond Endorsed Project Catalogue）认可的应对气候变化的活动。这一报告对于推进国际社会建立可比较、可通用的可持续金融分类标准具有里程碑意义，为其他国家建立此类的分类目录提供了借鉴和参考，将对国际绿色投资的方向产生重大影响。未来，IPSF平台还将继续致力于不同经济体间金融目录的比较和分析，增强国际间分类的互通性，为国际投资者提供透明的信息指引。

第四章 欧盟绿色转型进展及面临的挑战

即使在2022年国际合作环境恶化的背景下，双方仍就标准的更新、扩大、完善进行了持续动态的交流合作，在向贸易协会、业界和非政府组织征询意见的基础上，双方的工作小组于2022年6月发布了更新的第二版分类报告。

2013—2022年，中国政府通过"一带一路"倡议扩大了海外投资的规模，随着对可持续金融理解的深入，中国政府在投资中开始注重海外投资项目的选择。2016年，中国政府发布《关于构建绿色金融体系的指导意见》，提出鼓励绿色金融融资的一系列激励措施，以及在海外融资时要将生态和气候目标统一考虑的原则。在这一背景下，中国和欧盟就绿色金融标准的共识，是双方在第三方国家开展可持续项目投融资合作的基础，有助于双方形成合力，共同推进发展中国家应对气候变化的进程。

从2022年开始，转型金融成为IPSF平台的另一个工作重点，其《转型金融报告》提出了转型金融系统性指导原则，以支持和加速全球可持续发展。相较于此前可持续金融的概念，转型金融为各国的政策制定者提供了更为全面、系统的框架，从经济的不同层面设计和建立制度与激励机制。

在转型金融的发展上，欧盟更加注重制度先行，为标准的制定以及制度框架的搭建做了重要工作。在推出可持续金融目录后，欧盟规定，从2022年1月开始，大型公司需要报告经营活动中属于欧盟可持续目录覆盖范围的比率。并且从2023年开始，资本市场参与者需要根据欧盟可持续信息披露的升级标准来披露信息。2022年欧盟协商以可持续目录为基础，制定绿色债券标准。[①] 相较而言，中国在货币政策上的支持力度较大。例如，截至2022年5月，中国人民银行为减排设备和清洁使用煤炭设备提供的优惠贷款总额已高达3000亿元。[②] 2022年中国发行转型金融债券支持绿色和可持续项目，钢铁、能源和碳密集产业是首批获得银行间转型金融债券支持的行业。中国的绿色金融市场发展迅速，截至2022年第三季度末，本外币绿色贷款余额达20.9万亿元，绿色债券存量规模达1.2万亿元。[③]

未来，以IPSF平台为基础，双方还需要进一步扩大共识，拓展在标准和转型金融领域合作的可能性，共同推动国际社会可持续融资的发展。

[①] International Platform on Sustainable Finance, Annual Report 2022.
[②] 中国电力报，总额3000亿！央行再度出手支持煤炭清洁高效利用［EB/OL］.（2022-05-07）. https://www.cpnn.com.cn/news/hg/202205/t20220507_1509674.html.
[③] 王金瑞. 透视银行三季报"绿色"成绩单：六大行绿色信贷余额超11万亿 加码布局绿色债券［EB/OL］.（2022-11-07）. http://finance.china.com.cn/news/special/yhylsjr/20221107/5897315.shtml.

三、未来展望

在当今高度不确定的国际局势下，中欧关系正处于历史性的十字路口。然而，尽管存在众多分歧和挑战，中欧促进气候合作、推动人类可持续发展的目标是高度一致的。如何夯实双方这一基本共识，并在此基础上重建信任，在新的竞争与合作关系中共生共赢，并维护世界和平稳定和繁荣，将是对中欧双方的重大考验。

（一）绿色经济领域的竞争对手

2023年1月1日，美国《通胀削减法案2022》的生效拉开了主要经济体之间全面的绿色经济"战争"的帷幕。该法案宣布将向气候和清洁能源领域投资约3700亿美元，包括多项针对美国本土或在美运营企业的补贴政策和税收优惠，在如此大规模的支持下，中国和欧盟都将面临绿色投资和生产外流的压力。而相对于具有市场和成本优势的中国，欧盟面临的压力更为现实和紧迫，以至于欧盟委员会在慌乱应对中甚至摒弃了自由竞争市场的旗帜，提出《净零工业法案》，限制绿色进口，同时放松了对成员国单方面国家补贴的监管，在欧盟内部引发了造成统一市场扭曲的担忧（更多信息请参考研究专题5）。[①]

在这种情况下，未来中欧双方将不可避免在关键绿色技术和标准、关键原材料和供应链，以及绿色投资和就业机会等方面在国际市场展开竞争。

1. 关键技术和标准竞争

近年来，中国在绿色能源和技术领域崛起，在电池、风能、太阳能等部分领域获得全球领先地位。欧盟寻求做绿色技术的全球领导者，通过防御性贸易举措限制技术转移外溢，设立创新基金鼓励内部绿色技术研发，并致力于在绿色技术国际标准的建立上抢得先机，以增强相对于中国的竞争力。

2. 关键原材料和供应链竞争

中国掌握了很多绿色技术发展所需的关键原材料，包括磁铁、电池、高性能陶瓷和LEDs等。欧盟《净零工业法案》规定参与公共招标或申请获得政府绿色补贴的公司，必须保证所使用的设备中至少有40%在欧洲生产，并且使用第三方国家设备或材料，该法案将强制性支持欧洲经济转型的供应链转向欧盟内部，以及更加多元化。

---

① Max Von Thun, "EU Response to Inflation Reduction Act Must not Damage Competitive Markets", Mar 9, 2023, EURACTIV, https：//www.euractiv.com/section/competition/opinion/eu－response－to－inflation－reduction－act－must－not－damage－competitive－markets/.

3. 第三世界影响力竞争

欧盟和中国在推动发展中国家可持续经济转型方面有很强的互补性，理论上可以形成巨大的合力，共同推动加快国际社会应对气候变化的进程。然而，作为两大经济体，双方在第三世界国家也不可避免地围绕市场份额和原材料展开竞争。

"一带一路"倡议下，中国在中亚、东欧、非洲和拉美进行了大规模投资，参与方主要为国有企业和国有银行，欧盟方面认为中国在"一带一路"投资中的大规模补贴和非市场路径，影响了欧盟对相关市场和项目的参与机会。

(二) 信任与安全问题

欧盟限制绿色进口的另一个理由是为了保障供应链安全。新冠疫情导致的全球供应链危机，加之俄乌冲突后的能源危机，增强了欧盟对依赖海外供应链的担忧，并开始致力于在能源和可持续经济转型中，减少对中国以及单一国家进口的依赖。

虽然欧盟各成员国在对华关系上存在不同意见，但在经济上减少对中国的依赖这一点上却有高度共识，认为不断增加的对中国市场和中国供应者的依赖性是危险的。为此，欧盟采取了诸多应对措施，包括寻求更多同日、美等国的合作，共同增强绿色技术的可替代性。为了避免对中国供应和生产的过度依赖，欧洲对于供应链调整和安全的讨论越来越多。2020年，欧盟更新了关键原料清单，并提出关键原材料安全行动方案（Action Plan on Critical Raw Materials），意图拓展供应链的多元化以及提高供应链效率。

此外，由于双方制度体系的鸿沟，尽管双方在减排目标上是一致的，但对于减排路径的选择、具体的方式和方法，双方仍有很大的分歧。特别是在能源转型方面，中国对煤炭的高度依赖，以及过去两年间中国煤炭发电项目的增长，增加了欧盟内部对中国是否能够履行气候目标的疑虑。

气候议题不可能在真空环境下讨论，双边政治关系将深刻影响中欧在气候合作上的进程，而安全感和相互信任是开展良性竞争和合作的前提。当前，中欧关系发展尚存在很多不确定性。2019年以来，欧盟对中欧关系进行了重新定义：将中国视为"经济领域的竞争者，制度模式的竞争对手，以及协商伙伴"。这一"三重定位"已经事实上成为中欧关系的主基调。

随着国际形势的演变，欧盟方面于2023年开始基于这个三重定位，重新讨论对中欧关系进行调整。2023年4月，法国总统马克龙和欧盟委员会主席冯德莱恩访问中国，在出访前夕，冯德莱恩在公开演讲中称和中国的关系是欧盟在世界范围内面临的"最复杂也是最重要"的关系。① 马克龙疫情后首次访华，其目标除了作为焦点的地缘政治议题，还包括重新制定应对气候变化、保护生物多样性等重大国际问题共同行动框架。②

马克龙从欧盟和法国自身利益出发，希望通过对话缓和处于"螺旋式上升的紧张局势"中的中欧关系③，其对话言行在欧盟内部引起了不小的争议。赞成者认为应该通过对话和合作避免中欧"脱钩"，重点在于减少"风险"，在经济和政治议题上维系多边主义国际秩序。而反对者则强调中国是"对手"和"敌对方"，强调双方在意识形态和人权问题上的对立。未来，欧盟对华政策最终如何调整，各成员国最终选择怎样的立场还有待进一步观察。

相对于日益走向失控的气候危机，巩固和发展中欧双方在气候行动上的合作十分紧迫。希望中欧双方能够求同存异，在此前合作的良好基础上，增进互信和合作，致力于落实《巴黎协定》的共识，共同成为国际气候行动的引领力量，为人类社会的可持续发展贡献力量。

研究专题5：欧盟对于成员国国家援助政策的态度正在发生转变

国家援助，是指一个国家的政府向私营经济实体提供的补助金、减税等任一形式的财政援助。国家援助在许多国家都是再寻常不过的，然而，在欧盟内部，却几乎是一个禁忌。欧盟原则上禁止国家援助，针对一些特殊的类别，如文化等特殊产业，国家援助也只有在向欧盟委员会提供了合理论证，经批准的情况下才被允许使用。

作为一个国家联盟，欧盟制度设计的核心目标是建立一个公民、劳动力、商品和资本自由流通的内部统一市场，并在单一市场的基础上，进一步触发政治一体化。这一目标一开始被各成员国及其公民接受，因为表面上看，它承诺了在不需要太多主权让渡的情况下带来可观的经济利益。为了保护成员国的主权，欧盟条约在界定授予欧盟和成员国的权力时非常谨慎。然而，每个国家及

---

① Europa, Speech by President von der Leyen on EU – China relations to the Mercator Institute for China Studies and the European Policy Centre, March 2023, https：//ec. europa. eu/commission/presscorner/detail/en/speech_23_2063.

② Élysée 官网, "Visite d'État en Chine：première journée á Pékin.", 5 avril 2023, https：//www. elysee. fr/emmanuel – macron/2023/04/05/premiere – journee – a – pekin.

③ Shweta Sharma, Macron Says China could play "major role" in Ukraine peace as he arrives in Beijing, Independent, April 2023, https：//www. independent. co. uk/asia/china/macron – china – visit – russia – ukraine – peace – b2314595. html.

其各个层级的政府对于相关权力的解读可能并不一致,并且其解读会随着时间不断变化。其中的模糊区域就可能引起欧盟机构和成员国之间的权力冲突。即使欧盟机构的决策事实上是由各成员国政府代表投票决定的,并由成员国公共行政机构来执行,这种冲突也难以避免。结果是,成员国政府和欧盟层面的政府体系关系变得极为复杂。

甚至可以毫不夸张地说,欧盟委员会的目标与成员国的目标之间存在的根本性冲突,是欧盟经济及政治体系的核心问题。欧盟委员会的主要使命是通过促进单一市场发展的政策,来建立一个更加一体化的欧洲。然而,成员国政府和议会对其选民负责,必须回应本国选民的需求。虽然从长远看,欧盟和成员国目标原则上应当是一致的,但选民更关注他们自己或者自己相关地区的眼前利益,往往表现短视,可能不相信一体化带来的长期利益,进而不愿意为适应市场一体化付出成本。此外,创造公平的市场竞争环境会创造赢家和输家,后者的利益集团可能通过联盟抵制一体化进程,相关国家政治体系中的政治家和官僚机构也可能出于保护本国利益集团而采取抵制行动。

欧盟委员会对于国家援助的管制是一个典型例子,可以很好阐释欧盟和成员国之间的目标冲突。国家援助管制是欧盟竞争政策的重要部分,是欧盟委员会被授予的最有效的经济政策工具,竞争政策旨在消除欧盟内部贸易壁垒和区域市场保护。一般而言,单一市场对成员国至关重要,可以享受更大、更开放市场的好处,这其中包括生产者的规模化发展、供给侧激励、创新者更容易进入市场,以及为消费者提供更高质量、低价格的商品。因而,在单一市场问题上,成员国同意放弃一部分自主权力。但是,在许多其他方面,特别是与国家主权密切相关的公共政策方面,例如能源组合选择、交通系统的组织、公共服务的监管、区域发展等,成员国及其地方政府保留了大部分控制权。与此同时,每个成员国都急于支持并援助本国的产业或特定的地区利益。这种援助可能会破坏单一市场内的公平竞争,因而违背了欧盟关于单一市场和公平竞争的相关原则。正因如此,欧盟委员会不允许成员国开展国家援助。当然,欧盟委员会还是保留了一些豁免类别,主要包括对于文化活动的支持、帮助受到经济衰退影响的产业、促进当地就业,或者对于增进社会、区域凝聚力相关的支持。但是,对于是否可以获得豁免权,相关的细则并不是十分明确。执行中,欧盟委员会对每一个申请,从指定用途到计划草案,都要进行审批,且审批结果存在一定变数。

对于国家援助的控制看似已在欧盟范围内被广泛接受,然而新冠大流行成为这一共识开始崩溃的转折点。2020年3月，欧盟通过了"国家援助临时框架"（The State Aid Temporary Framework），允许成员国"在新冠大流行暴发的背景下，充分利用国家援助规则下可预见的所有灵活性来支持经济"①。尽管这仅是一个临时框架，不是长期存在，但尝到了"灵活性"的甜头后，人们对于国家援助的看法发生了改变。2022年3月，为应对俄乌冲突的冲击，欧盟采纳了"临时危机框架"（The Temporary Crisis Framework），进一步授予成员国应对危机的灵活性。2023年3月，欧盟委员会对此前的临时危机框架进行了修订，通过了新的"临时危机与过渡框架"，延长了临时危机框架适用的时间，并且增加了促进向绿色经济过渡的目标。在这一过程中，法国政府于2023年初开始呼吁削弱欧盟委员会对于国家援助的管制，并积极推动"欧洲制造"战略，法国总统马克龙也一直在公开场合谈论并表达自己对法国政府呼吁的赞同。最终，在美国《通胀削减法案》②的压力下，法国连同荷兰一起同意放宽对一些产业的国家援助规则。同时，欧盟委员会主席冯德莱恩对中国政府对于国内产业的支持，以及对欧盟相对竞争力的影响也表示了担忧。③

那么，面对来自美国和中国的竞争，欧盟的国家援助规则将会如何发展？当务之急，欧盟有必要修改并建立新的框架，以更为系统和更可预测的方式来审批国家援助项目。尽管一直以来，围绕国家援助争议的焦点是如何处理欧盟单一市场和成员国之间的利益冲突，但应当看到，随着世界格局的变化，某些领域内欧盟经济与世界其他国家或地区之间的紧张关系，相对于欧盟内部的利益分歧已变得更为突出。在这一背景下，一项国家援助的申请能否获得欧盟委员会批准，将很大程度上受到产业性质的驱动。可以预计，在针对国家援助更加灵活的监管框架下，德国和法国等大国很可能受益最多。放宽国家援助规则后，能否维护欧盟内部的团结和单一市场的运行，取决于欧盟能否将国家援助带来的经济收益，或者得到增强的欧盟竞争力在成员国之间适当、合理分配。

美国通过《通胀削减法案》无疑加剧了欧盟对于国家援助管制改革的讨论。《通胀削减法案》计划对能源安全和应对气候变化项目投资3690亿美元，

---

① 更多信息请参考：https：//competition-policy.ec.europa.eu/state-aid/coronavirus/temporary-framework_en。

② 更多信息请参考：https：//www.reuters.com/world/france-netherlands-agree-ways-eu-could-deal-with-us-state-aid-dutch-pm-says-2023-01-30/。

③ 更多信息请参考：https：//www.ft.com/content/9bfe7e7e-83b7-47f2-8d59-e180215d534a。

并对新能源项目,清洁能源设备、车辆,太阳能、风能组件、电池及其他关键材料生产的投资提供税收优惠。这种国家工业政策事实上将打乱世界自由贸易体系。为应对《通胀削减法案》,增强欧盟产业竞争力,冯德莱恩领导的欧盟委员会以《绿色协议产业计划》(The Green Deal Industrial Plan, GDIP)作为回应,[①] 并以《关键原材料法》(The Critical Raw Material Act)作为补充,确保获得稀土等绿色产业发展所需的关键原材料,减少对中国等单一国家的依赖。[②]

这些行动方案标志着欧盟路线的显著转向,即地缘政治驱动的保护主义取代了贸易自由主义。尽管在当前世界地缘政治变化的背景下,欧盟可以为自己的工业政策选择进行辩护,但事实上,其对欧盟单一市场潜在、长期影响并没有好好讨论和分析过。2021年,德国和法国在国家援助项目中共计支出了1840亿欧元,占欧盟27个成员国国家援助项目总支出的55%。[③]显然,更富裕的成员国在提供国家援助方面拥有更多优势,并可能是以牺牲其他成员国的经济利益为代价来获得竞争力。如此一来,一个欧洲战略可能变成事实上的德法战略。

接下来,为了实现欧盟目标,欧盟应当确保国家援助批准过程的透明性和公正性。尽管"国家援助程序法规"(The State Aid Procedure Regulation)设定了国家援助项目审批的规则,但欧盟委员会没有在过往的豁免审批中表现出一致性。[④] 除了欧盟委员会的努力,欧盟的其他机构也可以共同发挥作用。例如,研究发现,欧洲联盟法院(The Court of Justice of the European Union, CJEU),在一些成员国同欧盟委员会的争端中,起到了维护公正和纠正欧盟委员会在国家援助控制审批中带有偏见的情况。[⑤]此外,欧洲主权基金(European Sovereignty Fund)可以通过将资金引导向规模较小或财政状况较差的成员国,来避免市场的过度扭曲。

一个容易被忽略的方面是关于国家援助项目的效率问题。欧盟可能被误导落入一个陷阱,相信政府主导的投资比私营部门选择的投资对经济发展更有益,

---

① 更多信息请参考:https://commission.europa.eu/document/41514677-9598-4d89-a572-abe21cb037f4_en。
② 更多信息请参考:https://ec.europa.eu/commission/presscorner/detail/en/ip_23_1661。
③ 更多信息请参考:https://competition-policy.ec.europa.eu/system/files/2023-04/state_aid_scoreboard_note_2022_0.pdf。
④ 更多信息请参考:https://www.eca.europa.eu/en/publications?did=54624。
⑤ Alves, Brousseau and Yeung (2021). The dynamics of institution building: State aids, the European Commission, and the Court of Justice of the European Union, *Journal of Comparative Economics*, Vol. 49 (3), pp. 836–859.

其结果是大量资金被投入效率低下的项目，浪费了有限的公共预算资源。因而，欧盟委员会应当仔细审查国家援助项目的申请，无论是哪个成员国提出的申请，对于效率低下的项目应坚决拒绝。

在当前紧张的地缘政治关系下，欧盟进行重新定位，与时俱进是明智的。然而，欧盟的工业政策有可能会进一步加大成员国间的经济差异，危及单一市场的稳定。无论如何，为了维护欧盟的竞争力和团结稳定，坚持基于规则的治理框架十分关键。

第三篇

中国与欧盟合作近况

第五章 贸易合作

第一节 中国与欧盟双边货物贸易

由于新冠疫情冲击、全球经济负增长和供应链紧张，2020年全球贸易大幅收缩。随着全球经济复苏，国际贸易快速回暖并超过疫情前水平，2021年全球商品贸易额达22.3万亿美元，同比增长26.5%。2022年，受俄乌冲突、能源危机、通胀高企的影响，全球经济增速放缓。根据联合国贸发会议2022年12月12日发布的最新预测，2022年全球实际国内生产总值增速将从2021年的5.7%降至3.3%。在此背景下，全球贸易增速亦未能继续保持大幅增长态势，尤其是从2022年下半年开始，季度环比增速转入负值区间。联合国贸发会议预计2022年全球商品贸易增速为13.8%，商品贸易总额为25万亿美元。

2022年我国进出口规模稳定增长。中国海关总署统计数据显示，2022年我国对外贸易进出口总额为6.3万亿美元，增速从2021年的29.8%下降至4.4%。其中，出口3.6万亿美元，增长7%；进口2.7万亿美元，增长1.1%（见图5-1）。我国对东盟、欧盟、美国进出口总额分别为9753.4亿美元、8473.2亿美元、7594.3亿美元，分别增长15%、5.6%、3.7%。欧盟继续为我国第二大贸易伙伴[①]，我国与欧盟的进出口总额占我国外贸总值的13.4%。

新冠疫情暴发之后，中欧经贸合作逆势而上，展现出强大韧性与蓬勃活力。2021年中国与欧盟进出口总值达8281.1亿美元，创历史新高，同比增长27.5%。2022年，全球经济环境日趋复杂，通货膨胀、能源短缺及供应链扰动加剧全球经济下行的趋势，使得中欧贸易面临许多压力。在此背景下，中欧经贸合作依然延

[①] 2022年东盟为我国第一大贸易伙伴，我国与东盟的进出口总额占我国外贸总值的15.5%。

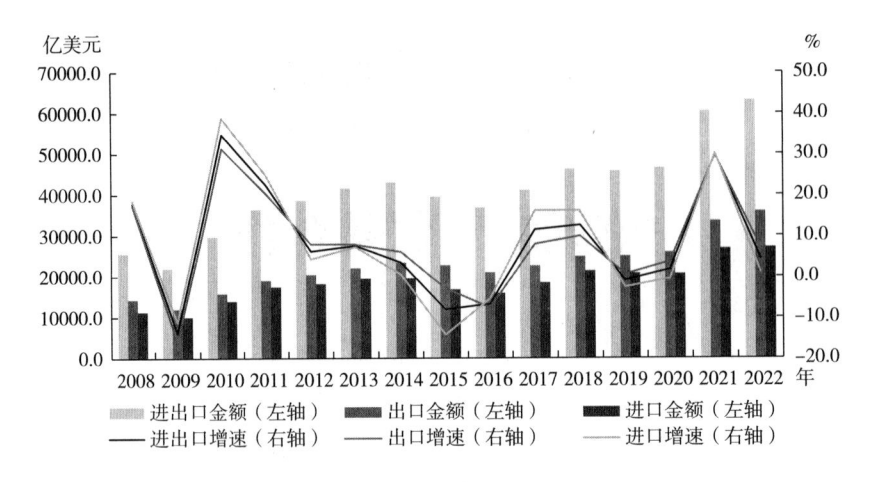

图 5-1 2008—2022 年中国对外贸易情况

（资料来源：Wind、中国国家统计局）

续长期增长势头，反映出双方优势互补、互利共赢的本质，在拉动全球经济复苏方面起到了重要作用。在全球经济充满不确定性的情况下，良好、稳定的中欧经贸关系对全球经济发展意义重大。

一、双边贸易规模继续上升，但增速下降

2022 年，中欧贸易克服疫情等不利影响，延续 2021 年的积极势头，继续保持增长。中国海关总署统计数据显示，2022 年中国与欧盟进出口总值达 8473.2 亿美元，比上年增长 2.3%。其中，中国向欧盟出口商品 5619.7 亿美元，同比增长 8.4%；中国自欧盟进口商品 2853.5 亿美元，同比减少 7.9%（见图 5-2）。

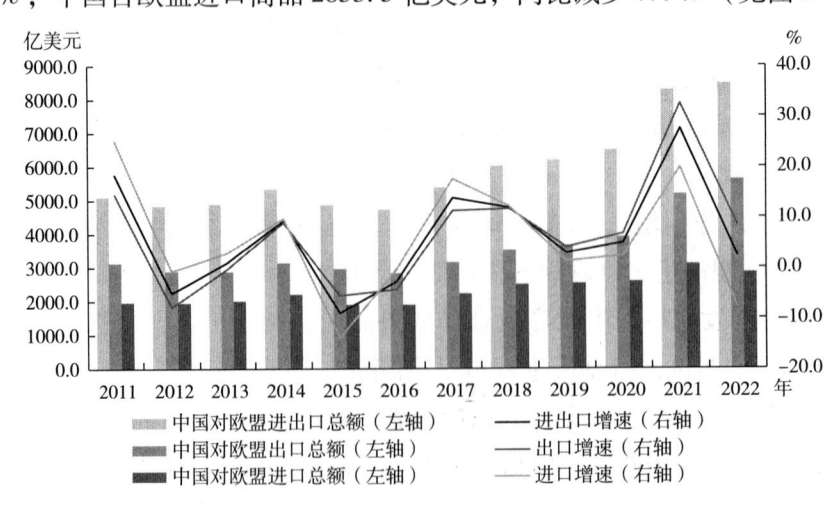

图 5-2 2011—2022 年中国对欧盟贸易情况

（资料来源：Wind、中国海关总署）

从中国对欧盟各成员国的贸易情况来看，中国与德国、荷兰、法国、意大利等多个欧盟国家的双边贸易额继续维持较高规模。2022年，中国对4国贸易之和同比增长0.9%，达5169.8亿美元，占中国对欧盟进出口总额的61%。不过值得注意的是，该占比自2010年以来呈逐年下降趋势。根据中国海关总署的统计数据，2010年中国与上述4国双边贸易总额占中国与欧盟27国双边贸易额的比例为66.9%（见图5-3）。

2022年，中国对4国出口之和为3305.3亿美元，占中国对欧盟出口额的58.8%，是2010年以来的最低占比（2010年最高为64.5%）；中国对4国进口之和为1864.6亿美元，占中国对欧盟进口额的65.3%。从增速上来看，中国对上述4国双边贸易趋势与中国对欧盟整体贸易趋势高度一致（见图5-3）。

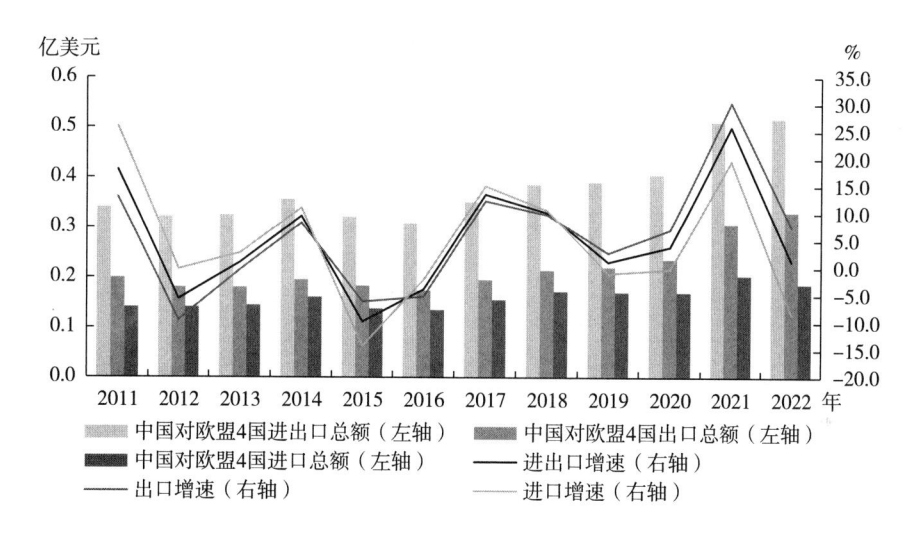

注：欧盟4国是指德国、荷兰、意大利和法国。

图5-3 2011—2022年中国对欧盟4国贸易情况

（资料来源：Wind、中国海关总署）

具体来看，2022年，中国对欧盟各成员国的前三大出口国是荷兰（1177.3亿美元）、德国（1162.3亿美元）和意大利（509.1亿美元）；前三大进口国是德国（1114亿美元）、法国（355.6亿美元）和意大利（269.8亿美元）。其中，中国对荷兰的进出口增速达11.8%，出口增速为14.9%；与意大利的贸易扩大了5.3%，出口增长16.7%。德国仍是中国在欧盟的第一大贸易伙伴，2022年，中国与德国的贸易额占中欧贸易总额的26.9%，这表明中德两国之间的商品贸易在很大程度上存在互补性，比如中国汽车消费市场对德国汽车制造商的重要性以及德国从中国进口消费电子产品或特定资源对德国的突出作用。此外，2022年，中国对英国的进出口总额为1022.7亿美元，同比下降9.2%，其中出口下降6.3%，进口下降了17.5%。

从欧盟成员国对华贸易情况来看，2022年，在从非欧盟国家进口中，从中国进口货物占比份额最高的成员国是捷克，达47.7%，高出2021年（40%）7.7个百分点（见表5-1）。在对非欧盟国家出口中，对中国出口货物占比最高的成员国是德国，为15%，该值较2021年（16.5%）略降了1.5个百分点（见表5-2）。

表5-1　　　　　2022年欧盟成员国从中国进口货物情况

国别	进口总额/亿欧元	从中国进口占其从欧盟以外地区进口份额/%
荷兰	1387.9	26.4
德国	1300.3	22.2
意大利	575.06	17.9
法国	490.35	16.3
西班牙	419.81	18.0
波兰	375.97	28.7
比利时	352.51	14.4
捷克	300.58	47.7
瑞典	134.04	19.1
匈牙利	124.76	25.4
爱尔兰	122.60	13.5
丹麦	102.94	25.6
奥地利	91.39	16.5
希腊	79.08	14.9
斯洛文尼亚	78.83	24.8
罗马尼亚	73.81	20.1
葡萄牙	55.43	16.6
斯洛伐克	45.80	18.5
芬兰	45.58	14.4
保加利亚	31.86	12.9
立陶宛	19.95	10.3
克罗地亚	13.91	10.7
爱沙尼亚	11.89	21.5
拉脱维亚	9.95	16.2
塞浦路斯	8.96	19.6
马耳他	3.70	11.1
卢森堡	3.11	12.3

资料来源：欧盟统计局。

表 5-2　　　　　　　　　2022 年欧盟成员国对中国出口货物情况

国别	进口总额/亿欧元	对中国出口占其对欧盟以外地区出口份额/%
德国	1068.53	15.0
法国	237.05	9.2
荷兰	186.91	7.1
意大利	164.42	5.6
爱尔兰	130.33	10.6
西班牙	80.13	5.5
比利时	77.74	4.0
瑞典	67.41	7.8
丹麦	56.72	10.2
奥地利	51.78	8.5
芬兰	40.35	11.3
波兰	29.58	3.5
斯洛伐克	26.15	12.9
捷克	25.92	6.1
匈牙利	17.22	5.5
罗马尼亚	10.85	4.2
保加利亚	7.77	4.8
葡萄牙	6.29	2.7
斯洛文尼亚	4.44	1.8
希腊	4.08	1.7
卢森堡	2.49	7.8
拉脱维亚	2.30	3.0
爱沙尼亚	2.10	3.3
立陶宛	1.00	0.6
克罗地亚	0.86	1.1
马耳他	0.59	3.5
塞浦路斯	0.25	0.8

资料来源：欧盟统计局。

二、中国对欧盟贸易长期保持顺差

在贸易平衡方面，2011—2022 年中国对欧盟贸易长期保持顺差且在近两年迅速扩大。2011 年，中国对欧盟的贸易顺差为 1448.3 亿美元，此后 2011—2020 年中国对欧盟的贸易顺差基本维持在 1500 亿美元以下（仅在 2019 年达到 1521 亿美元），直至 2021 年贸易顺差迅速突破 2000 亿美元关口，达 2088.8 亿美元，2022 年这一数字更是达到创纪录的 2766.1 亿美元。原因在于，2021 年以来中国对欧盟的出口大幅上扬，成功迈上 5000 亿美元的新台阶，而同期进口仅小幅上涨，基本与过去相当。2022 年中国对欧盟出口达到 5619.7 亿美元，为历年最高值，

2012年最低（3339.9亿美元）；2022年中国自欧盟进口为2853.5亿美元，同比下降7.9%（见图5-4）。

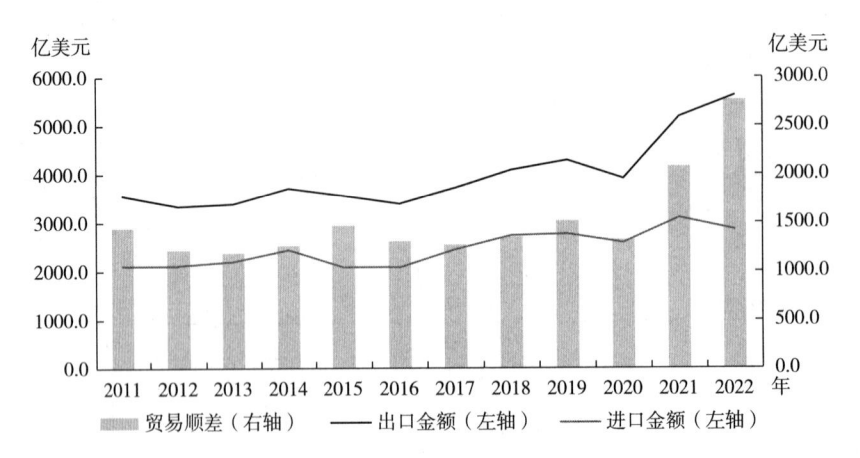

图5-4　2011—2022年中国与欧盟的货物贸易平衡情况

（资料来源：Wind、中国海关总署）

从中国对欧盟各成员国贸易净出口看，2022年，中国对22个欧盟成员国的贸易存在顺差，盈余最大的是荷兰，达1052.1亿美元，占中国对欧盟净出口额的38%，其次是波兰（331亿美元）和西班牙（319.9亿美元）；有4个欧盟成员国对中国存在贸易顺差，分别是爱尔兰（123.7亿美元）、斯洛伐克（32.7亿美元）、奥地利（31.2亿美元）和芬兰（7.3亿美元）（见图5-5）。

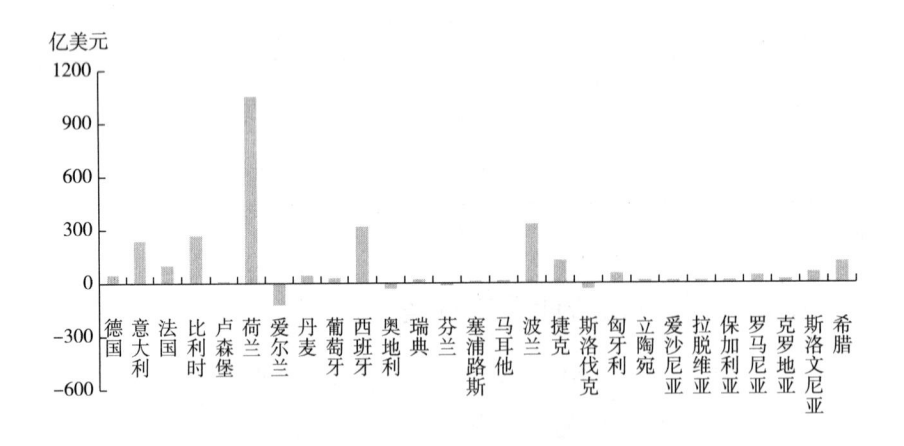

图5-5　2022年中国对欧盟各成员国贸易净出口

（资料来源：Wind、中国海关总署）

值得注意的是，中国对德国净出口长期为负值，2022年是2009年以来首次表现为贸易顺差。2022年，国际能源和原材料价格上涨加剧通胀压力，产自中国的实惠商品可能更受德国市场青睐，但这很可能只是短期现象。

三、中欧互为重要贸易伙伴

中欧互为重要经贸伙伴，有着广泛共同利益和巨大合作空间。根据欧盟统计局数据，2022 年，欧盟前 5 大贸易伙伴分别是美国、中国、英国、瑞士、俄罗斯。2011—2022 年，欧盟对中国的进出口双向增长，中国成为欧盟第二大贸易伙伴。2022 年，中国是欧盟第一大进口来源地（占 20.8%），其次是美国（11.9%）、英国（7.3%）、俄罗斯（6.8%）和瑞士（4.8%）；中国还是欧盟货物出口第三大伙伴（9.0%），仅次于美国（19.8%）和英国（12.8%）（见图 5-6）。

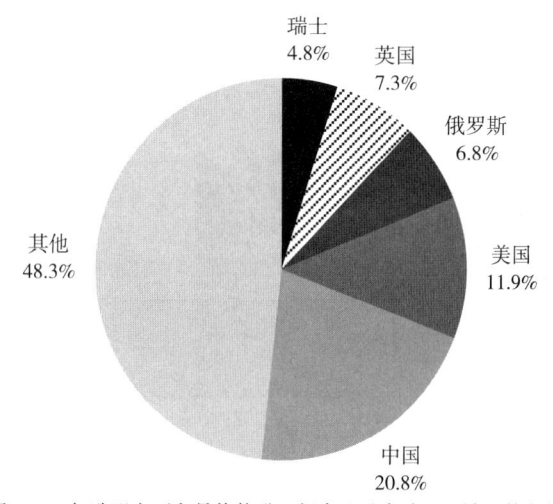

分图1 2022年欧盟主要贸易伙伴进口额占比（占欧盟区域以外贸易）

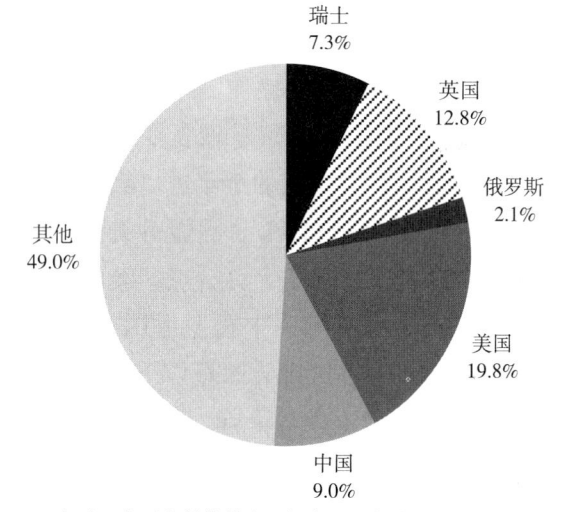

分图2 2022年欧盟主要贸易伙伴出口额占比（占欧盟区域以外贸易）

图 5-6 2022 年欧盟主要货物贸易伙伴及份额

（资料来源：欧盟统计局）

对外贸易的国别分布反映了国家资源、产业、市场关系的不同，建立稳定的相互信任基础对贸易发展至关重要。随着贸易环境的变化，欧盟与其主要贸易伙伴之间的贸易关系也在不断调整。2022年，欧盟对中国的贸易总额占比为15.4%，较2021年下降0.8个百分点，中国成为欧盟第二大贸易伙伴①（见图5-7）。究其原因，可能在于2022年第三季度（特别是7月）极端高温席卷欧洲，加剧了欧洲能源短缺，使得欧盟不得不加大力度购买化石能源以保证天然气储存进度（力度之大甚至导致10月欧洲部分天然气现货价格由于库存爆满一度跌成负数），相应地2022年7月欧盟当月从中国进口占其总进口的比例较疫情前同期平均水平出现大幅下降②。

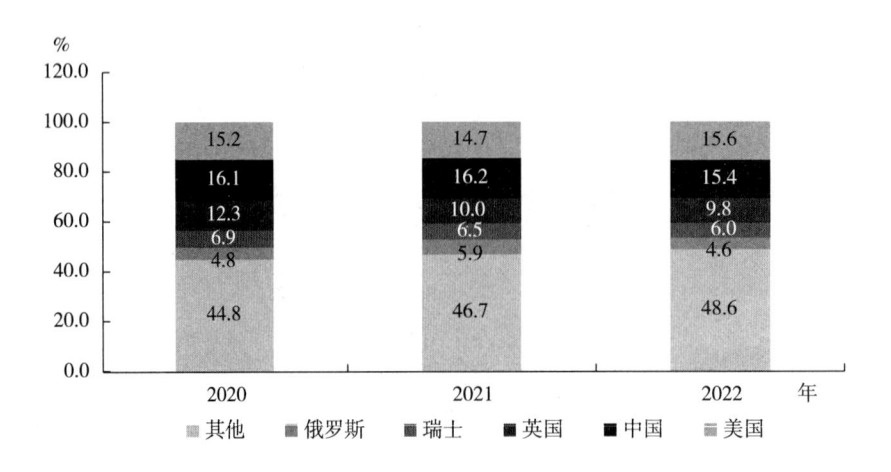

图5-7 2020—2022年欧盟主要贸易伙伴及份额

（资料来源：欧盟统计局）

随着俄乌冲突的爆发和中美贸易摩擦加剧，全球经贸版图正在不断变化，美欧之间的关系变得更加紧密，跨大西洋贸易增长变快，美国超越中国重新成为欧盟最大贸易伙伴。2022年，欧盟对美国的全年进口额同比上涨53.5%，出口同比上涨19.8%，高于对中国的32.1%和9%，欧盟对美国的贸易总额占欧盟区以外贸易额的15.6%，较上一年提高了0.8个百分点。美国重新成为欧盟最大贸易伙伴。中美贸易下降是美欧贸易上涨的一个重要原因，2022年中美贸易增速仅为0.5%，中国对美国出口增长了1%，自美国进口下降了1.1%。其中，2022年第四季度以来，中国对美国出口增速大幅下降，2023年1—2月中国对美出口同比下降至21.8%，位于出口增速的最低档，按2022年的比重来看，将拖累全国出

---

① 2020年及2021年，中国为欧盟第一大贸易伙伴。
② 东方证券. 宏观经济 | 专题报告——欧盟承接美国订单，2023中国出口份额韧性还能延续吗？[R]. 2023-02-01.

口约3.5个百分点，大约贡献了同期出口负增长的51%[①]。此外，欧盟与俄罗斯贸易下滑是另一个重要原因。俄乌冲突爆发后，欧盟与俄罗斯的贸易受到严重影响，欧盟对多种产品实施进出口限制。欧盟统计局数据显示，2022年2月至12月，俄罗斯在欧盟外进口中的份额从9.5%下降到4.3%。同期，俄罗斯在欧盟外出口总额中的份额从4.0%下降到2.0%，俄罗斯的煤炭、天然气、化肥、石油和钢铁等主要产品逐渐被包括美国在内的其他贸易伙伴取代。数据显示，美国2022年对欧盟的矿物燃料出口同比增长136%。

2022年，欧盟继续成为我国的第二大贸易伙伴。根据中国海关总署统计数据，中国对欧盟的进出口总额占我国外贸总值的13.4%，仅次于中国对东盟的15.5%贸易总额占比。不过近两年，该占比出现了小幅下降，已从2020年的14%下降至2022年的13.4%；同期，中国与东盟的贸易占比出现了明显上升（见图5-8）。

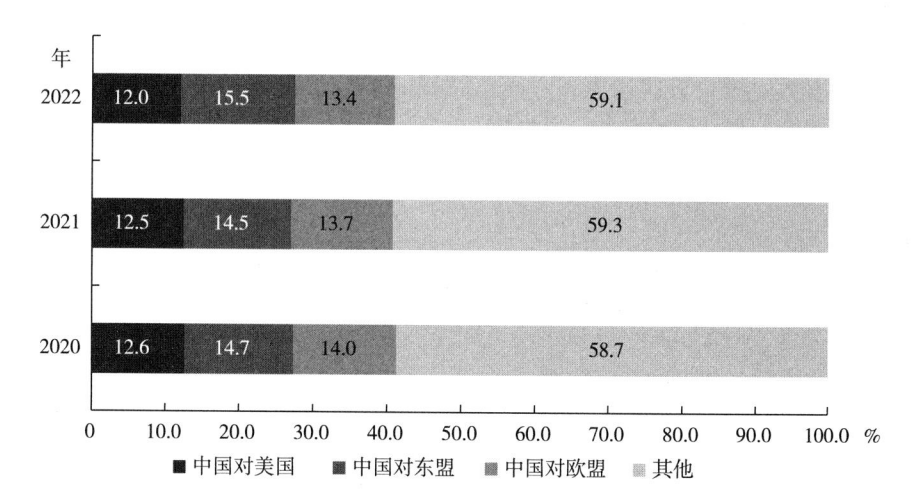

年	中国对美国	中国对东盟	中国对欧盟	其他
2022	12.0	15.5	13.4	59.1
2021	12.5	14.5	13.7	59.3
2020	12.6	14.7	14.0	58.7

图5-8 2020—2022年中国对部分主要经济体进出口占比

（资料来源：Wind、中国海关总署）

无论欧盟、东盟还是美国，它们都是中国重要的经贸合作伙伴，在与中国的贸易规模占比上，难免存在阶段性换位的现象。欧盟作为中国重要的贸易伙伴，中欧企业之间有着广泛的互补利益和长期的相互联系。经历3年的疫情和各类风险冲击，中欧经贸展现了强大的韧性与活力。全球产业链、供应链的重构，以及技术发展为中欧探索基于规则的经贸合作提供了新的环境和可能。尽管欧洲面临着经济放缓和通货膨胀的双重压力，但欧盟作为全球最大、最重要的区域一体化

---

① 芦哲. 三个维度看出口：增速何时见底[EB/OL].（2023-03-17）. https://opinion.caixin.com/2023-03-17/102009118.html.

组织仍然具有不可忽视的吸引力。通过沟通减少误解和避免误判，建立稳定的合作关系对于加速中欧双方的经济发展至关重要，稳定的中欧贸易也将对其产生重要支持。

四、中欧货物贸易结构高度互补

（一）中国对欧盟出口商品结构

从贸易结构看，中国对欧盟出口产品结构进一步优化，继续从传统劳动密集型产品向高新技术产品延伸。中国对欧盟出口的主要产品有电机电气设备、杂项制品、纺织原料及纺织制品、化学工业及其相关工业的产品、贱金属及其制品、运输设备、塑料及其制品等。根据《商品名称及编码协调制度的国际公约》（HS）分类，2022年，我国对欧盟出口的第一大类产品为机电、音像设备及其零件、附件，总额达2594.2亿美元，同比增长10.2%；纺织原料及制品类出口规模排第二，达465亿美元，同比增长2.2%；杂项制品类排第三，共432.7亿美元，同比下降11.7%。前五大品类合计占中国对欧出口总额的74.8%（见图5-9）。

品类	2022年（亿美元）
特殊交易品及未分类商品	90.1
光学、医疗等仪器；钟表；乐器	142.5
鞋帽伞等；已加工的羽毛及其制品；人造花；人发制品	151.4
塑料及其制品；橡胶及其制品	196.2
贱金属及其制品	355.7
车辆、航空器、船舶及运输设备	355.8
化学工业及其相关工业的产品	413.1
杂项制品；欧盟	432.7
纺织原料及纺织制品	465.0
机电、音像设备及其零件、附件	2594.2

图5-9 2022年中国对欧盟出口前十大商品品类

（资料来源：Wind、中国海关总署）

其中，有机化学品（同比增长33.4%，下同），车辆及其零附件（31.8%），电机、电气、音像设备及其零件、附件（22.2%）是主要增长贡献项。欧盟的制造业需要大量的中间投入品，由于欧盟对能源依赖度高，在面临输入型通胀时抵御风险能力较差，企业产品竞争力会被大幅削弱。而我国具有成熟完整的产业链、有稳定和较低能源成本等竞争优势，尤其是在家电、汽车、电子产品、化工、医药、机械设备等领域。这也是2022年中国对欧盟出口增长的动力来源。

杂项制品出口表现欠佳，是2022年中国对欧盟出口增速下滑的最大拖累。其中的家具、寝具、灯具、活动房等产品全年降幅达 16.24%，尤其是在 2022 年 8 月以后，月出口额同比下降幅度超过 20%，10 月甚至一度扩大至 42.56%。究其原因，一是欧洲发达经济体采取紧缩货币政策导致消费需求降温；二是中国国内疫情影响加重，产能受阻，对供给产生较大冲击；三是受到 2021 年高基数的影响。

（二）中国自欧盟进口商品结构

2022 年，中国自欧盟进口的主要产品有机电、音像设备及其零件、附件，化学工业及其相关工业的产品，车辆、航空器、船舶及运输设备，光学、医疗等仪器、钟表、乐器，这四大类商品累计进口额占中国自欧盟进口总额的 72.1%，较 2021 年上升 1.3 个百分点（见图 5-10）。

品类	2022年（亿美元）
活动物；动物产品	62.7
纺织原料及纺织制品	62.9
珠宝、贵金属及制品；仿首饰；硬币	76.4
食品；饮料、酒及醋；烟草及制品	89.1
塑料及其制品；橡胶及其制品	108.5
贱金属及其制品	132.9
光学、医疗等仪器；钟表；乐器	207.9
车辆、航空器、船舶及运输设备	491.0
化学工业及其相关工业的产品	522.8
机电、音像设备及其零件、附件	835.1

图 5-10 2022 年中国对欧盟进口前十大商品品类

（资料来源：Wind、中国海关总署）

2022 年，除对矿产品（同比增长 22.5%，下同）、珠宝、贵金属及制品、仿首饰、硬币（6.6%），化学工业及其相关工业的产品（1.1%）三类商品外，中国对欧盟其余所有大类进口均出现不同程度的下滑。其中，对核反应堆、锅炉、机械器具及零件进口额下降幅度最大（13.3%），表明欧盟受到能源短缺的影响，高耗能产业的产能不足，降低了其出口竞争力与效率。

（三）工业制品贸易稳步增长

工业制成品[①]是推动中欧双边贸易增长的核心动力，中欧工业领域互补合作

---

① 包括机械运输设备、杂项制品（包括鞋服、家具家居、预制建筑及其配件等）、按原料分类的制成品（包括皮革、橡胶、纸制品、木材、钢铁、有色金属等制品）、化学成品及未分类的其他商品。

进一步加深。中欧双边贸易中的工业制成品占比长期维持在97%（中国对欧盟出口）和86%（中国自欧盟进口）以上。其中，机械及运输设备占工业制品的一半以上（见图5-11），受中欧新能源汽车发展带来的影响，2022年车辆及其零附件增长表现较突出，中国对欧盟出口同比增长31.8%；欧盟对中国出口422亿美元，虽同比下降了2.39%，但仍处于历史第三高位①。

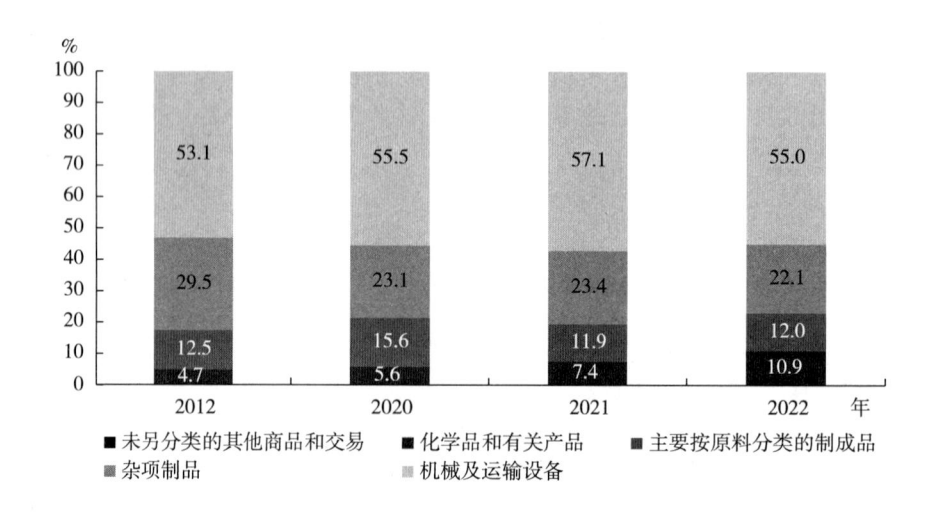

图5-11 中国对欧盟出口工业品结构

（资料来源：欧盟统计局）

中国一直是欧洲工业品进口第一大来源国，近年来欧洲自中国进口增长明显。根据欧盟统计局数据，2022年欧盟进口工业制品达1.9万亿欧元，同比增长25.5%，较2021年增速大幅提高9.3个百分点。其中，中国工业品出口欧盟占欧盟工业品进口需求的32.1%，相较2021年上升2.1个百分点。中国是欧盟工业品出口第三大市场②，2022年欧盟共出口工业制品2.1万亿欧元，其中出口中国占比9.6%，较2021年下降0.9个百分点。

（四）高科技产品增长明显

中欧高科技产品贸易增长明显，并且中国出口欧盟高科技产品增长尤为突出，贸易结构进一步优化。2021年中欧工业品贸易结构中，航空航天、军备、化学、计算机和办公机器、电机、电子通信、非电机、制药和科学仪器九类高科技产品在欧盟进口中占比约为38%，排名第一，较2017年的34%显著提高。出口

---

① 根据中国海关总署统计数据。
② 前两大出口市场分别为美国、英国。更多信息请参考：欧盟中国商会，罗兰贝格. 携手并进 共铸未来——欧盟中国商会2022年中国企业在欧盟发展报告[R]. 2022-09-30.

方面，中国是欧盟高科技产品第二大出口目的地，2021年出口总额为480亿欧元（见图5-12）。①

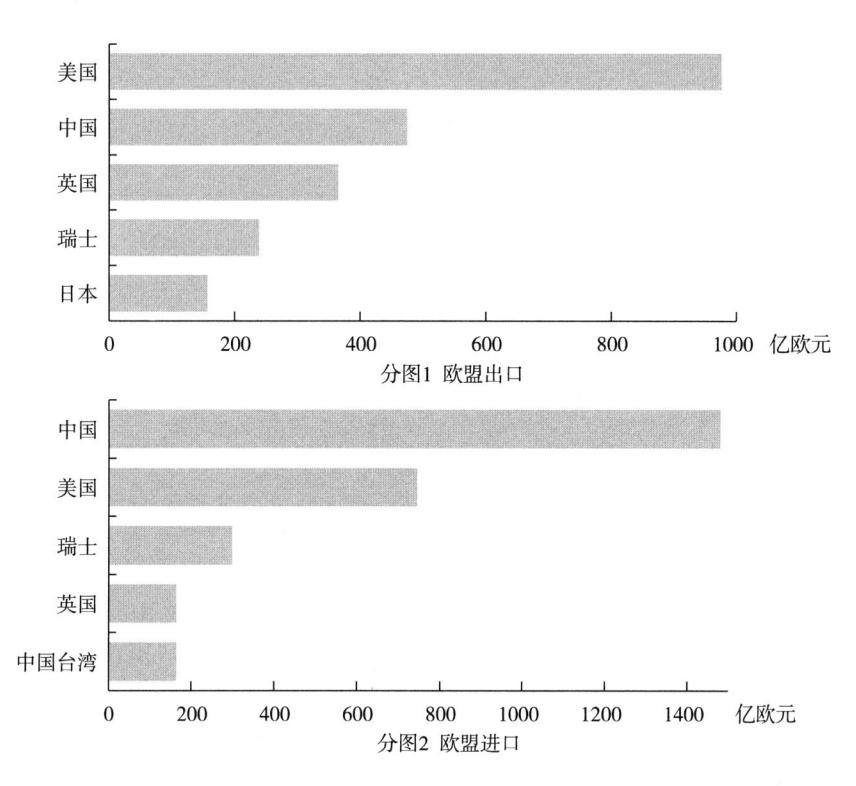

图5-12 2021年欧盟高科技产品贸易

（资料来源：欧盟统计局）

第二节 中国与欧盟服务贸易

一、中欧服务贸易规模

中欧服务贸易发展较快，且欧盟长期对中国服务贸易出口额远大于进口额，在服务贸易领域一直保持顺差地位。根据欧盟统计局数据，2021年，中欧服务贸易进出口规模为976.7亿欧元，同比大幅增长23.2%。其中，中国对欧盟出口385.7亿欧元，增长20.9%；欧盟对中国出口591.1亿欧元，增长24.7%。2021年欧盟对中国服务贸易差额进一步扩大，达到205.4亿欧元，是2012年以来的最高值。中欧服务贸易发展不平衡不充分问题仍然突出（见图5-13）。

---

① Eurostat. Sold production of high-tech increased by 11% [EB/OL]. https://ec.europa.eu/eurostat/en/web/products-eurostat-news/-/ddn-20220928-1.

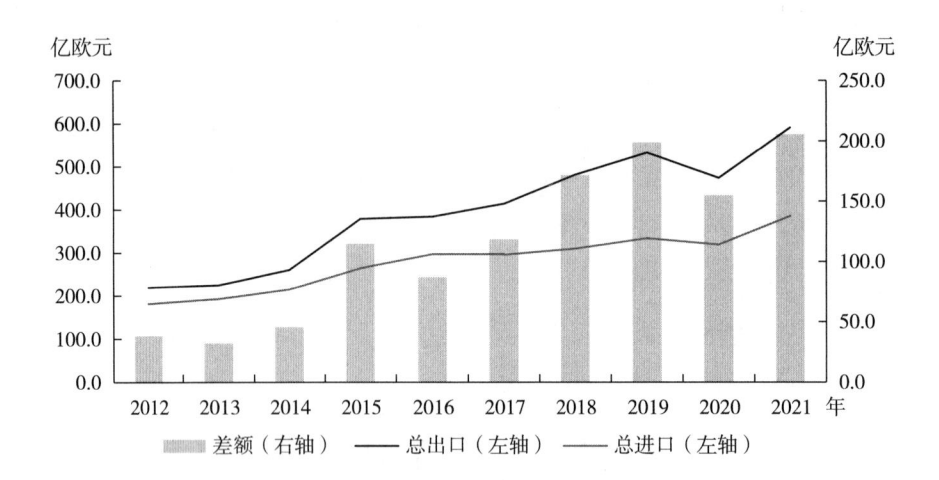

图 5-13 2012—2021 年欧盟对中国服务贸易规模

（资料来源：欧盟统计局）

中欧服务贸易增速高于同期货物贸易增速。2012—2021 年，欧盟对中国服务贸易进出口总额年均增长率为 10.4%，比同期欧盟对中国货物贸易进出口总额年均增长率（4.7%）高出 1.2 倍。此外，欧盟对中国服务贸易出口增速高于中国对欧盟的服务贸易出口增速。按此趋势，欧盟在双边服务贸易中将继续获得更多顺差。

二、中欧服务贸易品类结构

（一）欧盟对中国进出口服务贸易结构

欧盟进口中国服务贸易前五大品类为运输，其他商业服务，加工服务贸易，电信、计算机和信息服务，维护和维修服务，2021 年前五大品类合计占总进口的 92.1%。与 2012 年相比，进步最为明显的是维护和维修服务，从 0.6 亿欧元（占 0.3%）大幅增长至 11.7 亿欧元（占 3%），增幅超 17 倍；其次是加工服务贸易，从占比 2.7% 提升至 11.5%。与 2020 年相比，前五大品类中只有运输占比有所提高，达到了 42.8%，提高 6.9 个百分点，并带动前五大品类的合计总占比进一步提升，集中度提高的趋势仍在加强（见图 5-14）。

欧盟出口中国服务贸易前五大品类为运输，其他商业服务，知识产权使用服务，电信、计算机和信息服务，旅游，2021 年前五大品类合计占总出口的 95.1%。与 2012 年相比，进步最为明显的是知识产权使用服务，占比从 9.8% 增至 19%；其次是电信、计算机和信息服务，从占比 9.6% 提升至 16.4%。与 2020 年相比，前五大品类中只有运输占比有所提高，达到了 36.6%，大幅提高了 16.6 个百分点（见图 5-15）。

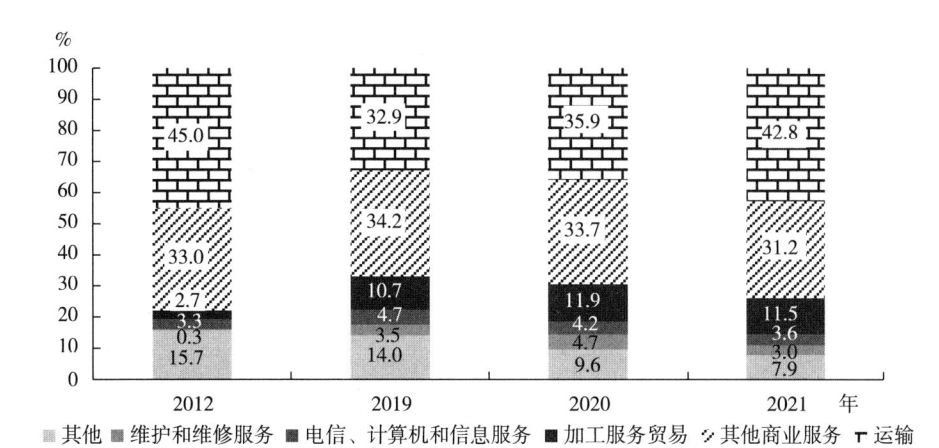

注：其他商业服务包括研发服务，专业和管理咨询服务，技术、贸易相关等服务。

图 5－14　欧盟进口中国服务贸易品类占比

（资料来源：欧盟统计局）

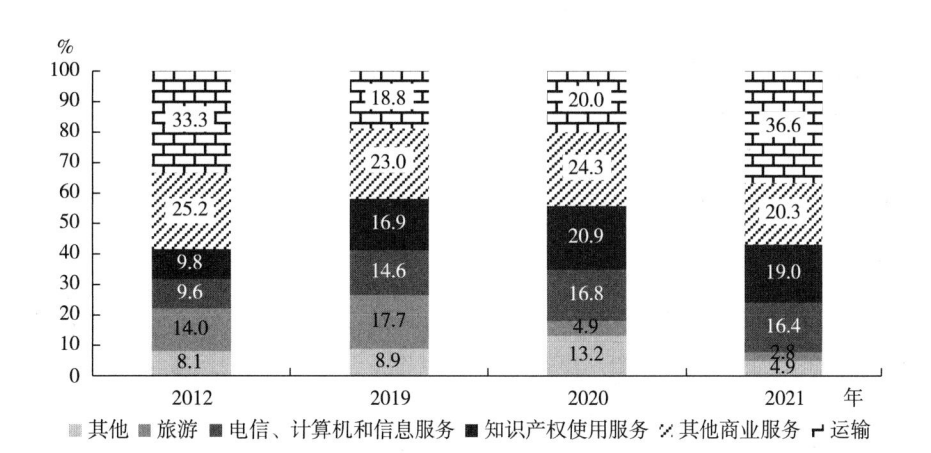

注：其他商业服务包括研发服务，专业和管理咨询服务，技术、贸易相关等服务。

图 5－15　欧盟出口中国服务贸易品类占比

（资料来源：欧盟统计局）

（二）传统服务快速增长

传统服务是中欧服务贸易快速增长的核心动因，运输、加工等传统服务仍占据中欧服务贸易的重要地位，尤其是在欧盟对中国进口方面，两者占总进口额的一半以上，且增速较高，2021年为37.3%。2021年受货物贸易持续增长及运输价格的影响，欧盟与中国运输服务在整体服务贸易中排名第一，进口、出口占比分别为42.8%和36.6%，同比分别增长44.2%和83.1%。中欧班列对此功不可没。近3年来，中欧班列高速增长，覆盖地理范围及货物品类进一步提升，同时在时效和成本上保持稳定，成为支撑全球供应链的"大动脉"与保障中欧经贸与物流往来畅通的"稳定器"。2021年，中欧班列全年开行量超过1.5万列，较2020年增长了22%，标准箱运输量增长了29%，2020年两个数据的增长率分别为50%和56%，2019年为29%和34%。①

（三）知识密集型服务结构极不平衡

知识密集型服务在欧盟出口中国服务贸易额中占较大份额，且贸易结构极不平衡。2021年欧盟出口中国的知识产权使用服务，电信、计算机和信息服务分别占整体出口的19.0%和16.0%，同比分别增长了11.7%和15.7%，是欧盟进口中国的37倍和7倍。欧盟对中国知识产权使用服务与电信、计算机和信息服务的出口额增速也远高于进口额增速，表明中国在该领域仍处于追赶地位，且双方差距仍在扩大。不过，近年来，我国国内大循环大市场的韧性、活力与潜能对服务贸易的升级扩容构成了坚强支撑，以数字技术为引领的新一代技术革命以及对外开放步伐的加快推进，为服务贸易的创新发展注入了强大动力。2021年中国个人文化和娱乐服务，知识产权使用服务，电信、计算机和信息服务出口分别增长了35%、26.9%、22.3%。② 未来，随着中国文化娱乐、数字信息技术等产业的进一步发展，以及其对数字贸易、技术贸易、对外文化贸易高质量发展的大力促进，中欧服务贸易仍有较大提升空间。

（四）旅行大幅萎缩

疫情对旅行服务的影响仍在持续，中欧在旅行服务进出口上继续萎缩。2021年，欧盟对中国旅行服务进出口总额为19.7亿欧元，与2019年同期的120.3亿欧元相比，旅行服务进出口降幅达83.6%，两年平均下降59.5%。其中，欧盟对中国旅行服务出口下降82.3%，两年平均下降57.9%；欧盟对中国旅行服务进口下降88.4%，两年平均下降66%。2022年欧盟旅游住宿总过夜天数达到27.3亿天，恢复至2019年水平的95%，较2021年增长了49%。③ 欧盟旅游业正快速恢复，这一点从商业航班数量上也可得到证明。2022年欧盟的商业航班数量虽仍低于2019年疫情大流行前的水平，但降幅正在不断收窄，已从2022年初的-34%

---

① 更多信息请参考研究专题6。

② 中国商务部新闻办公室. 商务部服贸司负责人介绍2021年全年服务贸易发展情况［Z］. 2022-01-31.

③ Eurostat. EU tourism nights recover to 95% of 2019 level［EB/OL］. https：//ec. europa. eu/eurostat/en/web/products-eurostat-news/w/ddn-20230315-1.

收窄至年底的-16%。① 中国方面，随着2023年1月8日中国主动调整优化防控政策，有序恢复出境旅游，取消几乎所有入境限制，预计对中欧乃至全球旅游业发展都将产生积极影响。2023年中欧旅行服务进出口将快速恢复。

三、中欧服务贸易合作前景广阔

中欧两地的服务贸易需求都在不断增长。中国经济转型升级、消费升级和人口老龄化等趋势带动了服务业的快速发展，而欧盟则需要更多高质量的服务来满足本地市场和全球市场的需求。因此，中欧服务贸易合作将在满足各自经济需求的同时取得更多合作机会，未来有望进一步提升，尤其在数字经济、金融市场等领域发展潜力较大。

全球范围内国际服务贸易重要性逐步提升，规则完善将进一步助力服务贸易发展。长期看国际服务贸易营商环境如逐渐改善，服务贸易占国际贸易比重预计稳步提升。据世界贸易组织预测，未来服务贸易在全球贸易中的占比将由2020年的22%提升到2040年的33%以上。全球就服务贸易框架达成共识，规则完善将有效降低企业跨国服务经营成本，促进国际服务贸易往来。2021年12月，67个世贸组织成员共同发表了《关于完成服务贸易国内规制谈判的宣言》，为全球企业参与国际服务贸易每年节省约1500亿美元成本，将有助于中国企业更加便利地在境外设立商业实体、取得经营许可和相关资质，并通过跨境方式提供服务。②

2022年以中欧领导人会晤为战略引领，双方开启了全方位、多层次的对话与合作。7月，时任国务院副总理刘鹤同欧盟委员会执行副主席东布罗夫斯基斯以视频方式共同主持第九次中欧经贸高层对话，中欧全面战略伙伴关系不断深化。尽管《中欧全面投资协定》的前景暗淡，但双方进一步挖掘贸易投资潜力，开展更高水平合作，为世界经济注入更多稳定性和正能量的初心未改，而中欧强大的经济共生关系也有望进一步促进双方在服务贸易领域的合作。

中欧双方积极探索数字经济相关服务贸易多元化发展。数字服务领域，中欧双方持续推进合作深度及广度。2021年以来，中欧高层多次参与各类会议，共同探讨加深中欧双方数字经济领域合作的开展。2021年10月，习近平主席同欧洲理事会主席米歇尔通电话，米歇尔表示欧方愿同中方深化数字经济领域务实合作。实践中，中欧数字服务合作呈现多样化发展趋势。截至2021年底，中国已与

---

① Eurostat. Commercial flights in 2022 still below 2019 levels [EB/OL]. https://ec.europa.eu/eurostat/en/web/products-eurostat-news/w/ddn-20230310-2.

② 欧盟中国商会，罗兰贝格. 携手并进 共铸未来——欧盟中国商会2022年中国企业在欧盟发展报告[R]. 2022-09-30.

意大利、奥地利、冰岛、匈牙利和爱沙尼亚等欧洲国家签订了电子商务合作备忘录，并建立了双边电子商务合作机制。而涵盖阿尔巴尼亚、匈牙利、塞尔维亚、黑山、斯洛文尼亚5个伙伴国的中国—中东欧国家电子商务合作对话机制则于2021年6月启动。

同时，中欧双方已经明确建立双边数字伙伴关系。基于该客观现实，双方不仅可以在5G、人工智能、大数据、物联网等技术规则和产品标准方面开展合作，还能深入渗透到工业数字化、数字工业化等各环节。根据国际数据公司（IDC）的预测，到2025年，中国的数据总量有望增加到48.6ZB，占全球的27.8%，将远远超过美国（届时美国将为30.6ZB）。欧盟在数字经济框架和市场监管方面经验丰富，能为中国解决数据安全、完善市场监管、缩小数字经济差距提供经验借鉴。双方的合作可以实现市场效应的互补。

中欧金融服务合作进一步深化，推动双方资本市场互联互通。金融合作领域，2022年中欧双方积极探索，鼓励金融机构积极投身资本市场互联互通建设。2021年9月，国际私募股权大会"聚焦中国"专场论坛顺利举办，为中法私募股权合作搭建平台。2022年2月，中国证监会发布并实施《境内外证券交易所互联互通存托凭证业务监管规定》，将"沪伦通"机制拓展到了瑞士、德国，改革后，境内上市公司对于在欧洲市场发行全球存托凭证（GDR）融资热情高涨。截至2022年11月底，共有5家上交所上市公司在英国发行GDR，3家上交所上市公司在瑞士发行GDR，累计融资金额超过71亿美元，深交所有5家上市公司在瑞交所上市，融资金额约19亿美元。同时，"中德通"也已准备就绪。

绿色金融发展也是中欧服务贸易合作格局中最值得期待的阵容之一。[①] 绿色金融方面，中国力争在2030年前实现碳达峰、在2060年前实现碳中和，欧盟承诺到2030年将碳排放量在1990年基础上减少55%、在2050年成为世界上第一个"气候中和"大陆。双方在绿色发展理念上高度契合，存在优势互补的可能。以新能源汽车为例，欧盟虽然拥有相对先进的终端制造能力，但在电动汽车核心部件的动力电池方面，存在明显的创新和供给不足的软肋。因此，欧盟可以充分利用中国非常完整的动力电池产业链和合作配套能力，弥补自身不足；同样，中国和欧洲都建立了自己的碳市场，欧盟在碳市场管理方面拥有较为成熟的经验，值得中国引进和借鉴。未来双方还可以在企业碳减排和碳交易量上实现互认。

政策上，2021年11月4日，由中欧等经济体共同发起的可持续金融国际平台（IPSF）在联合国气候变化大会（COP26）期间召开IPSF年会，发布《可持

---

① 更多信息请参考本书第二篇。

续金融共同分类目录报告——减缓气候变化》（以下简称《可持续金融共同分类目录》）。2022年6月，IPSF在官方网站上发布了《可持续金融共同分类目录》更新版，增补了17项由中欧专家评估确认的经济活动，进一步推进中欧绿色金融合作深度。

研究专题6：俄乌危机下中欧班列推动中国与中东欧国家合作的机遇与挑战

中欧班列是中国与中东欧合作，中国与欧洲合作的大通道和大枢纽。2021年2月9日，习近平主席在中国—中东欧国家领导人峰会上指出，要与中东欧国家携手高质量共建"一带一路"，继续支持中欧班列发展，充分挖掘合作潜力。2022年，尽管受俄乌危机和疫情的影响，中欧班列仍保持安全稳定畅通运行，共计开行1.6万列，货物发送量达39亿吨，同比增长4.7%。在同一运输线路上，中欧班列运力远超空运和海运，积极推动了中东欧融入"一带一路"互联互通网络。2022年中国与中东欧国家双边贸易总值为9210.5亿元，比2021年增长近10%。波兰、捷克、匈牙利为中国在中东欧国家的前三大贸易伙伴。据中国海关总署统计，2022年中国与波兰、捷克和匈牙利贸易总额分别为2878.6亿元、1579.2亿元和1034.9亿元，同比增速分别为5.9%、15.5%和1.9%，贸易总额分别占同期中东欧进出口总值的31.3%、17.1%和11.2%。

中欧班列全天候、大运量和绿色低碳的核心特点，在国际运输历史上也是一次重大的创新。中欧班列的运价只有空运的1/5，运行时间只有海运的1/4，尤其是对有运量规模和时效要求的产品，如煤炭[①]、木材，有很强的吸引力。然而，在新发展格局中，中欧班列发展依然面临着不少挑战，在推动中国与中东欧合作中新问题和新机遇并存。

一、受俄乌危机影响，中欧班列去往欧洲方向开行增速下降

中欧班列的运行规模虽然保持增长，但中欧班列欧洲方向开行增速与过去相比已大幅下降。2011年，中欧班列全年开行量仅17列；2018年，班列开行总量突破1万列；2020年开行量达到1.2万列，逆势增长50%，是2011年的700多倍；2022年，中欧班列开行1.6万列，货物运输为160万标准箱，同比分别增长9%和10%。

影响中欧班列开行增速下降的原因主要有以下四点。第一，俄乌危机的终结迹象尚未明朗，对中欧班列线路、市场等的影响将会持续下去。俄乌危机不

---

① 2022年，电煤发送量为14.9亿吨，同比增长13%。

仅影响过境乌克兰的线路，还影响欧盟企业对待中欧班列的态度，从而导致中欧班列拓展欧盟市场的难度加大。此外，由于中欧班列途经重点国家立场不一，如波兰、白俄罗斯，其矛盾有加剧趋势。第二，由于全球宏观经济下行，石油化工、化学纤维、纺织服装等产业受到了较大冲击，影响了生产企业供应链和班列货源稳定性。第三，受俄乌局势、欧盟与俄罗斯相互制裁及结算方式等因素的影响，部分客户、货代、贸易商、生产商仍持观望态度，对中欧班列整体运量产生较大影响。例如，中国出口到俄罗斯的货物出现了在运输途中被欧盟以无法证明非军事用途为由扣留，或经由俄罗斯的欧洲货物在俄罗斯境内被扣押。第四，2022年中欧班列快速扩张的南线同样面临着较为突出的地缘政治风险。该线路主要经过中亚、南高加索、中东等地区进入欧洲，但这些地区存在诸多风险因素，如亚阿冲突、叙利亚战争等较高级别的军事冲突，以恐怖主义、极端主义、分裂主义"三股势力"为代表的非传统安全挑战同样是该地区经济社会面临的重大挑战。

2022年以来的数据显示，中欧班列去往欧洲的班列开行增速在下降，而去往俄罗斯的班列却在大幅增加，俄罗斯线（俄罗斯和白俄罗斯）成为中欧班列主要的目的地。2023年3月，中国商务部网站发布的中国驻意大利大使馆经济商务处编译的资料显示，受俄乌危机影响，中欧班列2022年货运量大幅下滑，中欧班列欧洲方向的开行量预估下降三成左右。其中，意大利的运输量同比下降91.62%，捷克下降79.81%，荷兰下降62.09%，法国下降61.05%，瑞典下降60%。作为中欧班列主要中转地的波兰标准箱运量为195736个，同比跌幅高达21.8%。德国紧随其后，标准箱运量下降38.81%至171868个。根据中国国家铁路集团统计，2022年中欧班列9%的增长主要归因于中国和俄罗斯之间快速增长的铁路货运需求。2022年中俄贸易额增长29.3%，实现创纪录的1902.71亿美元，中国连续13年稳居俄罗斯第一大贸易伙伴国。目前，中俄几乎所有领域的经贸规模都有显著增长，交易品种明显增多。中俄双方制定的2024年贸易额达到2000亿美元的目标有望在2023年提前一年实现。据中国商务部统计，2023年1—3月中俄两国货物贸易额已达538.5亿美元，同比增长38.7%，凸显了中俄经贸合作的潜力和空间。

尽管欧洲方向中欧班列的替代线路有新增的基础设施开发项目，但短期内仍无法替代过境俄罗斯的线路。中部走廊（即中欧班列南通道）的货物流量出现大幅上涨，但有限的运力表明它更多起到补充性的作用。中国在恢复中国—吉尔吉斯斯坦—乌兹别克斯斯坦铁路（CKU）项目上，经过20多年的讨论，于

2022年9月在撒马尔罕签署了合作协议，预计在2023年底前开始建设。该线路将绕过俄罗斯，成为中欧之间最短的铁路连接。毫无疑问，这条路线具有巨大的长期潜力。然而，政治和经济挑战依然存在，中亚地区利益的复杂性仍可能影响项目的进展。

二、全球供应链危机和经济制裁对中欧货物贸易量和运输量的影响

近两年，新冠疫情、俄乌危机、中美贸易摩擦、极端天气等事件给中欧供应链带来较大的冲击，导致中欧班列的货量和运量大幅波动。作为世界最大的制造业国和出口国，中国虽与欧洲已经建立了紧密的供应链和产业链，但疫情使得欧盟内部更为关注对华供应链的依赖问题，尤其在医疗物资供应、医疗设备和活性原料药生产方面。从增强战略自主性出发，欧盟及其成员国加强了对化工、制药、汽车、飞机、铁路等欧洲产业的扶持，部分在华供应链存在迁回欧洲的可能。欧洲企业在华发展计划调查显示，19%的在华欧洲企业表示扩大了现有生产业务规模，65%表示维持了生产业务规模，15%表示缩减了生产业务规模，1%的在华欧洲企业表示关闭了现有生产业务。

此外，疫情造成许多中欧企业产业内贸易停摆，转而寻求其他地区的供应链替代。疫情期间东南亚地区对我国出口的替代效应初显苗头。例如，越南对我国小部分轻工产品的出口市场形成替代，包括橡胶及其制品、服装、鞋靴、帽类以及玩具。泰国对我国的出口替代效应集中于橡胶及其制品。马来西亚对我国的印刷品及纸制品、机电产品和家具形成一定替代。当前，中欧企业都在期待中欧投资协定能尽早签署生效。有报告显示，74%的受访中国企业和67%的欧盟企业认为中欧投资协定签署生效利好本国制造业发展，也将有利于中欧班列欧洲方向运输需求的回升。

俄乌危机叠加过去几年的全球疫情对中欧班列货运的影响是多方面的，但中欧贸易未来的增长与中欧班列欧洲方向的货运量的增加依然具有市场期待。例如，中国对新能源汽车的出口支持政策，以及欧洲对中国新能源和绿色经济产品的巨大需求。近年来，支持电动汽车出口欧洲已成为中国的主要产业战略之一。2022年上半年，中国对欧盟电动汽车出口增长125%，主要出口目的国为比利时和斯洛文尼亚。就货物价值而言，2022年上半年中国在欧盟市场的电动汽车进口份额已经从2021年的13%上升至28%。显然，中国电动汽车对欧洲市场出口的便利化将主要有利于中欧班列欧洲方向的货物流动。

三、进入后疫情时代，中欧班列将面临海运的冲击

现在海运价格已经跌到疫情前的水平，仓位价格在1000多美元，加上港口处理等费用大概3000美元，而中欧班列去程价格在6000~7000美元，因此海运已经开始对中欧班列产生冲击。以上海到德国汉堡港为例，一个40英尺（约12.2米）标准集装箱的海运价格约为1100美元，如果从西安坐中欧班列直达杜伊斯堡，同样大小集装箱的运费在7000美元左右，铁路运输的价格几乎是海运价格的7倍。虽然中欧班列的回程价格与海运价格相差不多，但是欧洲回程中国的货物量相对少。

目前选择中欧班列的客户主要有两类，对时效要求严格的客户和位于中东欧基础设施周边的客户。例如，对时效性有特殊要求的服装行业，中欧班列可以根据他们的要求在20天左右到达欧洲，并组织进一步的分发。在中东欧火车集运中心附近的内陆托运人，如果货物走海陆，仍然需要通过内陆物流网络到达港口，这会产生额外的费用。因此，集运中心周边的部分货主出于经济考虑，会继续选择中欧班列，但对时间效率没有要求的托运人通常会选择海运运输。另外，影响中欧班列的不仅仅是海运价格，还有铁海联运价格。根据中国地方政府实施的铁海联运补贴计划，如果托运人使用铁路将货物运往中国东部港口，可以获得更好的价格。

四、中欧班列数字化转型推动中国与中东欧合作新展望

数字化管理是中欧班列高质量发展的必然要求。当下，我国提出建设"数字中国"，正在加快步伐朝着数字化的方向迈进，数字化相关技术也正逐步应用到各个领域中，利用网络化与数字化的技术手段来推动社会经济的进步与发展的数字经济备受关注。经过12年的运行发展，中欧班列逐渐成为国际物流市场强有力的竞争者，必然对其运营质量提出更高的转型要求，包括不断提高运营主体参与市场竞争以及应对风险挑战的能力，尤其是形成服务细分市场、提升运行效率、降低运营成本的核心竞争力。数字化服务在中欧班列中的运用将成为班列不断升级提效的发展趋势，也将成为促进中欧班列沿线国家贸易发展的重要途径。

在信息化时代的背景下，中欧班列的发展同样也要与时俱进，顺应数字科技手段与经济发展的趋势，将数字化与中欧班列的优势相结合，改善当前中欧班列发展中存在的不足。例如，当下中欧班列货物、舱位、线路、报关等重要信息的收集与操作，以及数据的整理还处于人工管理状态，极易造成班列信息记录偏差、信息管理过于分散、信息传递速度缓慢等。基于此，在中欧班列运营过程中，若将数字化融入其中则可以降低此类问题发生的概率。一是数字技术的运用可实现信息同步传送，将运输单证电子化、实现单证信息接口统一，使各类相关数据更加透明，各类操作更加联通、高效。二是数字化可以有效解决内陆地区的货物贸易出口运输烦琐、周期长、费用高的痛点。三是数字化技术还可以解决中欧班列回程货源问题，可将有价值的数据进行沉淀，为使用者提供辅助决策。

打造数字化中欧班列，将物流、办理、货物等一系列信息进行整合，实现集约化、数字化，从而改善班列运输中的难题，联通物流信息与贸易信息，为我国进出口贸易数字化赋能。如渝新欧国际班列就在全国率先提出打造"数字班列"。渝新欧铁路信息化服务平台包含多个核心功能模块。其中，港口服务模块负责线上受理各类口岸业务、陆港场站生产作业的指挥和调度；国际班列物流服务模块负责国际班列的排班、订舱及受理、运输过程管控、集装箱运用管理、计费结算；协同工作模块负责无缝衔接口岸作业与班列组织工作、与海关相关信息系统实时交互信息；数据服务平台负责向供应链企业提供数据接入服务，自动交换和处理作业时产生的派工单及凭证等。除渝新欧班列外，乌鲁木齐国际陆港区智能场站平台也已上线，该平台可实现中欧班列运行体系跨国家、跨海关、跨场站、跨公司的无缝连通和智能高效运行，实时动态显示境外班列运行数据，提供货物追踪、共享境外段班列运行信息、平台订舱等服务，推动物流通道的畅通，打通海内外的铁路、口岸、海关等多个信息孤岛，构建从源头到终点的全程信息链条。

随着中欧班列数字化转型的发展，以及一站式贸易供应链的构建，中欧班列的高时效、高效率、低风险等优势越发明显，这些都充分契合了当下进出口贸易的发展需求，对于物流行业趋势反应迅速的企业大有裨益。未来，我国应抓住中欧班列数字化发展新机遇，充分助力中国与中东欧及欧盟的经贸发展。

第六章 投资合作

第一节 中国对欧盟投资情况

2021年，在宽松的融资条件和基础设施刺激措施的推动下，全球跨境交易和国际项目融资表现强劲，使得2021年全球外国直接投资（FDI）流量恢复到疫情前水平，达到1.6万亿美元，同比增长64.3%，复苏呈现明显的反弹势头。[1] 其中，中国在2021年全年新设外商投资企业47647家，同比增长23.5%；实际使用外资[2]1809.6亿美元，同比增长21.2%，规模居全球第二位，连续30年居发展中国家首位，占2021年全球FDI总量的11.4%。[3] 中国对外直接投资流量为1788.2亿美元，比上年增长16.3%，位列世界第二位，占全球份额的10.5%。[4] 从双向投资情况看，2021年中国对外直接投资规模略低于吸引外资量。

不过，正如本报告第一章所述，全球的国际商业和跨境投资环境在2022年发生了巨大变化。首先，俄乌冲突使许多国家面临粮食、能源和金融三重危机，由此造成的不确定性给2022年全球外国直接投资带来巨大的下行压力。其次，疫情封控导致的全球价值链中断也会抑制对全球价值链密集型产业的新的绿地投资，叠加通胀高企对加息的预期以及金融风险增加带来的避险情绪上升等都对外国直接投资产生了不利影响。联合国贸发会议发布的2022年第一季度的初步数据也显示，绿地项目数量减少了21%，国际项目融资交易下降了4%。

---

[1] 联合国贸发会议. 世界投资报告2022 [R]. 2022-06-09.
[2] 实际使用外资金额，是指合同外资金额的实际执行数，包括境外投资者实际缴付的注册资本、营运资金，以及受让境内投资者股权实际支付的交易对价。
[3] 中国商务部. 中国外资统计公报2022 [R]. 2022.
[4] 中国商务部，国家统计局，国家外汇管理局. 2021年度中国对外直接投资统计公报 [M]. 北京：中国商务出版社，2022.

一、中国对欧盟直接投资规模

2021年，中国对欧盟的直接投资流量为78.6亿美元，同比下降22.3%，占中国对外直接投资流量总额的4.4%，较上年占比下降了2.2个百分点；中国对欧盟单个成员国的平均直接投资流量为3亿美元。

截至2021年底，中国对欧盟的直接投资存量为959亿美元，同比增长15.5%，占中国对外直接投资存量的3.4%。存量在百亿美元以上的国家为荷兰、卢森堡、瑞典、德国。中国对欧盟成员国单个国家的平均直接投资存量为35.5亿美元（见图6-1）。

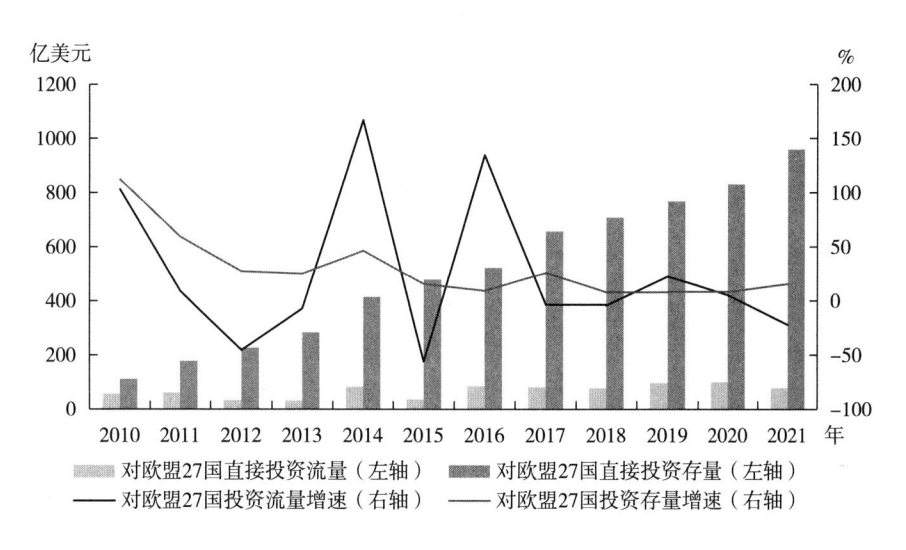

图6-1 2010—2021年中国对欧盟直接投资流量、存量及增速

（资料来源：中国商务部）

截至2021年末，中国企业在欧洲43个国家和地区设立了境外企业，覆盖率达到87.8%，仅次于在亚洲的规模；中国在欧盟设立直接投资企业超过2700家，覆盖欧盟的全部27个成员国，雇用外方员工近27万人。

二、中国对欧盟主要国家直接投资

2021年，中国对欧盟的投资主要流向德国、荷兰、卢森堡和瑞典，四国合计占中国对欧盟投资流量总额的91.6%。德国居首位，流量达27.1亿美元，比上年增长97.1%，占34.5%，主要投向制造业，电力、热力、燃气及水的生产和供应业，批发和零售业，金融业等；其次为荷兰（17亿美元），比上年下降65.5%，占对欧盟投资流量的21.7%，主要投向信息传输、软件和信息技术服务业，采矿业，批发和零售业等；卢森堡以15亿美元位列第三，比上年增长

113.9%，占19.1%，主要投向居民服务/修理和其他服务业、制造业、租赁和商务服务业等；瑞典位列第四，流量为12.8亿美元，同比下降33.6%，占16.3%，主要投向制造业、房地产业、住宿和餐饮业、科学研究和技术服务业等（见图6-2）。

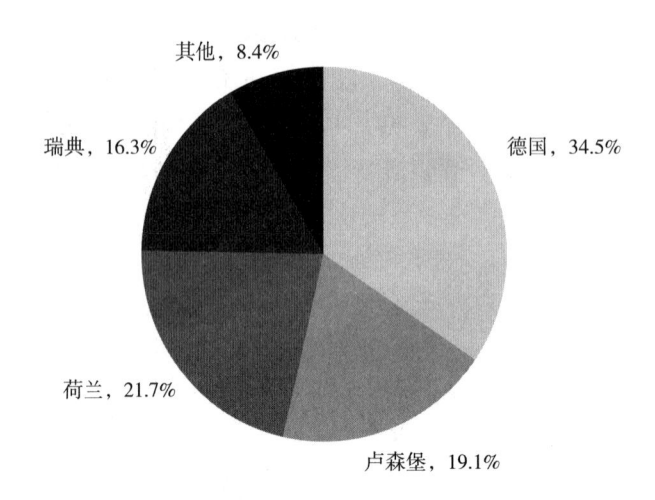

图6-2 2021年中国对欧盟主要国家投资占比

（资料来源：中国商务部）

按流量计，中国对欧投资的国别（地区）集中度进一步提升，前四国合计占比逐年提高。2017年中国对欧盟投资流量前四大国分别为德国、卢森堡、瑞典和法国，四国投资合计占当年中国对欧盟27国投资的77%，此后集中度保持了持续增长，至4年后的2021年，中国对欧盟前四国的投资占比已提升至91.6%。

三、中国对欧盟投资行业分布

中国对欧盟的投资继续保持多样化，投资主要流向制造业、采矿业、金融业、租赁和商务服务业以及批发和零售业等。截至2021年末[①]，从存量的行业分布看，制造业289.2亿美元，占30.2%，主要分布在瑞典、德国、荷兰、卢森堡、意大利、法国等；采矿业191.3亿美元，占19.9%，主要分布在荷兰、卢森堡、塞浦路斯等；金融业134.3亿美元，占14%，主要分布在卢森堡、德国、法国、意大利等；租赁和商务服务业77.2亿美元，占8%，主要分布在卢森堡、德国、法国、荷兰、爱尔兰等；信息传输、软件和信息技术服务业58.7亿美元，占6.1%，主要集中在荷兰、德国；房地产业57.3亿美元，占6%，主要集中在瑞

[①] 中国商务部，国家统计局，国家外汇管理局.2021年度中国对外直接投资统计公报[M].北京：中国商务出版社，2022.

第六章 投资合作

典、德国等；批发和零售业49.4亿美元，占5.1%，主要分布在法国、德国、卢森堡、意大利、荷兰等（见图6-3）。

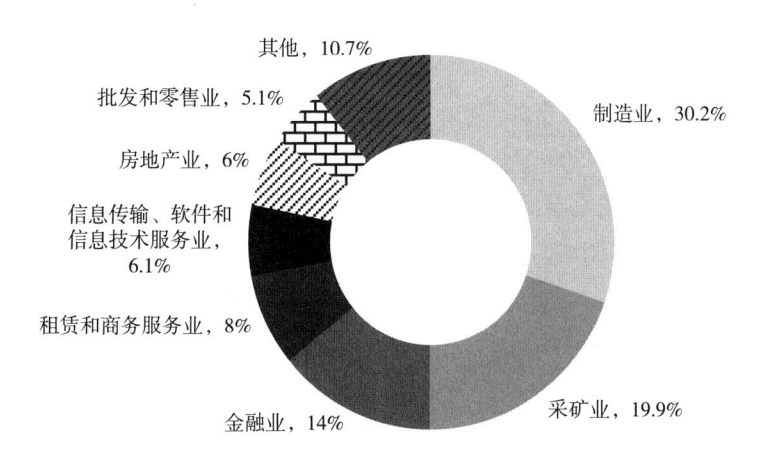

图6-3 2021年中国对欧盟主要行业投资（按存量）占比

（资料来源：中国商务部）

从投资流量看，2021年中企投资欧盟的第一大行业是制造业，达36.9亿美元，比上年增长18.8%，占47%，主要流向德国、瑞典、卢森堡、意大利等；第二大行业是金融业，为11.2亿美元，比上年增长155.3%，占14.3%，主要集中在卢森堡、德国和爱尔兰；信息传输、软件和信息技术服务业排在第三，为10.8亿美元，比上年下降40.2%，占13.7%，主要流向荷兰、德国等；租赁和商务服务业为4.6亿美元，比上年下降32.8%，占5.9%，主要流向德国、卢森堡、比利时等；居民服务、修理和其他服务业为4.4亿美元，比上年增长197.4%，占5.6%，主要流向卢森堡、德国等；电力、热力、燃气及水的生产和供应业为4亿美元，增长6.5倍，占5%，主要流向德国、卢森堡等；采矿业为3.4亿美元，比上年下降87.2%，占4.3%，主要流向荷兰、卢森堡等；科学研究和技术服务业为1.7亿美元，比上年增长21.3%，占2.2%，主要流向德国、荷兰、法国等；交通运输、仓储和邮政业为1.3亿美元，比上年增长120.5%，占1.7%，主要集中在德国等；批发和零售业为0.6亿美元，比上年下降93.6%，占0.7%（见图6-4）。[1]

从增速上来看，2021年中国对欧盟直接投资增长最快的行业是电力、热力、燃气及水的生产和供应业（649.3%），其余增速超过100%的还有居民服务、修理和其他服务业，金融业，文化、体育和娱乐业，交通运输、仓储和邮政业；降

---

[1] 中国商务部，国家统计局，国家外汇管理局.2021年度中国对外直接投资统计公报[M].北京：中国商务出版社，2022.

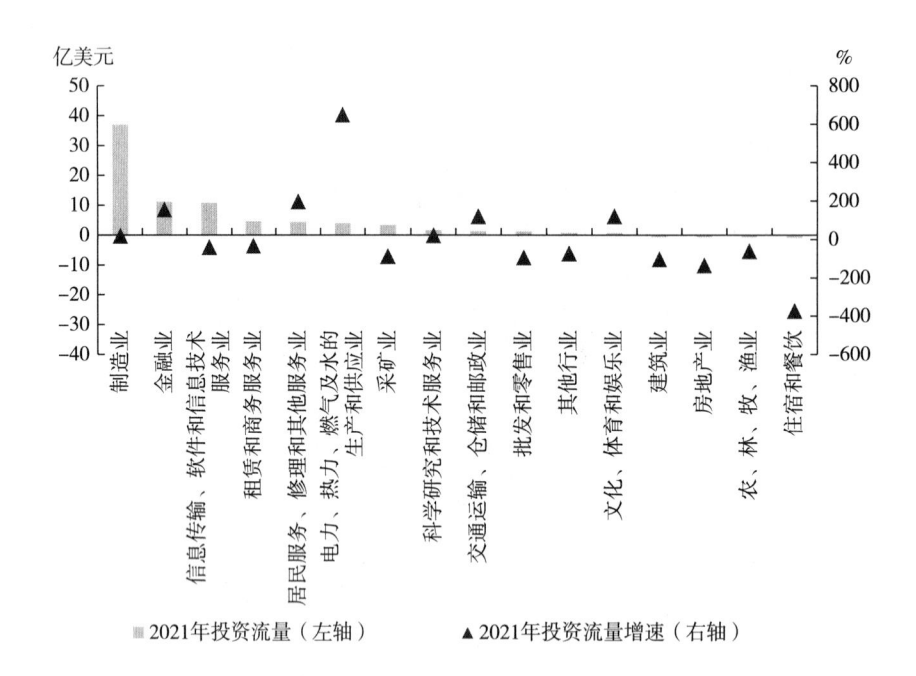

图 6-4　2021 年中国对欧盟直接投资（流量）及增速按行业分布

（资料来源：中国商务部）

幅最大的三个行业分别是住宿和餐饮（373.6%）、房地产业（134.8%）和建筑业（102.7%）。

值得注意的是，得益于欧洲绿色能源转型的巨大需求，2021 年中国对电力、热力、燃气及水的生产和供应业的投资出现大幅增长。仅中国三峡集团一家，就在 2021 年先后收购西班牙 400MW 可再生能源发电资产（包括一个太阳能项目和多个风力发电项目）和弗洛雷斯（Flores）陆上风电项目 100% 股权。2022 年在俄乌冲突导致的能源危机的叠加影响下，该趋势得到进一步加强。以上海电力为例，2022 年上海电力完成匈牙利托卡伊（Tokaj）光伏项目 100% 股权的并购[①]，2023 年 2 月，其再次宣布拟以不高于 3789 万欧元的价格收购匈牙利维克多（Victor）光伏项目标的公司 100% 的股权。值得一提的是，上海电力近来加快绿色转型及清洁能源投资的战略，也为公司带来经营业绩上的增量。上海电力公告 2022 年业绩扭亏为盈的一大重要原因就是境外发电项目（土耳其煤电项目投产并实现盈利）的经营规模和利润贡献快速增长。

制造业投资增速由负转正，从 2020 年的 -44.3% 转为 18.8%，流量规模比重亦从 30.8% 上升至 47%，表明中国对欧盟的制造业投资开始回升。信息传输、

[①] 2022 年 12 月 23 日，正泰新能源向上海电力马耳他公司全资子公司匈牙利義和新能源发展有限公司出售匈牙利托卡伊光伏项目 100% 股权，最终交易对价合计 3305 万欧元（约合 2.45 亿元人民币）。

软件和信息技术服务业过往几年均处于增速较高水平，但在2021年出现了40.2%的较大跌幅，主要原因可能在于欧洲主要国家对外资审查日益严苛。《欧盟外商投资审查条例》指明，有关通信、媒体、数据处理或储存、人工智能、机器人、半导体、网络安全、包括个人数据在内的敏感信息获取等相关投资都需受到审查，这对信息传输、软件和信息技术服务业的投资造成较大影响。

四、中国企业在欧投资发展趋势

2021年，中国对欧洲地区直接投资流量为108.7亿美元，同比减少14.4%，占当年中国对外直接投资流量的6.1%，较上年下降了2.2个百分点。截至2021年底，中国在欧洲地区的投资存量为1347.9亿美元，占中国对外直接投资存量的4.8%。中国对欧投资主要分布在荷兰、英国、卢森堡、瑞典、德国、俄罗斯联邦、瑞士、法国、意大利、爱尔兰、西班牙等国。

（一）疫情冲击及欧洲主要国家对外资准入限制增加了对欧投资不确定性

欧盟发布的《2021年度外资审查报告》显示，2021年中国对欧盟的投资数量相较于2019年呈现明显下降的趋势。安永报告[1]的并购交易数据整体亦显示出下降的趋势，2021年中国对欧洲的并购宗数为161宗（2022年为170宗），较2019年的210宗下降了23.3%。这其中除了有新冠疫情的原因外，还伴随着欧洲主要国家对外资审查的日益严苛。2021年，欧盟《外资审查条例》适用范围增加了数字欧洲、太空等，法国降低触发外商投资安全审查的门槛至10%的股权收购，西班牙延长了投资限制的时限，德国扩大了对稀土、高科技等项目的投资限制。[2] 据统计[3]，2021年欧盟成员国共发生了1500多起外资审查案件，96%的正式审查案件被批准。特别是在备受关注的半导体相关领域，2021年至2022年有多起中国对欧盟成员国的投资失败交易案例，例如深圳创疆投资控股有限公司收购意大利半导体设备企业LPE公司、浙江晶盛机电股份有限公司收购应用材料（Applied Materials）子公司、北京赛微电子股份有限公司瑞典全资子公司收购德国艾尔默斯（Elmos）公司汽车芯片制造线相关资产、闻泰科技股份有限公司荷兰全资子公司被要求剥离英国纽波特晶圆制造厂（Newport Wafer Fab）至少86%的股权。尽管欧盟倡导全面开放，但欧盟外商投资的总体环境受国际局势以及欧盟监管导向的影响，例如欧盟《外国补贴扭曲内部市场条例法案》对外商投资准

---

[1] 安永.2021年中国海外投资概览［R］.2022-02-10.
[2] 中国商务部.中国外商投资报告2022［R］.2023-01-04.
[3] 姚灼茜，沈高明，赵天月.“中国投资”走出去系列：欧盟能否成为下一个半导体投资热土［Z］.2022-12-27.

入的进一步限制等,在一定程度上增加了交易的不确定性。① 不过,2022年,中国对欧并购宗数略微出现上涨,达到170宗,交易活跃度有所回升。

(二) 欧洲地区仍是中国企业投资并购的主要目的地之一

尽管存在诸多不确定因素,但欧洲市场对中国投资者仍具备不言而喻的重要性,欧洲地区仍是中国企业投资的主要目的地之一。2021年中国对欧洲直接投资流量占当年中国对外直接投资流量总量的6.1%,比重有所下降,但欧洲仍是中国第三大对外直接投资目的地(2019年欧洲一度超过第二位的拉丁美洲和第三位的北美洲,成为仅次于包含中国香港在内的亚洲的第二大直接投资目的地)(见图6-5)。

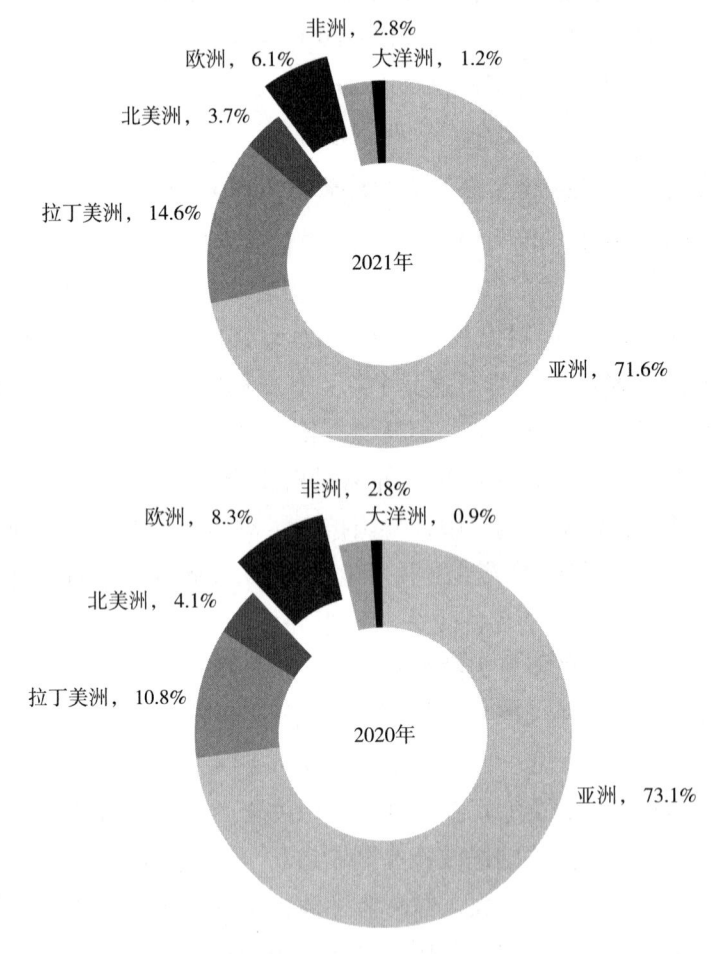

图 6-5　2020—2021 年中国对外直接投资流量地区分布(比重)

(资料来源:中国商务部)

---

① 姚约茜,沈高明,赵天月."中国投资"走出去系列:欧盟能否成为下一个半导体投资热土 [Z]. 2022-12-27.

从并购金额看，在2021年中国企业对外投资并购项目分布前10位的国家和地区中，欧洲地区有英国和德国两国入选[①]，在2022年最受中企欢迎的十大目的地（按金额计）中，欧洲的荷兰、英国、法国占据三席，其中法国更以逆势增长863%的强势之姿入选。2022年，中企在欧洲宣布的海外并购金额为75.5亿美元（170宗），同比下降52%，但欧洲仍是中国对外投资的第二大目的地（第一为亚洲，投资107.5亿美元）。中企主要投向数字新媒体（TMT）、石油与天然气、金融服务以及先进制造与运输业等，其中荷兰成为中企投资金额最高的国家。然而按交易数量计，英国和德国则更为热门，中企与两国交易数量占中企在欧洲并购总量的42%。[②]

（三）中国对欧投资以并购为主，绿地投资快速增长

根据荣鼎集团的数据，2021年中国对欧并购交易占中国对欧总投资额的近70%，其中最大的交易是香港私募股权公司高瓴资本以37亿欧元收购飞利浦家用电器业务。2021年，绿地投资达到了创纪录的33亿欧元，并在过去两年里出现快速增长。以动力电池行业为例，各企业纷纷在近几年出海建厂，加快欧洲布局，包括宁德时代在德国和匈牙利，远景动力在西班牙、英国、法国，国轩高科在德国，亿纬锂能在匈牙利……比亚迪也在2023年3月表示正在欧洲寻找新工厂或收购现有工厂。此外，2020年抖音（TikTok）母公司字节跳动在爱尔兰建立了首个欧洲数据中心，2023年3月其宣布于爱尔兰和挪威再增建两个数据中心。欧洲已成为中国全球电动汽车扩张的重要组成部分：电池投资成为中国在欧投资的主体。中国企业正考虑在欧洲进一步扩大电动汽车（EV）价值链上下游领域的绿地，包括汽车生产。

中国对欧绿地投资大幅增加可能受到以下几个因素的影响。(1) 中国企业探索海外机会；融入欧洲供应链的需要，例如，电池的运输成本很高，因此原始设备制造商有很大的动力在当地建立电池厂，以满足不断增长的欧洲电动汽车生产能力；(2) 遵守欧盟法规：在ICT领域，像字节跳动这样的参与者面临着严格的当地法规（包括GDPR），因此需要在当地投资，以确保遵守此类法规（例如，用户数据存储在欧洲）；(3) 利用欧洲的创新体系：绿地投资可以成为获取技术的新途径，华为的研发中心（R&D）和宁德时代都宣布计划与欧洲研究机构、大学和当地企业进行研发合作；(4) 规避监管障碍：绿地投资通常较少受到国家政府的审查，并且往往更受当地欢迎。

[①] 安永. 2021年中国海外投资概览［R］. 2022-02-10.
[②] 安永. 2022年全年中国海外投资概览［R］. 2023-02.

（四）中国私营企业对欧投资占比不断提升

自 2017 年以来，中国的国有企业对欧投资占比呈逐年下降趋势，从 2017 年的 68% 占比下降至 2021 年的 12%，下降幅度达 56 个百分点。规模上 2017 年国有企业对欧投资达 270 亿欧元，2021 年这一数据大幅萎缩至 13 亿欧元，4 年降幅达 95.2%（见图 6-6）。2021 年，中国的私营企业继续主导中国对欧投资，占总投资的 88%；国有企业的投资额为 13 亿欧元，同比下降 7.1%，占总投资的份额是 2001 年以来的最低水平，且国有企业仍以收购为主。[1] 国有企业对欧投资最大的交易集中在南欧的能源和基础设施领域，包括中国三峡电力公司对西班牙可再生能源资产的投资、中远海运集团对比雷埃夫斯港的股权[2]投资、中国交通建设总公司对葡萄牙莫塔集团（Mota-Engil Group）23% 的股份收购。

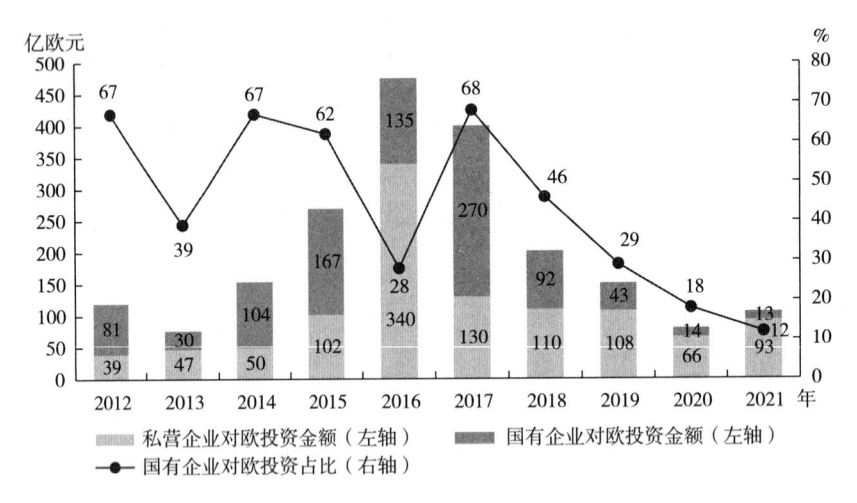

图 6-6　2012—2021 年国有企业对欧投资额及占比情况

（资料来源：荣鼎集团）

（五）中企对欧部分并购项目

2021 年，高瓴资本以 44 亿欧元收购荷兰飞利浦家电；腾讯宣布以 9.19 亿英镑收购英国游戏工作室相扑集团（Sumo Group）；非凡中国宣布以 5100 万英镑收购英国鞋履品牌其乐（Clarks）；曲美家居以 7.41 亿挪威克朗收购北欧最大的高端家具制造商之一艾克尼斯（Ekornes Holding AS）；品渥食品宣布以 2150 万欧元收购德国好沃德（Hochwald）持有的品渥—好沃德公司（Pinlive-Hochwald GmbH）50% 股权及对应的股东贷款；迈瑞医疗以 5.32 亿欧元收购芬兰著名体外诊断上游原料供应商海肽生物（Hytest）；微创医疗以 1.23 亿欧元收购德国海默文特（Hemovent）；康

---

[1] 荣鼎集团. Chinese FDI in Europe：2021 Update [R]. 2022-04.
[2] 该投资使中远海运集团对比雷埃夫斯港的所有权达到 67%。

龙化成以1.2亿美元收购英国艾尔健生物（Allergan Biologics）；中国生物制药以1.1亿美元收购比利时索夫特海尔（Softhale）等。三峡集团所属三峡国际与葡萄牙电力所属葡电新能源（EDP Renováveis）签署协议，收购西班牙弗洛雷斯（Flores）陆上风电项目100%股权；中远海运港口有限公司宣布拟收购德国汉堡港"福地"集装箱码头（Container Terminal Tollerort，CTT）35%股权。

2022年，无锡锡产微芯半导体有限公司以20亿美元完成对全球第二大移动基站射频半导体企业荷兰安普隆（Ampleon）公司的收购；腾讯以3亿欧元收购英国老牌游戏开发商吉列莫特兄弟（Guillemot Brothers Limited）49.9%的股份和5%的投票权；复星医药以2.1亿欧元收购法国制药商塞内克西（Cenexi）；宏华数科拟1.54亿元（2200万欧元）收购设计研发并生产家用纺织品自动化缝制装备的德国企业泰克斯帕（TEXPA GmbH）100%股权；再生医学领军企业睿生科技（ReLive）收购德国上市公司柯顿（Co. Don AG）；澳优乳业以1840万欧元收购荷兰羊奶酪公司阿玛尔西亚集团（Amalthea Group）50%股份；润丰股份以不超过3200万欧元收购西班牙本土农化公司萨拉维亚（Sarabia）100%股权；来也科技以数千万美元收购法国对话式AI公司明达思（Mindsay）；华鹏飞出资4.14亿美元收购英国USB桥接芯片企业飞特帝亚（FTDI）80.2%股权；腾讯控股有限公司收购了波兰独立游戏开发工作室格鲁比娱乐（Gruby Entertainment）少数股权。

第二节 欧盟对中国投资情况

2021年，中国经济强劲复苏，利用外资稳步增长，增强了外资企业对中国的投资信心。全球管理咨询公司科尔尼（Kearney）2022年1月公布的外商直接投资信心指数显示，中国的外商投资信心指数排名从2021年1月的第12位上升到2022年的第10位。2022年，在俄乌冲突、能源危机、中国调整疫情防控措施等影响下，外资企业对中国的投资信心进一步提升，2023年4月公布的外商直接投资信心指数中，中国的排名再提升3位至第7位。在此背景下，欧盟对华投资亦在2022年获得96.6%的大幅提升（见图6-7）。

一、欧盟对中国直接投资规模

据国家统计局数据，2021年，欧盟在华投资新设企业2078家，同比增长22.6%，占我国新设外资投资企业数的4.4%；实际在中国直接投资额为51亿美元，同比下降10.4%。2022年，欧盟对华投资同比增长92.2%。[①] 截至2021年

---

① 更多信息请参考：http://dz.china-embassy.gov.cn/fyrth/202303/t20230302_11034198.htm。

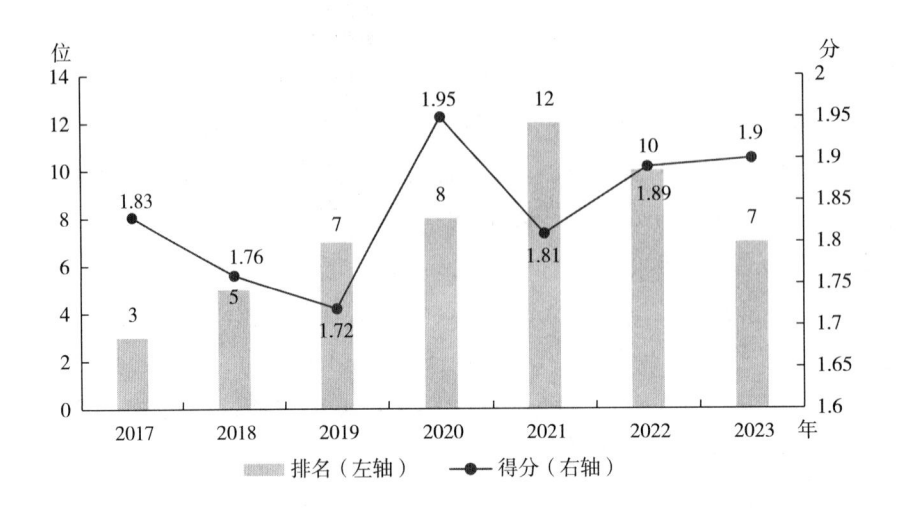

图 6-7 中国的科尔尼外商直接投资信心指数排名

(资料来源：2023 年科尔尼外商直接投资信心指数)

底，欧盟 27 国对中国累计投资总额为 1177.5 亿美元，且 27 国均对中国有直接投资。

疫情以来，贸易保护主义升温致国际经贸合作受阻，全球供应链产业链问题突出，造成部分主要国家和地区推动供应链本土化、多元化调整。同时，跨国公司出于追求效率和平衡安全的考量，通过增加供应商进行多元化采购，实施供应链多元化、分散化战略，调整供应链布局，降低供应链风险。受此影响，2019 年以来，欧盟 27 国在华投资份额呈逐年下降，从 2018 年的 5.9% 下降至 2021 年的 2.9%（见图 6-8）。

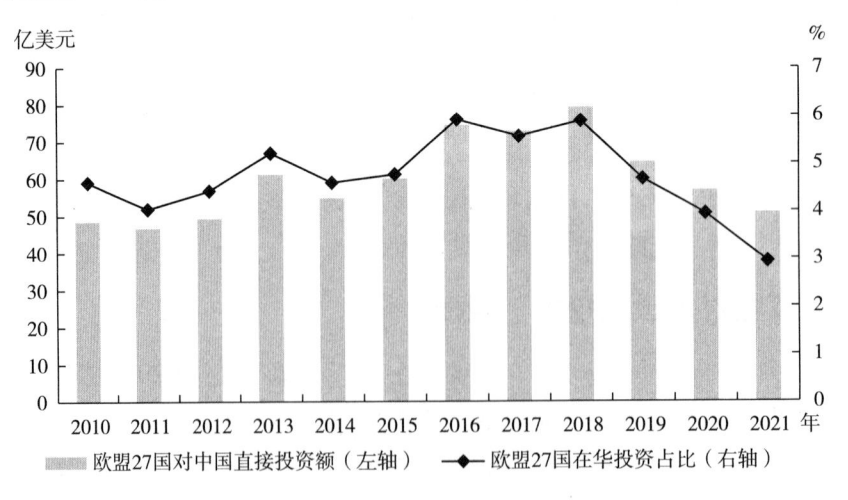

图 6-8 2010—2021 年欧盟 27 国在华投资额及实际投资占比

(资料来源：国家统计局)

绝大多数欧盟企业在中国经营业绩良好，投资意愿较高。2022年，中国欧盟商会的调研报告显示，2021年，在华欧盟企业有79%实现了盈利，是过去13年中的峰值。2021年，13%的在华欧盟企业达到收支平衡；有42%的欧盟企业表示在华经营的盈利息税前收益率高于其全球平均水平，为2012年以来的次高点（2020年最高为51%）。2021年，欧洲企业表现出对中国市场的坚定信心，在俄乌冲突爆发和实行严格的新冠疫情防控措施前，有62%的企业表示考虑在2022年扩大在华布局，2/3的企业将中国列为当前和未来的首选投资目的地，创下2014年以来的最高纪录（见图6-9）。

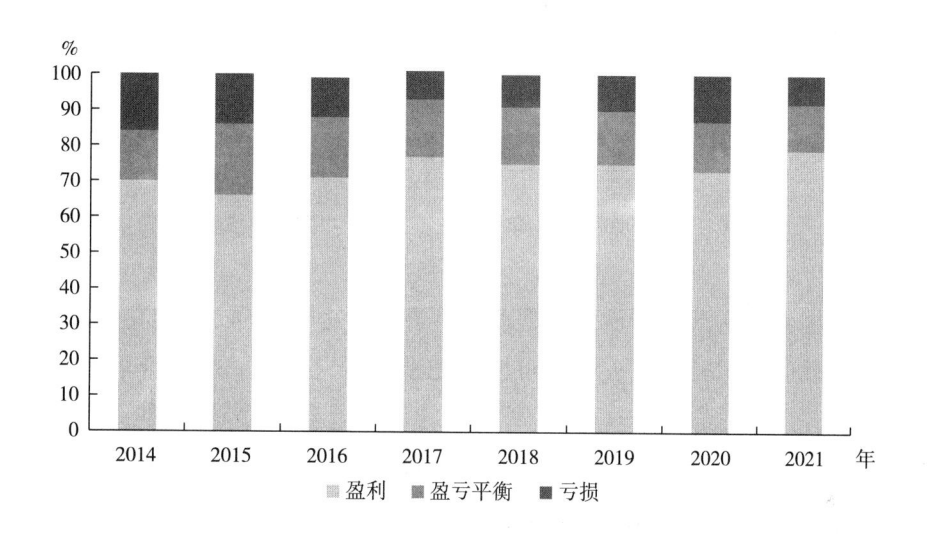

图6-9 欧盟企业在中国经营状况

（资料来源：中国欧盟商会《商业信心调查2022》）

二、欧盟主要国家对中国直接投资

2021年当年，欧盟国家中除马耳他、拉脱维亚和斯洛伐克外，均对中国有直接投资，合计总额为51亿美元，同比下降10%。其中，前五大对华投资国分别是德国（16.8亿美元）、荷兰（11.1亿美元）、法国（7.1亿美元）、卢森堡（3.1亿美元）和瑞典（3亿美元）（见图6-10）。

欧盟对华投资来源地较为集中，前五大对华投资国的投资总额占欧盟对华投资额的比例变动较小，保持相对稳定。2016—2021年，欧盟中前五大对华投资国的合计投资占比均维持在80%以上。截至2021年底，累计投资额最大的是德国，为363.5亿美元，占比为30.9%；其次是荷兰，投资额累计为244亿美元，占比为20.7%；第三是法国，投资额累计为180.3亿美元，占比为15.3%。

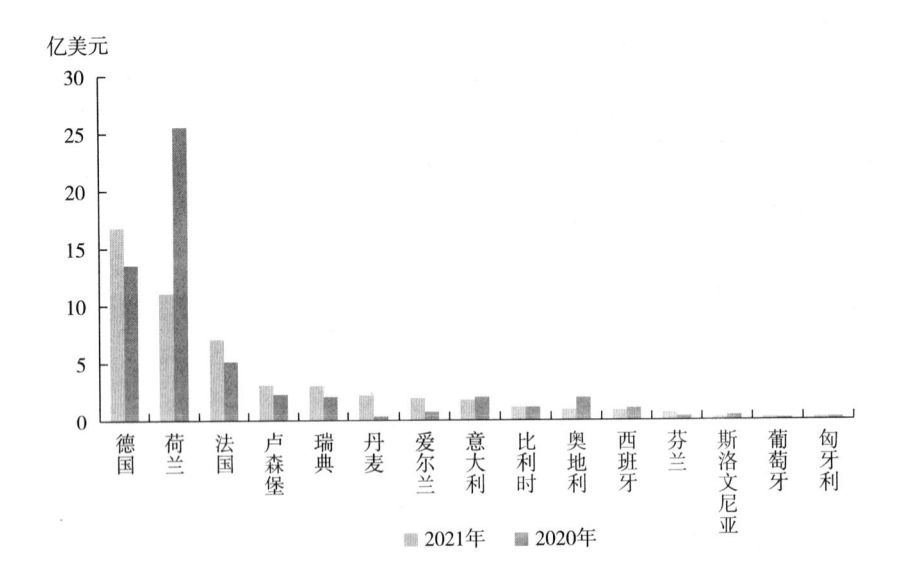

图 6-10　2020—2021 年欧盟主要国家对中国直接投资额

(资料来源：国家统计局)

荣鼎集团的报告认为，德国投资比例较高，主要受益于政治助推以及投资行业的增长。德国公司较早进入中国市场，几十年来受到了中国政府机构的积极鼓励和帮助；德国公司通常从事资本密集型的制造业和工程业，这意味着（更多的）大额固定投资；这些企业所处的行业在过去 10 年取得了强劲增长。

三、欧盟对中国投资行业分布

2021 年，欧盟对华投资金额前五大行业分别是制造业、租赁和商务服务业、科学研究和技术服务业、批发和零售业、采矿业；5 个行业新设企业数占比为 79.7%，实际投资金额占比为 91.9%（见表 6-1）。

表 6-1　2021 年欧盟对华投资金额前 5 位行业

行业	新设企业数/家	比重/%	实际投资金额/亿美元	比重/%
总计	2078	100.0	51.0	100.0
制造业	208	10.0	27.8	54.5
租赁和商务服务业	486	23.4	7.3	14.4
科学研究和技术服务业	400	19.3	4.5	8.9
批发和零售业	563	27.1	4.4	8.7
采矿业	0	102	2.8	5.4

资料来源：中国商务部外资统计。

外资企业仍高度看重中国市场，中国的化工品市场占全球近五成，汽车市场占全球近30%。欧盟对华投资中汽车、化工制造业投资占比最高。根据荣鼎集团的数据，欧洲少数大企业占据了对华大部分投资，欧洲对华投资正呈现向巨头企业集中的趋势。2018—2022年，德国三大汽车巨头大众、宝马、戴姆勒以及化工巨头巴斯夫四家企业，占据了欧洲所有对华直接投资规模的34%，体现了这些重量级跨国企业对中国的重视。2022年的发展表明，在上述行业中国仍是"最佳选择"。受俄乌冲突影响，为应对欧洲能源价格上涨的风险，德国化工巨头巴斯夫在中国湛江启动一体化基地建设，宣布高达100亿欧元的对华投资，这是该公司迄今为止最大的海外投资项目。此外，汽车行业继续主导着欧洲的投资。根据荣鼎集团的数据，2022年欧洲对中国汽车行业的直接投资达到62亿欧元，创下历史新高，而对其他所有行业的投资总计为15亿欧元。对汽车行业的投资激增扭转了2018年的情况，当时欧洲汽车行业投资总额为17亿欧元，其他行业为55亿欧元。具体的投资案例包括：大众汽车宣布向两家以研发为重点的新合资企业投资30亿美元；英力士以15亿美元收购上海赛科石化50%股权；宝马宣布将电动Mini的生产从英国转移到中国；德国跨国工程公司博世宣布将投资10亿美元在苏州工业园区建设新能源汽车核心零部件及自动驾驶研发制造基地；等等。

四、欧盟对中国投资发展趋势

投资集中度不断提升。疫情对全球供应链的影响正在促使越来越多的外国公司加大对中国供应链本土化的投资，而这一趋势进一步加剧了欧洲对华投资向巨头企业聚集。2018—2021年，欧洲对华直接投资显示出"聚拢"趋势，无论是投资的行业类型，还是参与投资的企业，均较此前10年的情况更为集中。以前十大投资者平均占欧洲[1]对华直接投资总额比例来看，2021年这一份额约为80%，2019年为88%，而在2008—2017年，前十大投资者的平均份额仅为49%；从行业来看，2018—2021年，汽车设备和部件、食品加工、制药和生物技术、化学品以及消费品制造五个行业占欧洲对华直接投资总额的近70%。

外资与中国经济转型和技术升级联系更加紧密。随着中国产业结构转型升级，外资更多投向技术含量较高、更加绿色节能的产业，对高端制造业、服务业等领域的投资不断增加，其中化工、生物医药、消费等行业的外资增长较为明显。外资加大对中国投资布局与中国市场的消费结构更加匹配，越来越呈现"在中国、为中国"的特点。欧洲的传统工业优势与中国庞大的消费市场吻合度较

---

[1] 欧盟+英国。

高，相关企业开拓中国市场时主要采取长期投资策略。

大部分欧洲企业仍将中国视为具有潜力的创新研发基地。欧盟中国商会2022年调研报告显示，40%的受访企业认为中国的研发和创新环境优于世界平均水平，且这一趋势在2008—2021年从未改变。博世、大众汽车的软件子公司卡里亚德（Cariad）、梅赛德斯—奔驰、大众等均宣布在中国扩大技术研发投资。投资追踪机构fDi Markets的数据也表明，中国电动汽车研发领域的外商投资稳步上升，2021年达到7个项目的峰值。

绿地投资日益成为欧洲对华直接投资的主要方向。2017—2021年，绿地投资占欧洲对华总投资的2/3，在中国的欧洲大型投资者保持了对大型绿地项目的稳定投资。为实现与中国市场的深度融合和互利共赢，外企希望通过更大程度的本土化使中国业务免受不断上升的全球风险影响。一方面，绿地投资的自主性相对较强，跨国公司对于项目的筹划、经营管理或具有更多主动权；另一方面，跨国并购在金融监管方面受到的限制更多。同时，中国也不断降低外资准入门槛予以积极鼓励。以汽车行业为例，2018年中国取消了专用车、新能源汽车的外资股比限制，2020年取消了商用车外资股比限制，2022年取消了乘用车外资股比限制和合资企业不超过2家的限制，至此，中国汽车行业对外资实现全面开放。

此外，俄乌冲突、疫情防控措施对全球供应链带来的影响也使得关于加强供应链韧性、尝试多元化的探讨愈加热烈。虽然目前那些已经扎根中国的公司尚无离意，但也有部分企业已经开始权衡是否将计划中或未来的投资部分转移或分散到其他的市场，投资变得更加复杂，企业对地缘政治以及商业条件和市场的关注更加敏锐。欧盟中国商会的调查显示，2022年上海疫情封控后，有25%在当地生活的德国人撤离；向各自政府登记在沪的法国和意大利公民人数也各下跌20%。

不过，中国完整的产业链、巨大的市场规模、相对低廉的制造成本优势，对全球尤其是面临高通胀的欧洲企业而言本身就有着巨大优势，未来中欧持续拓展深化合作仍是具有前瞻性的长远之举。当前，结构升级、创新驱动、绿色发展等将成为引领世界经济复苏与绿色转型的新亮点。中国与欧盟都拥有行业领先的新能源企业，且在产业上有很大互补性，广阔的新能源市场为中欧企业提供了巨大发展空间。中德在新能源、人工智能、数字化等新领域，中法在绿色能源、科技创新等领域，中意在高端制造、清洁能源、航空航天和第三方市场等领域均有诸多合作潜力。可以预期，在中欧高层互动、商界交往、文化交流重启的带动下，在中国持续推进高水平对外开放的政策指引下，中欧双方通过稳定互信，将全面激活各领域对话合作，进一步深化经贸互利合作，为全球繁荣稳定带来更多信心和希望。

第三节　中国对欧承包工程情况

2020年，受新冠疫情影响全球基础设施建设出现收缩。2021年，随着各国政府积极出台相关刺激政策，全球基础设施建设开始复苏，但是建筑材料和劳动力成本上升以及依然存在的疫情风险等不利因素也对其产生了制约。2022年，俄乌冲突导致的能源危机和通胀高企也对基建行业造成了不利影响。在此背景下，2020年以来中国对外承包工程业务规模增长乏力，但中企在欧承包市场表现相对较好，新签合同额和完成营业额增速均相对较高。2021年，中企在欧洲市场新签合同额为272.4亿美元，同比增长30.4%，占当年中企对外新签合同额的10.5%；完成营业额156.8亿美元，同比增长12.3%，占当年中企对外完成营业额的10.1%（见图6-11）。

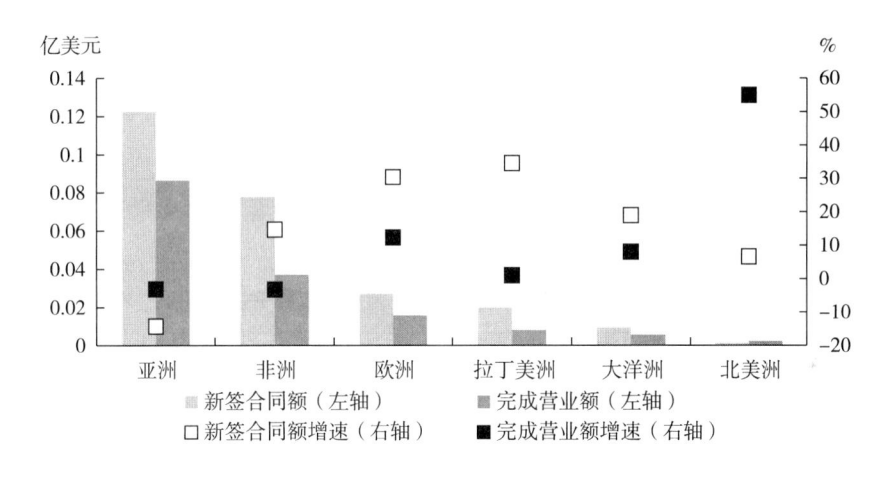

图6-11　2021年中国对外承包工程新签合同额和完成营业额地区分布

（资料来源：中国商务部）

在欧洲基础设施建设领域，占据主导地位的仍然是英国、西班牙、意大利和法国等本土承包商，其中斯特拉巴格公司（Strabag）、斯堪斯卡公司（Skanska）和土木工程集团（WeBuild）等公司承担着相当数量的项目。欧洲市场是中国企业开展基础设施建设转型升级的目标市场，与欧洲企业开展合作，对于提高中国企业业务运作能力，提升境外建设—经营—转让（BOT）、政府和社会资本合作（PPP）、特许经营等项目的经营水平具有重要意义，有助于中国企业业务的转型升级和市场布局的优化调整。

一、对欧盟工程承包概况

从对外承包工程完成营业额来看，2021年，中国企业在欧盟27国完成营业额 52.9 亿美元，同比增长 13.7%（见图 6-12）。从国别市场业务来看，中国企业在法国、德国、波兰和西班牙等市场的业务规模居欧洲国家前列，分别为 12.2 亿美元、8.1 亿美元、7.9 亿美元和 7.7 亿美元，对这四国的承包工程完成营业额占对欧盟 27 国承包工程完成营业额的 68%（见表 6-2）。中国对波罗的海三国和卢森堡、马耳他、斯洛文尼亚的承包工程营业额为零。

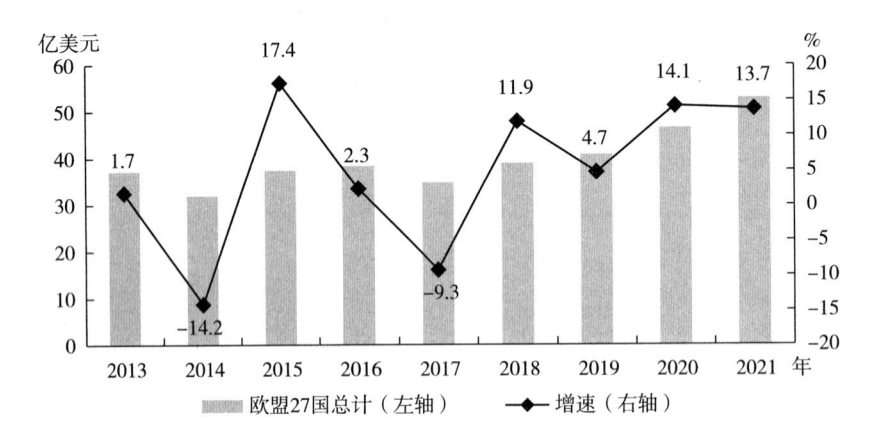

图 6-12　2013—2021 年中国对欧盟 27 国承包工程完成营业额情况

(资料来源：Wind)

表 6-2　　2013—2021 年中国对部分欧盟成员国承包工程完成营业额　　单位：万美元

国别	2013 年	2014 年	2015 年	2016 年	2017 年	2018 年	2019 年	2020 年	2021 年
比利时	7385	7002	3638	15389	14280	725	15945	11550	705
法国	145083	148177	184421	136049	144236	125834	127388	147180	121762
德国	46660	38138	52252	59559	63631	81436	50129	50441	81282
意大利	10874	6176	14498	20105	20105	27342	19426	9156	15290
荷兰	41067	23173	24584	17588	16163	13420	17496	14228	9463
丹麦	2399	102	218	100	495	1283	1918	1955	942
爱尔兰	1173	713					100		349
葡萄牙	4033	5044	6561	5645	4939	25610	13361	7415	40974
西班牙	25225	8902	18809	29689	27916	44436	78236	89611	77101
奥地利	3304	1895	3041	4469	7490	10179	6137	6256	10222
芬兰	5		2613	357	1676	218	130	480	1355
瑞典	8924	9284	11506	10528	6057	9667	8026	6814	7171
捷克	4730	4618	7754	5698	6003	5739	5880	7686	9638
匈牙利	3272	3693	4650	3883	3390	3881	2668	10563	11851

续表

国别	2013年	2014年	2015年	2016年	2017年	2018年	2019年	2020年	2021年
波兰	3484	12952	5037	5814	966	6267	5515	46575	79030
斯洛伐克					201		500		65
斯洛文尼亚	37	76	194	688	826	640	250		
保加利亚	20679	20894	8537	7758	3997	4984	7984	5219	7479
罗马尼亚	18722	16331	14794	18457	9322	8218	6997	8826	10717
克罗地亚	4415	85	213	471	138	12	21505	32776	27171
希腊	18018	3345	7632	29930	15973	19572	18125	8666	13992

资料来源：Wind。

2021年，中企累计对欧盟派出各类劳务人员6589人，较2020年上涨23.5%，年末在欧盟各类劳务人员为6720人，仍较疫情前大幅下滑60.2%。

二、欧洲基础设施建设前景

（一）绿色基建将得到更多发展

近年来，在绿色低碳及碳中和目标的激励下，欧盟力图加快能源转型，希望通过发展可再生能源来减少对外部能源供应的依赖以加强其能源安全，该意愿在俄乌冲突爆发后变得更加强烈。欧洲对基础设施项目，特别是绿色基础设施领域的公共投资不断加强。刺激措施将有助于加强这一领域的持续私人投资，同时也确保政府的短期经济优先事项与其长期脱碳努力相一致。从2021年中开始，欧盟继续向成员国支付"欧盟下一代"复苏资金，根据欧盟成员国已提交的回复和复原计划，欧盟将为其整个绿色基础设施投资分配的资金超过2260亿欧元，其中870亿欧元用于低排放交通基础设施，550亿欧元用于可再生能源，500亿欧元用于建筑节能投资。在欧盟加强绿色低碳转型的趋势下，中国对外承包工程行业亦注重向高质量发展转型，在项目选择上更注重绿色环保和可持续性。

（二）氢气建设领域发展前景良好

绿氢利用光伏、风电等可再生能源发电通过电解水技术制氢，具有清洁环保、灵活高效以及应用场景丰富等优点。在摆脱对化石燃料的依赖、寻找更清洁能源的全球净零驱动下，绿氢开始受到世界各国的关注，并有望加速能源电力、交通运输、石油化工、钢铁冶金等行业的低碳转型。据国际能源组织预测，2030年全球绿氢产量将达到3.6万吨，2050年将达到3.2亿吨。西欧正成为全球建设氢气基础设施的热点区域，其现有的天然气基础设施的能力也为氢基础设施发展提供了关键的先发优势。相关政策亦为产业发展和资金支持提供了保障。欧盟在2022年"欧盟能源重振计划"中明确提出，到2030年分别自产、进口1000万吨绿氢。目前欧盟针对其绿氢整体目标，设定了严格的绿氢门槛以配合后续碳关税的实施，并推出碳差价合约（CCfD）以促进绿氢在工业领域的应用。欧盟创新基金承诺提供8亿欧元的专项补贴，于2023年下半年启动绿氢项目试点招标。西班牙、法国、葡萄牙三国已经启动欧盟首条大型绿氢输送走廊计划，项目将在2030年前投入使用，每年输送绿氢200万吨，约占欧盟绿氢消费量的10%。[1]

（三）非住宅建筑行业发生变化

疫情对非住宅建筑行业带来了新的趋势变化。一是改变了对办公空间的需求。居家办公逐渐被广泛采纳，使得包括欧盟在内的全球发达市场对新办公空间的需求出现下降，从而影响到非住宅建筑的新开工需求。二是电子商务发展影响商业建筑用途。疫情加速了电子商务的发展，推动零售商和消费者大量采用线上服务，致使大型城市零售场所转向较小的本地化建筑。三是供应链相关建筑发生变化。为提高供应链的稳定性，部分企业开始考虑近岸外包业务。以中东欧市场正在扩张的汽车制造商供应链为例，波兰和匈牙利近年来不断提升其汽车行业制造能力，宝马、奔驰等汽车知名制造商均选择在邻近的中东欧市场开设工厂。

（四）住宅建设领域

为推动疫后经济绿色复苏，欧盟委员会公布了旨在提高存量建筑能源效率的建筑翻新计划。根据计划，未来10年欧盟将资助改造3500万栋建筑，将翻新率提高至少1倍。为此，欧盟每年需要为建筑翻新增加约2750亿欧元的投资，其中仅每年改造80万套住房就需增加570亿欧元。

英国政府于2021年10月发布的《供暖和建筑战略》鼓励住户和行业参与者逐步调整运营方式，以在住宅建筑的整个生命周期中将排放量降至最低。政府强调用热泵替代燃气锅炉并为该改造提供了资金，但由于成本较高且行业对该技术相对不熟悉，因此热泵安装存在巨大的交付风险。同时受资金、政治等因素影响，这些措施不足以使英国到2050年将其温室气体排放量减少到净零。英国将继续支持在住宅建筑系统中开发氢的使用，努力成为氢应用领域的区域领导者。

爱尔兰政府的"全民住房"计划对维持住宅建筑活动和解决爱尔兰房价泡沫破裂带来的长期后遗症具有积极影响。根据该计划，惠誉预测爱尔兰住宅和非住宅建筑行业在2021年至2030年的年平均实际增长率为3.5%，高于此前预测的2.2%。在融资方面，该计划设想直接为新的住房供应提供资金，同时对规划体

---

[1] 中国对外工程承包商会. 全球绿氢市场动态分析[J]. 国际工程观察，2023（6）.

系进行广泛改革，以激励建房者热情，解决爱尔兰住房危机。政府将特别针对首次购房者和低收入家庭进行需求侧改革，但房地产市场的长期改善取决于同时进行的供给侧改革的成功。

三、部分中企对欧项目最新进展

目前，中企在欧洲地区的相关工程承包项目中，中东欧地区的工程承包市场规模相对不大，但正处于高速发展之中，市场前景较好。首先，中东欧地区经济发展稳定，社会也在逐步转型，加入欧盟后，这些国家可以获得欧盟区域内各种优惠政策，加强其与欧盟其他成员国的经济融合，大型工程类项目可以获得欧盟各种基金的支持。其次，加入欧盟也使中东欧国家面临新的问题，比如道路承载标准、公路网络的发达程度等都必须达到欧盟标准，现有的基础设施虽尚算完善，但仍然远远低于欧盟的要求，因此完善本国的基础设施成为重要的任务。中企在中东欧地区承包工程项目涉及的领域包括公路、快速路、大桥、隧道、加热炉、电站建设等。

中国—中东欧合作机制下有两大标志性项目，分别为匈塞铁路和克罗地亚佩列沙茨大桥项目。2022年两大项目均取得新的进展。

匈塞铁路改造项目是中国—中东欧国家合作的旗舰项目，也是中国铁路技术和装备与欧盟铁路互联互通技术规范的对接。匈塞铁路由中国铁路国际有限公司和中国交通建设股份有限公司联营体联合承建，为双线电气化客货共线快速铁路，设计最高时速为200公里，信号系统为ETCS-2级列控系统，设施设备均满足欧盟铁路互联互通技术规范（TSI）要求。匈塞铁路全长约350公里，连接贝尔格莱德和匈牙利首都布达佩斯，其中塞尔维亚境内长183公里，设计时速200公里。2022年3月19日，塞尔维亚境内塞首都贝尔格莱德至中北部城市诺维萨德段（贝诺段）开通运营。贝诺段线路长约80公里，其中贝尔格莱德至旧帕佐瓦段（贝旧段）由中国企业承建，旧帕佐瓦至诺维萨德段（旧诺段）由俄罗斯企业承建。贝旧段是首个开工区段，于2018年6月开始建设，线路全长34.5公里，设有车站6座，停靠点3座。

克罗地亚佩列沙茨大桥通车。佩列沙茨大桥是一座长2440米、宽22.5米的公路斜拉桥，横跨克罗地亚南部亚得里亚海的小斯通湾，连接该国大陆与佩列沙茨半岛。大桥项目是中国企业首次中标欧盟基金项目，也是中企承建的由欧盟基金出资的单体最大项目。项目采用欧盟建设标准实施，于2018年7月30日开工。2022年7月26日，由中国路桥公司牵头的中企联合体承建的克罗地亚佩列沙茨大桥通车仪式在科马尔纳举行。通车后，平均每天经过大桥的车辆都在8500辆以上，在旅游高峰时期，每天经过大桥的车辆都超过了15000辆。

表 6-3　　　　　　　　2022 年部分中国对欧承包工程（中标/新签）

国家	概况
德国	2022 年 2 月 14 日，欧洲输电网运营商 Tennet 发出中标通知，确认由国网智能电网研究院有限公司、美国 McDermott、南瑞集团中电普瑞电力工程有限公司组成的联合体为德国 Borwin6 海上风电柔性直流输电工程的设计—采购—施工（EPC）总包商。该工程将欧洲北海的海上风电输送到德国，计划于 2027 年底投运
意大利	通用技术签约意大利曼杜里亚（Manduria）光伏电站项目。2022 年 10 月 13 日，通用技术中机欧洲（意大利）有限公司和法国 GÉNÉRALE DU SOLAIRE（GDS）集团下属公司 Ikarus S. r. l. 签署意大利曼杜里亚 7 兆瓦光伏电站项目 EPC 总承包合同
葡萄牙	国机集团签约葡萄牙 Hyperion 150 兆瓦光伏电站项目。2022 年 8 月，国机集团与葡萄牙 Hyperion Renewables 公司签署 150 兆瓦光伏电站项目 EPC 总承包及运维合同。该项目位于葡萄牙的中部及南部地区，总计包括 19 个厂址，设计装机容量约 150 兆瓦
波兰	中国电建签约波兰 S19 公路缅济热茨至拉曾标段快速路项目。2022 年 7 月 26 日，中国电建和波兰国家道路与高速公路管理局签署波兰 S19 公路缅济热茨至拉曾标段快速路项目。该项目位于波兰东部卢布林省境内，工期为 36 个月，主要施工内容为新建一条 22.3 公里的 S 级高速公路及沿线所需的附属设施
波兰	正泰集团签约波兰 51.7 兆瓦光伏电站项目。2022 年 11 月，正泰集团所属浙江正泰新能源开发有限公司与欧洲太阳能开发商 Econergy 达成合作，成功签约波兰 RESKO 51.7 兆瓦光伏电站项目 EPC 和运维服务。该项目位于波兰波美拉尼亚省西部，占地面积约 961.46 亩，计划于 2023 年中完工
波兰	中国电建签约波兰 S6 快速路一标段项目。2022 年 11 月 17 日，中国电建市政集团轨道工程公司和波兰国家道路与高速公路管理局签约波兰 S6 公路 LOT2 标段斯瓦夫诺至斯武普斯克快速路项目。该项目主要施工内容为设计并建设一条长约 22.891 公里的双向车道快速公路，重新规划与 S6 公路交接的现有公路、人行道和自行车道及配套基础设施，修建环保设施及沿线所需要的供电照明和雨水处理系统相关基础设施等
匈牙利	宁德时代签署匈牙利工厂项目预购地协议。2022 年 9 月 5 日，宁德时代在匈牙利东部城市德布勒森签署预购地协议，标志着宁德时代匈牙利工厂项目正式启动。该项目位于德布勒森南部工业园区，占地 221 公顷，截至 2023 年中，首栋厂房正在建设中。该项目投资金额 73.4 亿欧元，规划电池产能为 100 吉瓦时
塞尔维亚	2022 年 2 月 8 日，协鑫能源科技股份有限公司与塞尔维亚国家电力公司（EPS）签署可再生能源项目股东协议。这是中塞首个可再生能源投资项目，双方将合力打造"一带一路"绿色能源合作典范
塞尔维亚	中国路桥签署塞尔维亚诺维萨德多瑙河四桥及连接道路项目。2022 年 3 月 19 日，中国路桥与塞尔维亚建设、交通和基础设施部，塞尔维亚通道公司在塞第二大城市诺维萨德市政厅签署诺维萨德多瑙河四桥及连接道路项目技术和施工准备商务合同。该项目总长约 4.44 公里，其中跨多瑙河大桥长 2.27 公里

续表

国家	概况
塞尔维亚	中国能建签订塞尔维亚焚烧锅炉岛项目建安施工合同。2022年5月30日，中国能建西北电建与东方电气集团国际合作有限公司签订塞尔维亚米特洛维卡焚烧锅炉岛EPC项目建筑安装工程施工承包合同。该项目为热电联产项目，夏天全部发电，冬天发电兼城市供热，燃料为生活垃圾，采用炉排炉焚烧技术，天然气点火，垃圾处理量为650吨/天
	中建八局中标塞尔维亚欧亚商贸中心项目。2022年6月，中建八局成功中标塞尔维亚国家级重点项目——塞尔维亚欧亚商贸中心项目。项目总建筑面积约3.47万平方米，由两栋地上建筑单体组成，用途涵盖商业、零售、办公及餐饮等
	中国能建签约塞尔维亚生物质能电站项目。2022年8月1日，中国能建国际集团与中国能建所属天津电建组成的联营体签署塞尔维亚伏伊伏丁那2×10兆瓦生物质能电站项目EPC合同协议。该项目建成后将成为塞尔维亚乃至巴尔干地区首个大型生物质能电站项目
	中国中铁签约塞尔维亚新区开发基建工程项目。2022年12月3日，中国中铁十四局集团海外公司塞尔维亚新区开发基建工程项目商务合同签约仪式在塞尔维亚财政部举行。项目位于塞尔维亚首都贝尔格莱德市中心，是塞尔维亚国家足球体育场项目的重要配套设施，主要工程包括工程设计、排雷、互通立交、路基工程等，包含4118米的主干线道路、3996米的次干线道路，以及10700个停车位和附属设施等，项目合同工期1090天
北马其顿	中国能建签约北马其顿垃圾发电站项目。2022年3月24日，中国能源建设集团天津电力建设有限公司与中国电力工程顾问集团西南电力设计院有限公司组成的联合体成功签约北马其顿40兆瓦垃圾发电总承包项目合同。该项目位于北马其顿共和国内戈蒂诺区，业主为北马其顿佐卡能源公司。该项目是北马其顿境内首座垃圾发电站
	金风科技签约北马其顿43.2兆瓦风电项目。2023年1月，金风科技签约北马其顿43.2兆瓦风电项目。该项目使用9台金风科技GW155-4.8MW智能风电机组，金风科技将提供机组供货、运输、吊装、调试及15年的长期运维服务
波黑	中国电建签约波黑索尔布斯光伏发电项目。中国电建签署波黑境内最大的光伏发电项目——索尔布斯132MW光伏发电项目EPC总承包合同，该项目由水电七局作为牵头方与四川电力设计咨询有限公司联合实施。该项目位于波黑中西部城市利夫诺机场附近，业主拟按四期总计450MW开发该地区光伏项目，本项目为第Ⅰ期，初步规划装机容量为132MW

资料来源：根据公开资料整理。

第七章　金融合作

第一节　中央银行合作

一、双边本币互换

双边本币互换安排是国家间经济金融领域合作深化的表现，有利于便利双方贸易投资中使用本币，规避汇率风险。2008年国际金融危机爆发，全球金融体系出现严重的流动性困难，一些贸易和投资伙伴国家希望获得流动性支持。在此背景下，中国人民银行先后与相关伙伴国家签署了双边本币互换协议。截至2022年末，中国人民银行已与40个国家和地区的中央银行或货币当局签署过双边本币互换协议，总金额超过4万亿元人民币。

中国人民银行公开资料显示，中国人民银行自2013年6月22日与英格兰银行签署规模为2000亿元人民币/200亿英镑的双边货币互换协议后，又先后与匈牙利、欧洲中央银行等国家/地区的中央银行或货币当局签署了双边本币互换协议，总金额超过7000亿元人民币（见表7-1）。

表7-1　中国人民银行与欧洲①国家/地区中央银行或货币当局签署的双边本币互换一览表

序号	国别/地区	协议签署时间	互换规模	期限
1	英国	2013.6.22 2015.10.20（续签） 2018.11（续签） 2021.11（续签）	2000亿元人民币/200亿英镑 3500亿元人民币/350亿英镑（续签） 3500亿元人民币/350亿英镑（续签） 3500亿元人民币/400亿英镑（续签）	3年 5年

---

① 本章所谓欧洲主要是指欧盟+英国，下同。

续表

序号	国别/地区	协议签署时间	互换规模	期限
2	匈牙利	2013.9.9 2016.9.12（续签） 2020.1（续签）	100亿元人民币/3750亿匈牙利福林 100亿元人民币/4160亿匈牙利福林（续签） 200亿元人民币/9290亿匈牙利福林（续签）	3年
3	欧洲中央银行	2013.10.8 2016.9.27（续签） 2019.10（续签） 2022.10（续签）	3500亿元人民币/450亿欧元 3500亿元人民币/450亿欧元（续签） 3500亿元人民币/450亿欧元（续签） 3500亿元人民币/450亿欧元（续签）	3年

注：数据截至2022年底。
资料来源：中国人民银行。

2021年11月12日，中国人民银行与英格兰银行续签规模为3500亿元人民币/400亿英镑的双边本币互换协议。货币互换规模从此前的3500亿元人民币/350亿英镑调整为3500亿元人民币/400亿英镑。协议有效期5年，经双方同意可以展期。

2022年10月，中国人民银行与欧洲中央银行续签了双边本币互换协议，互换规模保持不变，为3500亿元人民币/450亿欧元，协议有效期3年。中欧双边本币互换协议再次续签，有助于进一步深化双方金融合作，促进双边贸易和投资便利化，维护金融市场稳定。

二、境外清算机制安排

人民币清算安排合作备忘录的签订，意味着经中国人民银行授权的境外人民币业务清算机构，可以办理人民币业务、提供清算及结算服务。截至2023年2月底，中国人民银行已在29个国家和地区授权了31家境外人民币清算行。[1]

早在2014年3月28日，中国人民银行就与德意志联邦银行签署了在法兰克福建立人民币清算安排的合作备忘录；同年3月31日，中国人民银行与英格兰银行签署了在伦敦建立人民币清算安排的合作备忘录。此后，中国人民银行又积极与包括法国、卢森堡、匈牙利在内的欧盟国家的中央银行或货币当局签署了人民币清算安排的合作备忘录（见表7-2）。

---

[1] 更多信息请参考：https://www.stcn.com/article/detail/835212.html。

表7－2　　　　中国与欧洲部分国家/地区人民币清算合作时间表

序号	国别/地区	协议签署时间	内容
1	德国	2014.3.28	中国人民银行与德意志联邦银行签署了在法兰克福建立人民币清算安排的合作备忘录
2	英国	2014.3.31	中国人民银行与英格兰银行签署了在伦敦建立人民币清算安排的合作备忘录
3	法国	2014.6.28	中国人民银行与法兰西银行签署了在巴黎建立人民币清算安排的合作备忘录
4	卢森堡	2014.6.28	中国人民银行与卢森堡中央银行签署了在卢森堡建立人民币清算安排的合作备忘录
5	匈牙利	2015.6.27	中国人民银行与匈牙利中央银行签署了在匈牙利建立人民币清算安排的合作备忘录

注：数据截至2023年2月底。
资料来源：中国人民银行。

第二节　双方银行在对方国家设立银行分支机构情况

一、中国在欧洲设立的银行分支机构

海外机构布局是衡量全球化经营的重要标准，顺应中国经济持续增长、对外经贸快速发展的态势，紧随经济全球化发展浪潮，中国银行业积极通过自设机构、海外并购、扩大代理行网络等方式，实现海外机构快速拓展。以中国工商银行为例，截至2022年末，中国工商银行在原欧盟的服务网络已覆盖12个国家，在德国设有5个海外分支机构，在英国有3个，在卢森堡、比利时、荷兰、意大利、西班牙各有2个，在法国、波兰、捷克、土耳其、瑞士、奥地利均设有1个分支机构，在希腊设有1个代表处（见表7－3）。

表7－3　　　　中国工商银行在欧洲部分国家/地区机构一览表

国家	数量	分支机构/代表处
卢森堡	2	卢森堡分行
		工银欧洲
德国	5	法兰克福分行
		杜塞尔多夫分行
		慕尼黑分行
		柏林分行
		汉堡分行

续表

国家	数量	分支机构/代表处
法国	1	巴黎分行
比利时	2	布鲁塞尔分行
		安特卫普分行
荷兰	2	阿姆斯特丹分行
		鹿特丹分行
意大利	2	米兰分行
		罗马分行
西班牙	2	马德里分行
		巴塞罗那分行
波兰	1	中国工商银行（欧洲）有限公司华沙分行
捷克	1	布拉格分行
英国	3	工银伦敦
		伦敦分行
		工银标准[①]
奥地利	1	工银奥地利
瑞士	1	苏黎世分行
土耳其	1	工银土耳其
希腊	1	工银希腊代表处

注：数据截至2022年底。
① 工银标准银行公众有限公司系中国工商银行在英国的控股子银行，拥有9个分支机构。
资料来源：中国工商银行。

随着中欧金融合作步伐的加快，欧洲成为中国银行业"走出去"的重要市场，中资银行在欧洲多个金融中心业务蓬勃发展。截至2022年末，四大行境外机构覆盖超过62个国家，境外分支机构数量约为1160个。中国工商银行和中国银行是中国银行业"走出去"的主力军。中国银行海外机构覆盖全球62个国家和地区，中国工商银行覆盖49个，建设银行覆盖31个，农业银行覆盖18个。其中，中国工商银行境外机构覆盖原欧盟国家和地区的数量达12个；中国银行境外机构覆盖原欧盟国家和地区数量达16个，建设银行境外机构覆盖原欧盟国家和地区数量达10个，农业银行境外机构覆盖原欧盟国家和地区数量达3个。我国大型银行在16个欧盟成员国设立了50家机构。[①]

---

① 更多信息请参考：https：//finance.sina.cn/bank/yhgd/2022－12－19/detail－imxxeieh3885968.d.html?oid＝5＿sgtd&vt＝4&cid＝76654&node＿id＝76654。

此外，国家开发银行也在欧洲设立了3个代表处，中国进出口银行在欧洲设立分行1家，代表处2个，中国太平保险集团有限责任公司在欧洲设有2家经营性机构。

二、欧洲国家在中国设立的银行分支机构

2021年，外资银行整体经营状况受新冠疫情影响较大，营收呈现宽幅震荡态势，但在疫情新常态下，多家外资银行仍保持韧性，营业收入快速回升。在外资银行的全球版图中，从营业收入、利润表现等财务指标看，亚洲市场尤其是中国市场业务依然是2021年拉动外资银行业绩表现的重要动力来源。以汇丰为例，2021年，汇丰扣税前利润达189亿美元，亚洲业务贡献除税前利润达122亿美元，占比达64.6%。

2022年，银行盈利增势整体放缓，银行业发展面临经济下行和自身业务模式转型的双重压力。除汇丰银行在强劲的利息净收入带动下依然保持归母净利润的增长外，大部分外资银行盈利均较上年下降，降幅主要受全球经济下行、货币政策收紧等多重因素叠加影响下的非息收入的下降和为应对宏观经济环境的不利影响而做的减值准备计提增长影响。

从外资银行的业务布局来看，2021年以来，多家银行纷纷加码绿色金融与环境、社会和公司治理（ESG）相关业务，与此同时，不断加大对跨境金融、财富管理等本就有坚实业务基础的领域的投入力度。2022年4月，汇丰控股全资子公司香港上海汇丰银行有限公司宣布完成其增持内地合资证券公司——汇丰前海证券有限责任公司39%股权的交易，将其持股比例从51%提高至90%。渣打银行也宣布了继续拓展中国市场的新举措：推出面向企业客户的可持续活期存款，支持企业将盈余资金投入可持续发展相关项目。未来，伴随我国银行业、保险业对外开放的稳步推进，外资银行将继续加大在中国市场的投资力度。

在此背景下，截至2022年12月底，在中国境内的外资法人银行已达41家，其中外资股东背景为法国、德国、瑞士、英国的外资法人银行分别有3家、1家、1家、1家（见图7-1）。外国及中国港澳台地区银行分行共计116家，其中外资股东背景为奥地利、比利时、荷兰、法国、德国、瑞士、英国等欧洲国家的外资银行分行共有21家，欧洲各外资分行在中国的布局主要以北京和上海两地为中心（见表7-4和表7-5）。此外，欧盟保险机构还在华设有1家保险集团，即安联（中国）保险控股有限公司，投资了4家财产保险公司、4家再保险机构和8家人身保险公司。

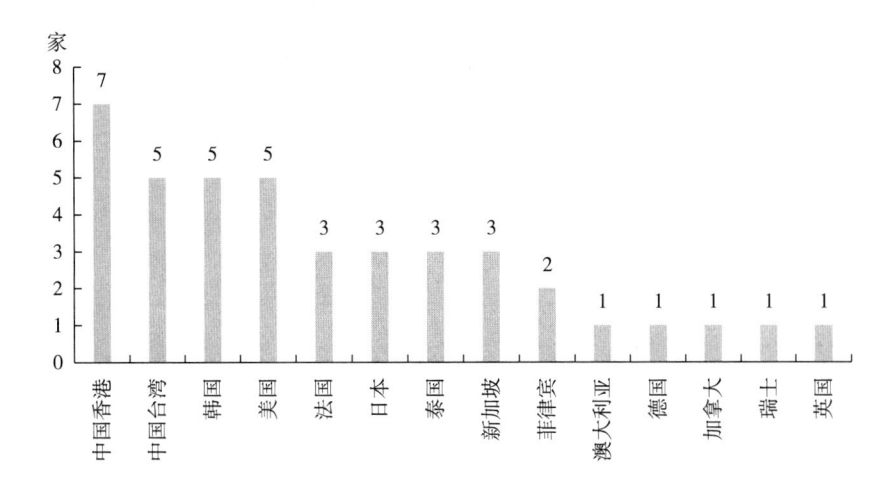

注：数据截至2022年底。

图7-1　41家外资银行股东地区分布

（资料来源：国家金融监督管理总局）

表7-4　　　　　　　　　　欧洲法人银行的注册地与外资背景

序号	名称	境内法人注册地	外资股东背景
1	法国巴黎银行（中国）有限公司	上海	法国
2	法国兴业银行（中国）有限公司	北京	法国
3	东方汇理银行（中国）有限公司	上海	法国
4	渣打银行（中国）有限公司	上海	英国
5	德意志银行（中国）有限公司	北京	德国
6	瑞士银行（中国）有限公司	北京	瑞士

注：数据截至2022年底。
资料来源：国家金融监督管理总局。

表7-5　　　　　　　　　　来自欧洲的外资银行分行名单

国家	数量	分行名称
荷兰	3	荷兰合作银行有限公司上海分行
		荷兰安智银行股份有限公司上海分行
		荷兰安智银行股份有限公司北京分行
瑞典	3	北欧银行瑞典有限公司上海分行
		瑞典北欧斯安银行股份有限公司上海分行
		瑞典银行有限公司上海分行
意大利	3	意大利裕信银行股份有限公司上海分行
		意大利联合圣保罗银行股份有限公司上海分行
		意大利西雅那银行股份有限公司上海分行

续表

国家	数量	分行名称
德国	3	德国巴登—符腾堡州银行上海分行
		德国商业银行股份有限公司上海分行
		德国商业银行股份有限公司北京分行
西班牙	3	西班牙桑坦德银行有限公司上海分行
		西班牙桑坦德银行有限公司北京分行
		西班牙对外银行有限公司上海分行
法国	2	法国外贸银行股份有限公司上海分行
		法国外贸银行股份有限公司北京分行
英国	1	英国巴克莱银行有限公司上海分行
瑞士	1	瑞士信贷银行股份有限公司上海分行
比利时	1	比利时联合银行股份有限公司上海分行
奥地利	1	奥地利奥合国际银行股份有限公司北京分行

注：数据截至2022年底。

资料来源：国家金融监督管理总局。

第三节 双边监管合作谅解备忘录和监管合作协议签订情况

一、中国证监会签署的双边监管合作谅解备忘录或监管合作协议

中欧双方在监管领域的合作不断扩大，经过多年发展，在机构管理、市场发展和金融服务方面积累了丰富经验。截至2022年底，中国银保监会已经与英国、德国、法国、意大利等多个欧洲国家金融监管当局签署了监管合作谅解备忘录（MOU）或监管合作协议。中国证监会最早在1996年10月7日与英国财政部、证券与投资委员会签署证券期货监管合作谅解备忘录，中国银监会于2004年12月6日与德国联邦金融监理署签署双边监管合作谅解备忘录。中国与欧洲地区最新签署的谅解备忘录是中国证监会于2021年7月与匈牙利中央银行签署的《证券期货监管合作谅解备忘录》。

截至2022年底，中国证监会先后与英国、法国、德国、意大利、荷兰、比利时、爱尔兰、葡萄牙、西班牙等20个欧洲国家的证券（期货）监管机构签署了监管合作谅解备忘录（见表7-6）。

表 7-6　　1996—2022 年中国证监会与欧洲部分国家/地区证券
（期货）监管机构签署的备忘录一览表

签署时间	境外监管机构	备忘录名称
1996.10.7	英国财政部、证券与投资委员会	证券期货监管合作谅解备忘录
2018.10.17	英国金融行为监管局	上海与伦敦证券市场互联互通机制监管合作谅解备忘录
1998.3.4	法国证券委员会	证券期货监管合作谅解备忘录
2006.12.7	法国金融市场委员会（现译为法国金融市场管理局）	中国证监会与法国金融市场委员会关于相互合作的函
2018.12.7	法国金融市场管理局	法国金融市场管理局与中国证券监督管理委员会关于相互合作的函
2019.3.25	法国金融市场管理局	关于金融领域创新合作之谅解备忘录
1998.10.8	德国联邦证券监管委员会	证券监管合作谅解备忘录
2019.1.18（更新签署）	德国联邦金融监管局	证券期货监管合作谅解备忘录
2019.3.18	德国联邦金融监管局	关于期货监管合作与信息交换的谅解备忘录附函
1999.11.3	意大利国家证券监管委员会	证券期货监管合作谅解备忘录
2002.6.27	罗马尼亚国家证券委员会	证券期货监管合作谅解备忘录
2002.11.1	荷兰金融市场委员会	证券期货监管合作谅解备忘录
2002.11.26	比利时银行及金融委员会	证券期货监管合作谅解备忘录
2004.10.26	葡萄牙证券市场委员会	证券期货监管合作谅解备忘录
2008.10.23	爱尔兰金融服务监管局	证券期货监管合作谅解备忘录
2008.10.30	奥地利金融市场管理局	证券期货监管合作谅解备忘录
2009.10.6	西班牙国家证券市场委员会	证券期货监管合作谅解备忘录
2010.1.26	马耳他金融服务局	证券期货监管合作谅解备忘录
2012.4.24	瑞典金融监管局	证券期货监管合作谅解备忘录
2012.5.17	卢森堡金融监管委员会	证券期货监管合作谅解备忘录
2012.5.17	塞浦路斯证券交易委员会	证券期货监管合作谅解备忘录
2013.9.13	立陶宛银行	证券期货监管合作谅解备忘录
2015.3.23	波兰金融监督管理局	证券期货监管合作谅解备忘录
2017.8.31	希腊资本市场委员会	证券期货及其他投资产品监管合作谅解备忘录
2021.7.26	匈牙利中央银行	证券期货监管合作谅解备忘录

资料来源：中国证监会。

二、我国签署的双边监管合作谅解备忘录和监管合作协议

截至 2022 年底，我国与德国、波兰、法国、意大利、匈牙利、西班牙、荷兰、卢森堡、比利时、爱尔兰、捷克、英国等 16 个欧洲国家的监管机构签署了双边监管合作谅解备忘录（见表 7-7）。

表 7-7　　　　2004—2022 年我国与欧洲主要国家监管机构
签署的双边监管合作谅解备忘录和监管合作协议

机构名称	国家/地区	文件类型	生效时间
英国金融服务局	英国	MOU	2003 年 12 月 10 日
英国审慎监管局			2015 年 10 月 21 日
德国联邦金融监理署	德国	MOU	2004 年 12 月 6 日
波兰共和国银行监督委员会	波兰	MOU	2005 年 2 月 27 日
波兰金融监管局			2017 年 6 月 9 日
法兰西共和国银行委员会	法国	MOU	2005 年 3 月 24 日
意大利中央银行	意大利	MOU	2005 年 10 月 19 日
匈牙利金融监管局	匈牙利	MOU	2005 年 11 月 14 日
匈牙利中央银行			2016 年 3 月 31 日
西班牙中央银行	西班牙	MOU	2006 年 4 月 10 日
荷兰中央银行	荷兰	MOU	2007 年 12 月 25 日
卢森堡金融监管委员会	卢森堡	MOU	2008 年 2 月 1 日
比利时金融监管委员会	比利时	MOU	2008 年 9 月 25 日
爱尔兰金融服务管理局	爱尔兰	MOU	2008 年 10 月 23 日
捷克中央银行	捷克	MOU	2010 年 1 月 5 日
马耳他金融服务局	马耳他	MOU	2010 年 2 月 2 日
塞浦路斯中央银行	塞浦路斯	MOU	2011 年 7 月 15 日
瑞典金融监管局	瑞典	MOU	2014 年 6 月 25 日
立陶宛中央银行	立陶宛	MOU	2015 年 6 月 12 日

注：1. 2013 年 4 月，英国金融服务局撤销，其职能由英国审慎监管局和英国行为监管局行使。2. 2008 年 1 月，波兰金融监管局与波兰银行监管委员会合并，负责全面监管波兰金融机构。3. 2013 年 10 月，匈牙利金融监管局银行监管职能并入匈牙利中央银行。

资料来源：国家金融监督管理总局、公开资料。

第四节　中欧金融合作平台

一、中欧金融合作平台不断拓展

中欧金融合作平台涉及多个领域。在基金领域，除中欧共同投资基金、中国—中东欧投资合作基金外，还有各类产业基金，例如中投公司联合相关国家领先金融机构发起设立了中法合作基金、中英合作基金、中意产业合作基金和中德基金等一系列新型双边基金，这些基金在深化经贸交流、促进产业合作方面发挥了积极作用。在跨境投资形势较为复杂、国际产业合作面临更多不确定性的环境下，这些双边基金聚焦优势互补产业投资，对接各方优势提升被投企业价值，挖掘各行业和领域的隐形冠军，帮助企业加速实现国际化发展，成为新一代国际性领导企业。在推动深化双边产业合作、活跃地方经济发展方面，这些双边基金发挥了重要作用，并为国内险资和地方国有资本等参与跨境产业合作提供了新渠道，实现了多赢共赢的效果。在欧元主权债券发行领域，中国财政部曾在巴黎成功发行40亿欧元主权债券——在美元融资渠道之外，又新增欧元融资渠道。

在资本市场互联互通领域，2015年10月，在时任国务院总理李克强和德国总理默克尔的见证下，作为中德两国战略合作项目，上海证券交易所、德意志交易所集团以及中国金融期货交易所共同在北京签署了合资公司的设立协议。中欧国际交易所（CEINEX）于2015年11月11日正式成立，并于11月18日开业运营，成为中国境外首家专注于提供中国及人民币相关金融产品的交易平台，扩展了欧亚资金融通渠道。2019年6月"沪伦通"正式通航，2022年"沪伦通"已扩大至德国、瑞士，"中德通"也已准备就绪。互联互通存托凭证制度的建立及扩大建立了一个可扩展的企业跨境融资制度框架，为国内企业实现国际化战略提供了金融机制，也为中国股票市场服务国际企业奠定了制度基础。在"引进来"方面，互联互通机制也进行了革新。2022年2月中国证监会发布的《境内外证券交易所互联互通存托凭证业务监管规定》对融资型CDR作出安排。一是引入融资型中国存托凭证（CDR），允许境外发行人通过发行CDR在境内融资。二是在适用主板市场发行承销规则的基础上，参考注册制板块，采用市场化询价机制。三是明确募集资金原则上应当用于主业，并应符合我国外资、外汇管理等相关规定，进一步完善和拓展互联互通机制、吸引境外优质上市公司来境内发行CDR、持续提升国际投资者参与的深度和广度。

二、中国在中欧金融合作中的重要性不断上升

在金融合作平台的搭建方面，中国正积极推动亚洲基础设施投资银行（简称亚投行）、可持续金融国际平台等国际金融合作平台的参与和搭建，从以欧方为主中方参与（如欧洲投资银行、欧洲复兴开发银行等）逐步发展到中方发起欧方参与（如亚投行等），以及中欧双方共同发起设立（如中欧共同投资基金、可持续金融国际平台等），中国正努力在国际金融合作中争取更多的话语权。

2022年6月3日，可持续金融国际平台发布了由中国人民银行和欧盟委员会相关部门共同编制的《可持续金融共同分类目录》更新版，更新版目录共包含了72项对减缓气候变化有重大贡献的经济活动，提高了可持续金融分类标准与绿色活动的全球可比性和兼容性。中欧双方加强科技领域的合作，既具备良好的合作基础，又符合双方实际效益。这也表明中欧在绿色可持续金融领域已经成为世界的领先者，同时中国也从标准的实践者逐步过渡成为标准的制定者。

近几年，随着"一带一路"与"中国—中东欧国家合作"的不断推进，中国—中东欧合作内容不断丰富、合作平台不断拓宽。合作领域从传统的经贸领域扩展到金融、能源、科技、城镇化、基础设施等，金融合作平台更是新增了亚投行、中国—中东欧银行联合体、中国—中东欧基金、中国—中东欧投资合作基金等多个新兴平台。

三、中欧金融合作前景广阔

通过多年的推动与实践，中欧在国家层面的金融合作机制已基本成型，中资金融机构的海外布局也趋于完善，一些新的多边合作机构成立，与国内外金融机构和国际组织共同为中欧，尤其是中东欧国家的基础设施建设和国际产能合作提供了资金保障。不过，中欧金融合作仍相对滞后于经贸合作。已有的跨境金融合作，不论是官方层面还是民间行为，均主要集中在某些行业和地区。如中国主要的商业银行已在欧盟大多数国家设立了分支机构，但对于中东欧等地区的国家，中国的金融机构尚未全面展业。此外，从资金双向融通的角度来看，中欧金融合作主要体现为中国企业"走出去"，欧方进入中国市场相对较少，尤其是中东欧地区，目前基本没有金融机构在华展业。以绿色债券为例，2016年至2021年，中资机构在境外发行的绿色债券规模达4085亿元，而国际机构在境内发行的绿色债券规模仅有119亿元；2021年中国银行间市场交易商协会支持的熊猫债发行规模达821.5亿元，其中国际机构在境内发行的绿色债券规模仅有30亿元。境外机构在境内市场发行的绿色债券规模远低于中资机构在国际市场上发行的绿色债券

规模，国际机构在境内发行债券的整体规模受限，熊猫债中的绿色债券占比仍较小。未来，在全球金融行业数字化、专业化、绿色化进一步提升的背景下，在中国开放金融市场的坚定步伐推动下，中欧金融市场双向开放将进入高质量发展新阶段，中欧金融合作大有可为，尤其在绿色金融等领域，为双边深化经贸往来不断拓展新平台。

四、部分中欧金融合作平台

表 7-8　　　　　　　　　　部分中欧金融合作平台

平台	投资目标国家	成立时间	规模/目的
欧洲投资银行	欧盟国家、中东欧、伙伴成员国	1958.1	2022 年，欧洲投资银行批准的项目融资总额为 724.5 亿欧元，其中 629 亿欧元在欧盟境内，95 亿欧元在欧盟境外
欧洲复兴开发银行	中东欧、高加索地区、中亚和地中海南部及东部地区的 38 个经济体	1991.4	截至 2023 年 2 月，中国与欧洲复兴开发银行的联合投资价值达 34.7 亿欧元。其中，欧洲复兴开发银行的融资额为 19.3 亿欧元，中国投资额为 15.4 亿欧元
亚洲基础设施投资银行	亚洲、非洲、拉丁美洲、中东欧等地	2015.12	法定资本 1000 亿美元。截至 2023 年 5 月 29 日，亚投行已经为 34 个成员提供了超过 412.9 亿美元的基础设施投资，总批准项目达 218 个
中欧共同投资基金	投资于欧洲私募基金和风险投资基金	2018.7	首期规模为 6 亿欧元，二期 8 亿欧元
中欧国际交易所	专注于提供中国及人民币相关金融产品的交易平台	2015.11	已发行产品包括债券、交易所交易基金（ETF）和 D 股、GDR、ETF 衍生品
可持续金融国际平台	深化可持续金融国际合作，动员私人部门进行环境可持续投资，推动实现《巴黎协定》和联合国 2030 年可持续发展目标	2019.10	加强国际合作，协调可持续金融分类、披露、标准和标签等方面的方法和举措
中国—中东欧投资合作基金	包括但不限于中东欧国家	2013.11	一期 4.35 亿美元，二期 10 亿美元
中国—中东欧基金	定位中东欧国家，并适当延伸至欧洲及符合中国—中东欧国家利益的其他地区	2016.11	基金规模 100 亿欧元，计划撬动项目信贷资金 500 亿欧元
中国—中东欧银行联合体	中东欧国家	2017.11	中国国家开发银行拟在 5 年内向银联体成员行提供总额度为 20 亿等值欧元的开发性金融合作贷款

资料来源：笔者根据公开资料整理。

(一) 侧重于中欧及多区域的金融合作平台

1. 欧洲投资银行

欧洲投资银行于1958年成立，总部设在卢森堡，是一个非营利性的区域多边金融机构，成员为27个欧盟国家。其核心业务包括两个方面：一是向欧盟成员国家和申请加入欧盟的中东欧国家提供长期项目融资，促进欧盟平衡发展和一体化建设；二是对在欧盟之外的欧洲投资银行伙伴国家提供项目融资，支持欧盟的援助和金融合作政策，促进非成员国的可持续发展。2022年，欧洲投资银行批准的项目融资总额为724.5亿欧元，其中欧盟内融资总额为651.5亿欧元，欧盟外融资总额为91.8亿欧元。

在中国，欧洲投资银行主要与中国财政部签署贷款协议。财政部会同国家发展改革委统筹考虑欧洲投资银行主权贷款资金使用方案，共同制定中国利用欧洲投资银行贷款项目规划，并指导和督促有关单位和地方进行项目执行的管理。1995年至2020年期间，欧洲投资银行在中国提供的贷款累计达30亿欧元，支持了38个项目（其中19个为林业项目），投资项目遍布中国的20多个行政区域，撬动了90亿欧元进入林业、能源、交通及其他行业。[1] 此外，欧洲投资银行还与中国金融学会绿色金融专业委员会就绿色金融的共同语言需求（第一阶段报告和第二阶段报告）进行了合作。

2. 欧洲复兴开发银行

欧洲复兴开发银行成立于1991年，总部设在伦敦，截至2022年底，拥有来自五大洲的71个成员国和2个国际机构（欧盟和欧洲投资银行）。欧洲复兴开发银行主要任务是帮助欧洲战后重建和复兴，帮助和支持东欧、中欧国家向市场经济转化。2022年，欧洲复兴开发银行总共投资了131亿欧元，较疫情前的2019年增长了30%。截至目前[2]，欧洲复兴开发银行在总共6400多个项目中投资了1700亿欧元。

中国于2016年1月加入欧洲复兴开发银行，成为欧洲复兴开发银行的第67名成员，占0.096%的股本份额。截至2023年2月，中国与欧洲复兴开发银行的联合投资价值达34.7亿欧元。其中，欧洲复兴开发银行的融资额为19.3亿欧元，中国投资额为15.4亿欧元。

3. 亚洲基础设施投资银行

亚洲基础设施投资银行（Asian Infrastructure Investment Bank，AIIB，以下简

---

[1] 欧洲投资银行. 欧洲投资银行在中国 [R]. 2021-04.
[2] 数据来自欧洲复兴开发银行官网。查询日期：2023年5月31日。

称亚投行）由中国于 2013 年 10 月首次倡议筹建，于 2015 年 12 月 25 日成立，2016 年 1 月开业，是一家旨在改善亚洲社会和经济成果的多边开发银行。亚投行重点支持基础设施建设，成立宗旨是促进亚洲区域的建设互联互通化和经济一体化的进程，并且加强中国及其他亚洲国家和地区的合作。亚投行是首个由中国倡议设立的多边金融机构，总部设在北京，法定资本 1000 亿美元。

截至 2023 年 5 月 8 日，亚投行已有超过 100 个正式成员，其中域外国家 38 个，约占全球人口的 79%，全球 GDP 的 65%，加入亚投行的正式成员中包括奥地利、比利时、克罗地亚、丹麦、芬兰、法国、德国、希腊、匈牙利、爱尔兰、意大利、卢森堡、马耳他、荷兰、波兰、葡萄牙、罗马尼亚、西班牙、瑞典共 18 个欧盟国家以及英国。

截至 2023 年 5 月 29 日，亚投行已经为 34 个成员提供了超过 412.9 亿美元的基础设施投资，总批准项目达 218 个。

4. 中欧共同投资基金

为推动"一带一路"建设与欧洲"容克计划"对接，2015 年中欧双方提出关于成立中欧共同投资基金的倡议。丝路基金与欧洲投资基金（European Investment Fund，EIF）分别作为中方和欧方实施单位，于 2018 年 4 月签署《中欧共同投资基金共同投资协议》，正式设立中欧共同投资基金。中欧共同投资基金首期规模为 5 亿欧元，由丝路基金与欧洲投资基金等比例出资并共同进行投资决策。中欧共同投资基金遵循市场化原则，主要投资于欧洲私募基金和风险投资基金，投向对中欧合作具有促进作用并且商业前景较好的中小企业，促进"一带一路"倡议与欧洲投资计划（"容克计划"）相对接，实现互利共赢。

2018 年 7 月，丝路基金与欧洲投资基金签署《关于中欧共同投资基金首单项目落地与继续深化合作的谅解备忘录》，宣布中欧共同投资基金投入实质性运作，并完成对首只子基金"凯辉并购基金二期"（Cathay Midcap Ⅱ）的投资。2018 年，凯辉基金为"凯辉并购基金二期"募集到首期 6 亿欧元资金，并于 2020 年顺利完成凯辉并购基金二期 8 亿欧元的募集和最后关账。中欧共同投资基金所投项目覆盖法国、爱尔兰、奥地利、波兰、匈牙利等多个欧洲国家近 10 家中小企业。

5. 中欧国际交易所

中欧国际交易所（CEINEX）是中国境外首家专注于提供中国及人民币相关金融产品的交易平台。2015 年 10 月，在国务院总理李克强和德国总理默克尔的见证下，作为中德两国战略合作项目，上海证券交易所（SSE）、德意志交易所集团（DBAG）和中国金融期货交易所（CFFEX）共同在北京签署了合资公司的设立协议。中欧国际交易所于 2015 年 11 月 11 日正式成立,并于 11 月 18 日开业运营。

中欧国际交易所的重点是现货市场[①],已发行产品包括债券、ETF 和 D 股。中欧国际交易所平台上的债券均由蓝筹股公司或大型金融机构发行,部分债券的发行是为推动"一带一路"的实施,促进"一带一路"沿线地区的投资和开发;而中欧国际交易所平台上的 ETF 则追踪了最重要中国指数的行情;通过 D 股,中国企业可以拓展境外融资渠道,促进与境外企业开展多元化合作,提升中国企业的国际竞争力。

6. 可持续金融国际平台

2019 年 10 月,欧盟与中国、加拿大等国家和地区启动可持续金融国际平台(IPSF),旨在推动深化可持续金融国际合作,动员私人部门进行环境可持续投资,推动实现《巴黎协定》和联合国 2030 年可持续发展目标。目前,平台共有欧盟、中国、阿根廷、加拿大、智利、印度、肯尼亚、摩洛哥、中国香港、印度尼西亚、日本、马来西亚、新西兰、挪威、塞内加尔、新加坡、瑞士、英国共 18 家成员。中国人民银行代表中方加入该平台。

2020 年 7 月,由中国人民银行提议,IPSF 发起设立可持续金融分类目录工作组,中欧担任共同主席。工作组通过对中国《绿色债券支持项目目录》和欧盟《可持续金融分类方案——气候授权法案》开展全面和细致的比较,详细分析了中欧编制绿色与可持续金融分类目录的方法和结果,包括法律基础、目标、原则、框架、逻辑、分类标准、指标设立和呈现形式等要素,并在此基础上于 2021 年 11 月 4 日发布《可持续金融共同分类目录》。

2022 年 6 月 3 日,可持续金融国际平台在官方网站上发布了《可持续金融共同分类目录》更新版。至此,《可持续金融共同分类目录》更新版一共包含了中欧分类目录共同认可的 72 项对减缓气候变化有重大贡献的经济活动,将在提高全球可持续金融分类和绿色可持续活动定义的可比性方面发挥关键作用。

(二)侧重于中国—中东欧的金融合作平台

1. 中国—中东欧投资合作基金

中国—中东欧投资合作基金是由中国进出口银行作为主发起人,连同国内外多家投资机构共同出资成立的离岸股权投资基金。中国—中东欧投资合作基金的投资领域包括但不限于中东欧 16 国的基础设施、能源、电信、特殊制造业、农业和金融等潜力行业,重点关注能够扩大和深化中国—中东欧国家双边经贸投资合作、便利双边市场准入的项目。

---

① 产品除债券、ETF 和 D 股外,还有 GDR 和 ETF 衍生品。

2012年4月，时任国务院总理温家宝在波兰出席首次中国—中东欧国家领导人会晤时正式提出中国政府将发起设立中国—中东欧投资合作基金（一期），并指定中国进出口银行为基金承办单位。中国—中东欧投资合作基金（一期）于2013年11月正式成立，并于2016年在波兰华沙设立办公室。一期封闭金额为4.35亿美元，于2014年初正式运营。基金采用有限合伙制形式在卢森堡注册成立，有限合伙人主要包括中国进出口银行和匈牙利进出口银行。基金一期已完成在波兰、匈牙利、保加利亚等6国的多个项目投资，在发展绿色金融、支持进出口贸易、创新金融合作模式等方面具有积极的示范作用。

中国—中东欧投资合作基金二期于2017年11月成立，目的是进一步在中东欧地区进行投资，基金二期计划规模为10亿美元，截至2018年4月9日，二期已就12个项目完成了8亿美元的总投资额。[1] 匈牙利进出口银行与中国进出口银行、中国丝路基金以及中东欧股权基金有限公司一起对该基金二期作出资金承诺。2021年2月9日，中国—中东欧国家领导人峰会成果清单新增"中国—中东欧投资合作基金二期收购希腊PAPERPACK公司纸包装项目"。

2. 中国—中东欧基金

2015年11月，中国政府在第四次中国—中东欧国家领导人会晤期间倡议，由中国工商银行牵头，探讨以商业化的金融模式支持成员国之间的互联互通和产能合作。在中国工商银行和中外合作伙伴的共同努力下，在2016年11月第五次中国—中东欧国家领导人会晤期间，中国—中东欧金融控股有限公司正式成立。

中国—中东欧基金坚持"政府支持、商业运作、市场导向"的原则，目标市场定位中东欧国家，并适当延伸至欧洲及符合中国—中东欧国家利益的其他地区，重点关注基础设施建设、高新技术制造、大众消费等行业的投资合作机会。在资金募集方面，波兰、捷克、匈牙利等中东欧国家，以及中外资企业、金融机构和各类社会资本均有积极接洽入资。在投资管理方面，除中国工商银行外，中国—中东欧基金还引入了中国人寿、复星集团、金鹰国际集团等合作伙伴。

2018年，中国—中东欧基金联合锦江国际集团在中东欧及相关欧洲区域完成对全球领先酒店管理品牌丽笙酒店集团的收购。在能源领域，由基金投资收购的波兰51.5兆瓦光伏电站项目是我国第一个由基金主导的中东欧地区太阳能绿地项目，该项目在顺利投产后于2022年11月6日在第五届中国国际进口博览会中欧企业家大会上，出售给了中国中原对外工程有限公司联合体。

截至2022年11月，基金一期累计在欧投资5.33亿欧元，带动一大批中国企

---

[1] 更多信息请参考中国商务部网页：http://www.mofcom.gov.cn/article/i/jyjl/m/201804/20180402731549.shtml。

业进入欧洲市场，当月中国—中东欧基金二期在卢森堡组建完成。基金二期将更加专注于中东欧市场，以新能源相关行业为主要赛道。

3. 中国—中东欧银行联合体

中国—中东欧银行联合体由中国国家开发银行与中东欧金融机构共同发起，于2017年11月正式成立。

截至2022年底，中国—中东欧银行联合体共有15家成员行，均为各国政府控股的政策性银行、开发性金融机构和商业银行，包括中国国家开发银行、匈牙利开发银行、捷克出口银行、斯洛伐克进出口银行、克罗地亚复兴开发银行、保加利亚发展银行、罗马尼亚进出口银行、塞尔维亚邮储银行、斯洛文尼亚出口发展银行、波黑塞族共和国投资开发银行、马其顿发展促进银行、黑山投资发展基金、拉脱维亚金融公司奥图姆（ALTUM）和立陶宛公共投资发展署。

各成员行按照"自主经营、独立决策、风险自担"的原则，开展项目融资、同业授信、规划咨询、培训交流、高层对话、政策沟通、信息共享等领域合作，并配合开展中国—中东欧国家合作机制项下其他相关工作。

参考文献

［1］艾伦·麦克阿瑟基金会（2019），循环经济：应对气候变化的另一半蓝图。

［2］安永，《2021年中国海外投资概览》，2022年2月10日。

［3］安永，《2022年全年中国海外投资概览》，2023年2月。

［4］东方证券，《宏观经济｜专题报告——欧盟承接美国订单，2023中国出口份额韧性还能延续吗?》，2023年2月1日。

［5］德勤，欧盟碳边境调节机制（CBAM）对中国公司的影响，2022-10-10。

［6］EU Delegations and Offices, Delegation to China，面向全世界开放：欧盟科研创新框架计划，Publications Office，2014。

［7］European Commission, Directorate–General for Research and Innovation，欧盟研究与创新框架计划，2021—2027：中国实用指南，Publications Office of the European Union，2021。

［8］EU–China Energy Cooperation Platform，COP26上的欧盟能源日：欧盟引领全球能源转型，2021年11月。

［9］高珮莙.中欧贸易争端化解，几家欢喜谁人愁?［N］.青年参考，2013-08-07.

［10］气候债券倡议组织，关于《绿色债券支持项目目录》和《绿色产业指导目录》与欧盟《可持续金融分类方案》的比较讨论（一），2019年9月。

［11］环球零碳，揭秘欧盟3000亿欧元能源转型计划，2022年5月。

［12］姜建清.中东欧经济研究报告2018—2019［M］.北京：中国金融出版社，2019.

［13］姜建清.中东欧经济研究报告2019—2020［M］.北京：中国金融出版社，2020.

［14］姜建清. 中东欧经济研究报告 2020—2021［M］. 北京：中国金融出版社，2021.

［15］姜建清，汪泓. 欧洲区域经济研究报告 2021—2022（中东欧卷）［M］. 北京：中国金融出版社，2022.

［16］杰森·博尔多夫，美国里程碑式的气候法案，IMF，2022 年 12 月。

［17］联合国，《2023 年世界经济形势与展望》，2023 年 1 月 25 日。

［18］刘戒骄. 数字平台反垄断监管：前沿问题、理论难点及策略［J］. 财经问题研究，2022（7）.

［19］刘焰真，李路路，张斌亮.《巴黎协定》的由来与发展［J］. 世界环境（WORLD ENVIRONMENT），2019，176（1）.

［20］刘季熠，张旖尘，张东雨，等. 欧盟减排《责任分担条例》修正案分析与启示［J］. 气候变化研究进展，2022，18（6）：756-763.

［21］蓝虹. 碳交易市场发展及其制度体系的构建［J］. 改革，2022（1）.

［22］李雅婷，探索碳管理｜欧盟 CSRD 即将落地，对推动中国 ESG 与碳管理发展有何启示？，世界资源研究所，2023 年 2 月。

［23］路透社，中国向 WTO 投诉欧盟的太阳能行业补贴行为，2012-11-06。

［24］联合国贸发会议，《世界投资报告 2022》，2022 年 6 月 9 日。

［25］孟雁北. 数字经济时代反垄断法"反什么"——以《反垄断法》立法目标切入［J］. 探索与争鸣，2022（7）.

［26］孟雁北. 我国反垄断执法机构与政府产业规制部门的关系［J］. 中国人民大学学报，2015（2）.

［27］欧洲联盟，欧盟气候政策说明，2016 年。

［28］欧盟中国商会、罗兰贝格，《携手并进 共铸未来——欧盟中国商会 2022 年中国企业在欧盟发展报告》，2022 年 9 月 30 日。

［29］欧洲投资银行，《欧洲投资银行在中国》，2021 年 4 月。

［30］蒲俜. 欧盟全球战略中的环境政策及其影响［J］. 国际论坛，2003（6）.

［31］平安证券，绿色金融和可持续发展：构建系统化的总量指标体系，2021 年 5 月 30 日。

［32］帕特里克·施罗德，中欧太阳能光伏贸易争端解决之道，中外对话，2013-06-24。

［33］荣鼎集团，Chinese FDI in Europe：2021 Update，2022 年 4 月。

［34］商务部新闻办公室，《商务部服贸司负责人介绍 2021 年全年服务贸易

发展情况》，2022年1月31日。

［35］孙彦红，欧盟绿色转型的实践与经验，人民论坛。

［36］王俊豪．自序——写在本书第八次印刷之际［M］//王俊豪．政府管制经济学导论．北京：商务印书馆，2017.

［37］王慧，董宏伟．欧盟《数据法案》草案观察｜数据垄断治理：创造公平竞争的数字环境［N］．人民邮电报，2022-08-26（7914）．

［38］吴沈括．欧盟2022年《数字服务法案》树立平台新治理的欧洲样板［J］．互联网法律评论（Internet Law Review），2022-04-26.

［39］袁嘉．德国数字经济反垄断监管的实践与启示［J］．国际经济评论，2021（6）．

［40］"一带一路"能源合作网，中国与欧盟国家能源领域合作情况，2022-04-24。

［41］尤晓莺，"两会前瞻：中国各省计划同时推进煤炭产业和清洁能源发展"，中外对话，2023-03-01。

［42］姚约茜、沈高明、赵天月，《"中国投资"走出去系列：欧盟能否成为下一个半导体投资热土》，2022年12月27日。

［43］中国光伏行业协会、赛迪能源电子产业发展研究中心，2022年光伏行业发展回顾与2023年形势展望，2023年3月。

［44］中国化学与物理电源行业协会，欧盟最新低碳发展政策"Fit for 55"一揽子计划解读，2022年5月。

［45］中国国际贸易促进委员会，欧盟委员会发起欧洲太阳能光伏产业联盟，2022年12月。

［46］中国电力报，总额3000亿！央行再度出手支持煤炭清洁高效利用，2022-05-07。

［47］王金瑞．透视银行三季报"绿色"成绩单：六大行绿色信贷余额超11万亿 加码布局绿色债券，2022-11-07。

［48］中国商务部，《中国外资统计公报2022》，2022年。

［49］中国商务部，国家统计局，国家外汇管理局．2021年度中国对外直接投资统计公报［M］．北京：中国商务出版社，2022.

［50］中国商务部，《中国外商投资报告2022》，2023年1月4日。

［51］中国对外工程承包商会．全球绿氢市场动态分析［J］．国际工程观察，2023（6）．

［52］AKZO v. Commission Judgement of the Court. Case C-62/86, 1991.

［53］Chris Williamson, Global manufacturing PMI falls into contraction territory for first time since 2020 lockdowns, S&P Global Market Intelligence, October 2022.

［54］Commission of the European Communities, Green Paper: European Transparency Initiative, 2006.

［55］C. Cennamo, and D. Sokol. Can the EU Regulate Platforms without Stifling Innovation? . Harvard Business Review Digital Articles, 2021.

［56］Danielle Myles, Europe FDI withstands Ukraine war fall-out, February 2023.

［57］David Baron, 2013, Business and Its Environments (7th ed.), Pearson Prentice Hall.

［58］D. Evans. Antitrust Issues Raised by the Emerging Global Internet Economy. Northwestern University School of Law Review, 2008, 102 (4): 1-22.

［59］Dave Jones and Charles Moore, "Renewables beat fossil fuels. A half-yearly analysis of Europe's electricity transition", EMBER, 22nd July 2020.

［60］European Commission, European Economic Forecast, INSTITUTIONAL PAPER 194, Feburary 2023.

［61］European Commission, European Economic Forecast, INSTITUTIONAL PAPER 187, November 2022.

［62］European Commission. Business and Consumer Survey Results for April 2023, May 2023.

［63］European Commission, Better Regulation: Joining forces to make better laws, 2021.

［64］European Commission, EU Digital Markets Act and Digital Services Act Explained, 2023-05-03.

［65］E. Fox. Monopolization and Abuse of Dominance: Why Europe Is Different, The Antitrust Bulletin, 2014, 59 (1): 129-152.

［66］European Commission, Digital Economy and Society Index (DESI) 2022, 2022.

［67］European Parliament, Directorate-General for Parliamentary Research Services, Reillon, V., EU framework programmes for research and innovation: evolution and key data from FP1 to Horizon 2020 in view of FP9: in-depth analysis, Publications Office, 2018.

［68］European Union, Horizon Europe-The Most Ambitious EU Research & Innovation Programme Ever, April 2021.

[69] European Comission. EU's Next Long – term Budget & NextGenerationEU: Key Facts and Figures. November 2020.

[70] European Environment Agency, Trends and Projections in Europe 2022, October 2022.

[71] European Commission, REPowerEU: A plan to rapidly reduce dependence on Russian fossil fuels and fast forward the green transition, May 2022.

[72] European Chamber President Jorg Wuttke, "China can learn from the European Union in achieving a circular economy", 2020 – 02 – 17.

[73] Europa, Speech by President von der Leyen on EU – China relations to the Mercator Institute for China Studies and the European Policy Centre, March 2023.

[74] FitchRatings. Global Sovereign Outlook 2023, November 2022.

[75] FitchRatings. Fitch Affirms Austria at "AA +"; Outlook Negative, March 2023.

[76] FitchRatings. Fitch Revises Belgium's Outlook to Negative; Affirms at "AA –", March 2023.

[77] George J. Stigler, 1971, "The Theory of Economic Regulation", The Bell Journal of Economics and Management Science, Vol. 2, No. 1.

[78] IMF, World Economic Outlook: A Rocky Recovery. Washington, DC. April 2023.

[79] IMF, Regional Economic Outlook Europe: Europe's Balancing Act: Taming Inflation without a Recession. Washington, DC. April 2023.

[80] IDA Ireland, Highest increase in FDI employment ever, December 2022.

[81] International Trade Administration U. S. Department of Commerce, International Trade Administration, Country Commercial Guides, Japan – Semiconductors, 2022 – 11 – 21.

[82] International Platform on Sustainable Finance, Annual Report 2022.

[83] J. Rochet, and J. Tirole. "Platform Competition in Two – sided Markets". Journal of the European Economic Association, 2003, 1 (4): 990 – 1029.

[84] Jo He – rim, Korean Chips Act Aims to Extend Tax Cuts for Local Chipmakers, 2023 – 03 – 30, The Korea Herald.

[85] Kati Suominen, Implications of the European Union's Digital Regulations on U. S. and EU Economic and Strategic Interests, Nov. 2022, Center for Strategic and International Studies.

[86] Janka Oertel, Jennifer Tollmann, Byford Tsang, "Climate Superpowers: How the EU and China Can Compete and Cooperate for a Green Future", European Council

on Foreign Relations, Policy Brief, December 2020.

［87］ L. Kaplow. On the Choice of Welfare Standards in Competition Law. The Harvard John M. Olin Discussion Paper Series, 2011.

［88］ Moody's Investors Service. Global Macro Outlook 2023 – 24, Global economy faces a reckoning over inflation, geopolitics and policy trade – offs, November 2022.

［89］ Moody's Investors Service. Moody's changes outlook on Italy to negative; affirms Baa3 ratings, August 2022.

［90］ Moody's Investors Service. Moody's changes the outlook on the UK to negative, affirms Aa3 ratings, October 2022.

［91］ McKinsey&Company, How COVID – 19 has pushed companies over the technology tipping point—and transformed business forever, October 5, 2020.

［92］ Max Von Thun, "EU Response to Inflation Reduction Act Must not Damage Competitive Markets", Mar 9, 2023.

［93］ OECD. OECD Economic Outlook, Interim Report—Economic and Social Impacts and Policy Implications of the War in Ukraine. March 2022.

［94］ Polish Investment and Trade Agency, Another record – breaking year for PAIH, January 2023.

［95］ Pierre – Olivier Gourinchas, Global Economic Recovery Endures but the Road Is Getting Rocky, April 2023.

［96］ Peter Teffer, From Huawei to Shell: corporate lobbies unimpededly recruit former EU Parliament staff, 2023 – 04 – 22.

［97］ Paula Tamma and Kalina Oroschakoff, "US Withdrawal from Paris Climate Agreement Greeted with EU Shrug", POLITICO, 2019 – 11 – 05.

［98］ Richard B. Freeman, 2006, "Searching for the EU Social Dialogue Model", NBER Working Paper 12306.

［99］ S&P Global Ratings. Economic Outlook Eurozone Q2 2023: Rate Rises Weigh On Return To Growth, March 2023.

［100］ S&P Global Ratings. Greece Outlook Revised To Positive On Improving Fiscal And Structural Reform Trajectory; "BB + /B" Ratings Affirmed, April 2023.

［101］ S&P Global Ratings. France Outlook Revised To Negative On Rising Budgetary Risks; "AA/A – 1 + " Ratings Affirmed, December 2022.

［102］ Susan E. Dudley and Jerry Brito, Regulation: A Primer (2nd Edition), Library of Congress Cataloging – in – Publication Data (2012), pp. 11 – 18.

[103] Semiconductor Industry Association (SIA), Global Semiconductor Incentives, Feb 2022.

[104] SolarPower Europe (2022): European Market Outlook for Solar Power 2022-2026.

[105] Soren Amelang, Europe vies with China for Clean hydrogen superpower status, 2020-07-24.

[106] Shweta Sharma, Macron Says China could play "major role" in Ukraine peace as he arrives in Beijing, Independent, April 2023.

[107] REN21 (Renewable Energy Policy Network for the 21st Centry), Renewables 2020: Global Status Report.

[108] UNCTAD, World Investment Report, June 2022.

[109] UNCTAD, Investment Trends Monitor, January 2023.

[110] UNCTAD, Digital Economy Report 2019——Value Creation and Capture: Implications for Developing Countries, September 2019.

[111] W. Hartzog, and D. Solove. The Scope and Potential of FTC Data Protection. George Washington Law Review, 2015, 3(6): 2230-2300.

[112] World Economic Forum, What you need to know about the European Green Deal - and what comes next, July 2021.

后　记

《欧洲区域经济研究报告 2022—2023（欧盟卷）》是在主编姜建清先生和汪泓女士的主导策划下完成的，同时也是中欧陆家嘴国际金融研究院、中东欧经济研究所集体研究的成果。具体撰写人员如下：前言、第一篇第一章、第二篇第三章和第四章由中欧陆家嘴国际金融研究院研究员陈玺撰写；第一篇第二章和研究专题 1、3、4 由中欧陆家嘴国际金融研究院研究员裘菊撰写；第三篇第五章、第六章和第七章由中欧陆家嘴国际金融研究院助理研究员蒋雪云撰写。本报告还得到多位欧盟经济政策研究领域专家的支持，其中，研究专题 2 由中国人民大学商学院博士研究生陈煜和中国人民大学经济学院教授、中国人民大学数字经济研究中心主任李三希共同撰写；研究专题 5 由布鲁塞尔欧洲政策研究中心（CEPS）研究员 Timothy Yeung 撰写；研究专题 6 由上海社会科学院国际问题研究所助理研究员、上海社会科学院维谢格拉德集团（V4）研究中心副秘书长胡丽燕撰写。全书初稿完成后，主编和副主编进行了多次修订。

我们还要向支持这项课题研究及其成果发布的所有领导、专家和机构表示感谢。这份报告得以顺利完成，尤其要感谢中欧国际工商学院及中国—中东欧基金对课题研究的大力支持。在出版过程中，我们也得到了中国金融出版社的鼎力支持。本报告编辑王海晔、张菊香为本书的出版和发行付出了很多努力，在此一并诚致谢忱。

在编写本书过程中，我们参阅了中国政府有关部门以及国内和国际各大研究机构、评级机构的公开信息，特此说明并致谢意。由于时间仓促及能力所限，其中一些研究还较为肤浅，不当之处在所难免，在此，恳请有关专家、读者批评指正为盼。

编者
2023 年 6 月